유아교육에서의

스마트 기기 · 로봇 활용과 과몰입 예방

| 유구종 · 김승옥 · 김민경 · 이정순 지음 |

창지사

국립중앙도서관 출판시도서목록(CIP)

(유아교육에서의) 스마트기기, 로봇 활용과 과몰입 예방 /
지은이: 유구종, 김승목, 김민경, 이정순. -- 서울 : 창지
사, 2013
p. ; cm

ISBN 978-89-426-0716-7 93370 : \17000

교구(교육)[敎具]
유아 교육[幼兒敎育]

373.3-KDC5
371.334-DDC21 CIP2013013307

:: 머리말

21세기 유비쿼터스 시대에서 스마트 기기의 활용은 우리 생활의 일부가 되었습니다. 많은 사람들은 스마트폰, 아이패드, 태블릿 PC 등 여러 스마트 기기를 손 안에 가지고 다니며 숨 쉬듯 정보화 매체와 접하고 이를 활용하는 것을 생활화하고 있습니다. 이런 시대적 흐름 속에 유아교육 현장 역시 스마트 기기의 활용이 점차 확대되어 보편화되고 있습니다. 유아교육 현장에 스마트 기기를 도입하는 것에 대해 일부 우려도 있지만 정보화 기기를 어린 시기부터 접하게 됨으로써 유아 발달의 여러 측면에 도움이 된다는 많은 연구들이 이러한 우려를 반증하고 있고, 컴퓨터나 정보통신기기들과 함께 살아가야 할 유아들에게는 선택의 여지가 없습니다. 물밀듯 밀려오는 정보화의 홍수 속에 정보화 기기를 활용하여 필요한 정보를 적절히 수집하고 활용하는 컴퓨터 리터러시 능력, 정보화 매체를 기반으로 세상과 소통하는 커뮤니케이션 능력, 콘텐츠를 다루는 능력은 개인과 사회의 경쟁력을 넘어 생존력이 될 것입니다. 이제 유아교육에 정보통신 기기(ICT)와의 통합을 고려하지 않을 수 없게 되었습니다.

이런 의미에서 본서는 '유아교사의 멀티미디어 활용과 지능형 로봇과 같은 정보통신 기기와 스마트 기기 활용' 에 초점을 두고 저술되었습니다. 이는 최근 인터넷상에서 UCC(User Created Contents)가 급속하게 유행하고 있고, 스마트폰, 태블릿 PC 등의 스마트 기기, 로봇 등의 활용에 관한 관심이 증대하고 있는 것과도 관련지어 생각해 볼 수 있습니다. 이와 함께 최근 유아들의 인터넷, 게임, 스마트 기기에 대한 과몰입이 사회적인 관심이 되고 있는 것과 관련하여 예방 및 지도 방법에 관한 내용을 포함하였습니다.

본서에서는 유아교육 현장에서 교육을 담당할 예비유아교사와 현장의 유아교사들이 인터넷 및 스마트 기기 활용을 이해하고 현장에서 적용하는 데 용이하도록 활용 방법에 대한 과정과 절차를 상세히 집필하고자 노력하였습니다. 나아가 유아기 자녀를 둔 부모님들께서도 이해하고 자녀 교육에 활용하실 수 있도록 가능하면 쉽게 쓰려고 노력하였습니다.

본서는 총 4장으로 구성되어 있으며 제1장 유아교육과 스마트 기기 활용에서는 유아교육에서 스마트 기기 활용, 스마트 기기를 활용한 활동의 실제, 스마트 기기에서 활용 가능한 유아교육 콘텐츠를 소개하였습니다. 제2장 유아교육과 지능형 로봇에서는 유아교육 현장에서 지능형 로봇 활용의 교육적 효과와 지능형 로봇의 활용 방안, 지능형 로봇을 활용한 교사 및 부모 활동 실제에 대해 다루었습니다. 제3장 유아교육과 ICT 활용에서는 이미지, 동영상 및 전자앨범, 오디오, 내비게이션, 콘텐츠 다운로드와 관련된 ICT 활용법에 대해 상세히 기술하였습니다. 마지막으로 제4장 유아 인터넷 활용과 과몰입 예방에서는 유아와 인터넷 환경, 인터넷 중독, 인터넷 안전교육 프로그램, 인터넷 활용에 대한 부모와 교사의 역할, 인터넷 안전을 위한 지도 방법 등 유아와 인터넷 및 과몰입 예방에 관한 전반적인 내용을 소개하였습니다.

아무쪼록 이 책을 통해 인터넷 및 스마트 기기 활용에 대해 전반적으로 이해하고 현장에서 유용하게 활용하는 데 도움이 될 수 있기를 바랍니다. 마지막으로 이 책이 나오기까지 출판에 도움을 주신 창지사 여러분께 감사의 말을 전합니다.

2013년 8월

저자 일동

부록

1장

유아교육과 스마트 기기 활용

유아교육에서의

스마트 기기 · 로봇 활용과 과몰입 예방

1. 스마트 사회와 유아교육

"역사는 때때로 혁명적인 제품의 등장으로 모든 양상을 뒤바꿔 버린다." 2007년 1월 미국의 애플사가 휴대전화 아이폰을 발표했을 때 최고 경영자인 스티브 잡스가 남긴 말이다. 실제로 아이폰 등장 이후 전 세계의 휴대전화 업계와 미디어 업계가 커다란 변화를 요구받았다(하야시 노부유키, 2010). 하지만 아이폰이 등장하고 겨우 3년이 지난 2010년 4월 또다시 아이폰을 능가한다고 말하기에 손색이 없는 혁명적인 제품인 아이패드를 세상에 내놓았다. 아이패드를 필두로 잇따라 출시되고 있는 터치형 태블릿PC, 모든 콘텐츠들이 담기는 모바일 시대의 '허브 미디어' 그것이 사람들의 라이프 스타일을 바꾸고 비즈니스에 혁명적인 변화를 일으키고 있으며, IT업계 관계자들은 이러한 태블릿PC의 탄생을 '혁명', '쇼크'라는 단어를 사용하여 설명하고 있다(명승은, 김성훈, 송재준, 류한석, 김광현, 2010).

그동안의 선행연구에서 알 수 있듯이, 모바일 미디어에서 교육 분야는 멀티미디어의 발달로 인해 꾸준한 성장과 발전을 이루어 왔다. 인터넷을 주요 기반으로 한 유아교육 콘텐츠의 발달은 일정한 시장을 이루어 경제적 가치를 지니고 있기도 한다. 특히 요즘에는 스마트폰에서의 교육 어플리케이션 개발은 상위를 차지하고 있기도 하다. 하지만 스마트폰을 기반으로 한 앱이 대중화의 길을 걷고 있는 것은 얼마 되지 않았기에 아직은 블루오션이라고 칭할 수도 있겠다(이주연, 2011).

스마트폰과 태블릿PC의 어플리케이션은 음악, 동영상, 통신, 책, 소프트웨어 등의 콘텐츠를 활용할 수 있는 응용프로그램을 말하며(명승은 외, 2010), 인터넷의 콘텐츠와 같은 맥락으로 유아교육에서도 자연스럽게 활용될 수 있다. 따라서 유아교육에서 활용되는 콘텐츠의 특징을 참고로 어플리케이션을 살펴보는 것은 어플리케이션이라는 새로운 형태의 콘텐츠를 이해하는 데 도움이 될 것이다.

유아교육에서 활용되는 어플리케이션은 즐거운 놀이와 풍부한 경험을 가능하게 하며, 유아들이 사이버 공간에서 재미와 경쟁 그리고 여분의 에너지 소모와 교재 등의 놀이 문화를 형성하게 하는 긍정적인 효과를 가지고 있다. 또한 문제해결력, 비판적 사고력, 결정력, 창의성, 언어적 기술, 지식, 연구 기술, 정보, 종합 능력, 사회적 기술, 자존감 등을 증진시키는 교육적 기대를 제공해 줄 수 있다. 또한 유아가 자신의 발달과 흥미에 적절한 활동을 선택하여 활동함으로 유아 중심적인 학습 활동을 가능하게 한다.

어플리케이션의 교육적 특징을 살펴보면 어플리케이션은 학습 및 교육의 환경 개선에 매우 효율적이고, 학습자로 하여금 지리적·시간적 제약에 구애받지 않고, 다양한 학습 기회를 제공받을 수 있는 교육적 특징이 있다. 이러한 어플리케이션의 특징으로는 첫째, 자료 제시에 다양성을 제공한다. 둘째, 공간을 초월한 비실시간적 상호작용을 가능하게 해 준다. 즉, 학습자와 강의자 간 시간과 공간에 제약을 받지 않고 학습할 수 있고, 전 세계의 사람과 동기적인(synchronous) 형태 및 비동기적인(asynchronous) 상호작용을 할 수 있는 환경을 제공한다. 셋째, 시뮬레이션을 통해 실제적인 학습 환경을 제공할 수 있어 다양한 간접적인 체험을 할 수 있다(이위현, 2010).

2. 유아교육에서 스마트 기기 활용

1) 무료 웹하드에 저장하기 : N드라이브 사용법

N드라이브란 여러 가지 파일을 웹에 저장한 후 다운받아 사용할 수 있도록 네이버에서 제공하는 웹하드 공간이다. 즉, 문서, 사진, 음악, 영화 파일 등을 네이버의 N드라이브에 저장하고 원하는 장소, 원하는 시간에 PC나 스마트폰으로 내려받아 활용할 수 있으며, 스마트폰으로 찍은 사진이나 동영상 파일 등은 N드라이브로 바로 전송하면 다른 매체에서 다운받아 활용할 수 있다.

① 마켓에서 N드라이브를 검색한 후 스마트폰에 설치한다. 이때, 자동업데이트 허용에 체크(V)하면 업데이트 내용이 있을 때마다 자동으로 실시간 업데이트를 시행한다.

② 폰 화면에 N드라이브 아이콘이 생기면 아이콘을 선택한다. 실행화면에서 네이버 아이디와 비밀번호를 입력하고 로그인을 선택하면 N드라이브가 시행된다. 이때, N드라이브를 자주 이용해야 하는 경우 자동 로그인에 체크(V)하면 번거로움을 덜 수 있다.

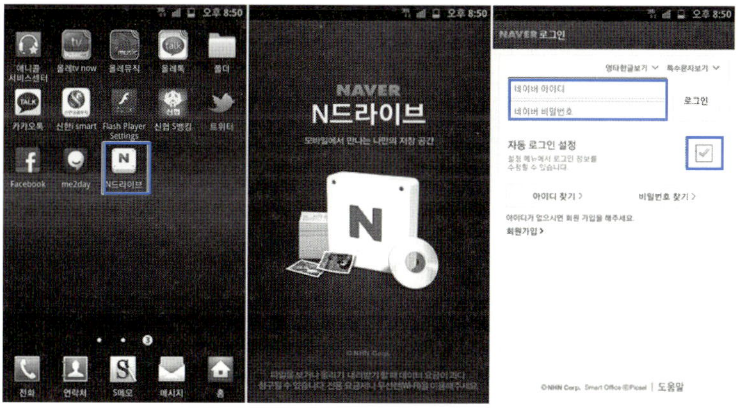

③ 네이버 N드라이브의 메인 화면이 나오면 하단의 파일탐색기를 선택한다. 기본적으로 두 개의 폴더가 나타난다. 여러 개의 폴더가 필요할 경우에는 PC를 이용해 네이버 N드라이브에 접속한 후 폴더를 여러 개 만들면 파일관리가 용이하다. 스마트폰의 사진을 N드라이에 올리기 위해서는 사진 폴더를 선택한다.

④ 사진 파일 폴더로 들어간 뒤 우측 상단에 위치한 파일관리를 선택하면 파일 관리창이 생긴다. 그곳에서 [올리기-사진 목록] 순으로 선택하면 내 폰에 저장된 사진 목록들이 나타나고 내가 올리고 싶은 사진 목록을 선택하면 된다.

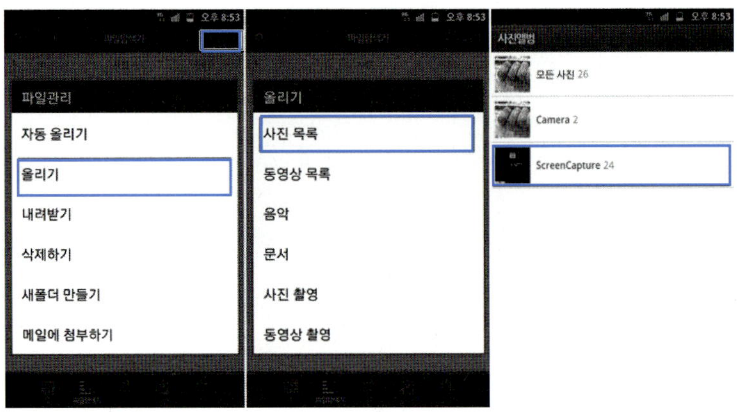

⑤ 내 폰에 저장된 사진들을 체크한 후 [확인-올리기] 순으로 선택하면 N드라이브로 사진들이 전송되고, 전송이 완료된 사진들을 파일탐색기에서 보여 준다. 아래 우측의 사진 목록들은 N드라이브에 옮겨진 사진들이다.

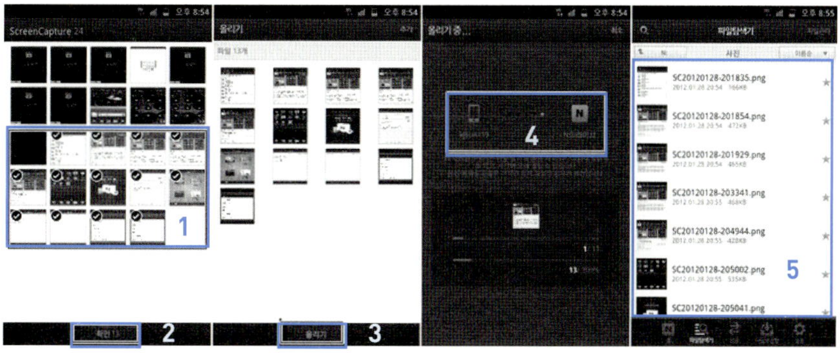

⑥ N드라이브에 있는 파일을 내려받을 때에는 ④의 '올리기' 대신 '내려받기'를 선택하면 된다.

2) 무료 동영상 검색 공간 : 유튜브(YouTube)

유튜브는 세계 각국의 다양한 동영상 콘텐츠를 업로드하고 공유할 수 있도록 한 사이트이다. 현재 스마트폰의 기본 내장 어플리케이션으로 설치되어 있어 별도로 어플리케이션을 설치하지 않고도 필요한 동영상 콘텐츠를 자유롭게 검색하고 즐겨찾기가 가능하다. 또한 추천 동영상 및 최다 조회 동영상 등 사회적 이슈가 되는 동영상의 순위별 검색이 가능하다.

① 유튜브를 실행시키기 위해 폰 화면에서 YouTube 아이콘을 선택한다.

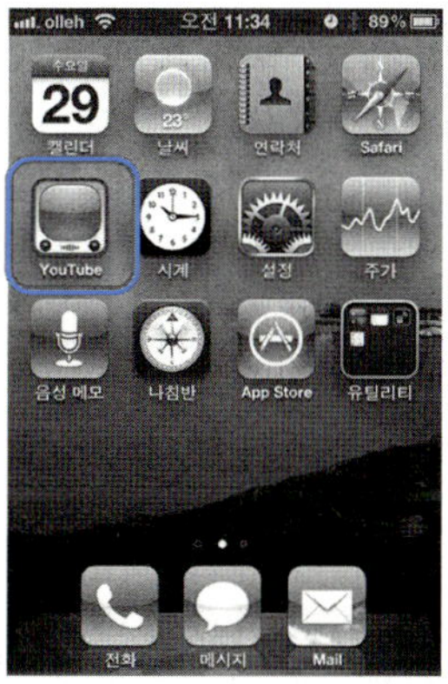

② 유튜브 아이디와 비밀번호를 입력하고 로그인을 선택한다. 기본 검색을 위해서는 로그인할 필요가 없지만 동영상을 직접 업로드하거나 검색한 동영상을 즐겨찾기 및 재생목록에 포함시키고 싶다면 로그인을 하여 이용해야 한다.

③ 메인 메뉴 탭에서 첫 번째에 위치하고 있는 추천 동영상은 기존에 검색한 사용자의 히스토리를 통해 추천 동영상 리스트를 만들어 보여 준다. 기본 25개의 추천 동영상이 검색되며 더 많은 추천 동영상을 원할 경우에는 맨 밑으로 내려가 '더 보기' 를 누르면 추가로 동영상이 검색된다.

두 번째 메뉴 탭에 있는 최다 조회 동영상의 경우에도 25개의 최다 조회 동영상이 순위별로 제시되며 특히 최다 조회 탭에서는 '오늘, 이번 주, 모두' 와 같이 선정된 기간 내의 최다 조회 동영상 리스트를 확인하고 감상할 수 있다.

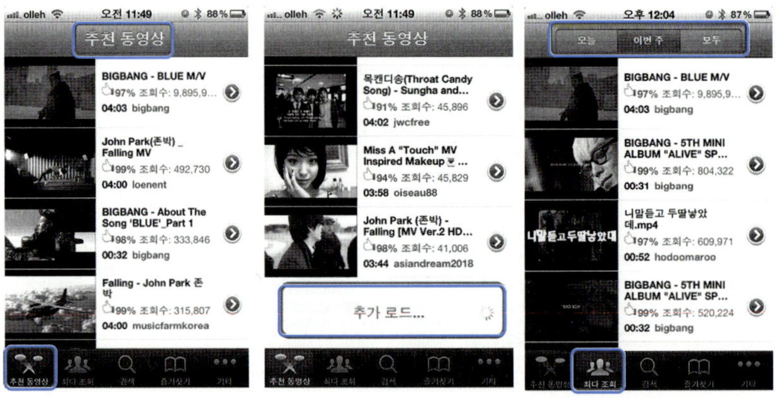

출처: 유튜브 검색 내용

④ 메뉴의 검색 탭에 들어가면 원하는 동영상을 검색할 수 있다. 원하는 동영상의 핵심어를 입력하고 검색된 동영상 목록 중 원하는 동영상을 선택하면 로딩 후 바로 동영상을 볼 수 있다. 모든 동영상이 재생된 후에는 동영상에 대한 정보와 관련 추가 동영상 안내, 동영상에 대한 평가 및 댓글을 달 수 있는 창이 보인다. 추가정보란으로 들어가면 즐겨찾기에 추가, 재생목록에 추가, 동영상 공유 메뉴를 이용할 수 있어 다음에 또 동영상을 보길 원할 때 언제든 동영상을 열어 볼 수 있다.

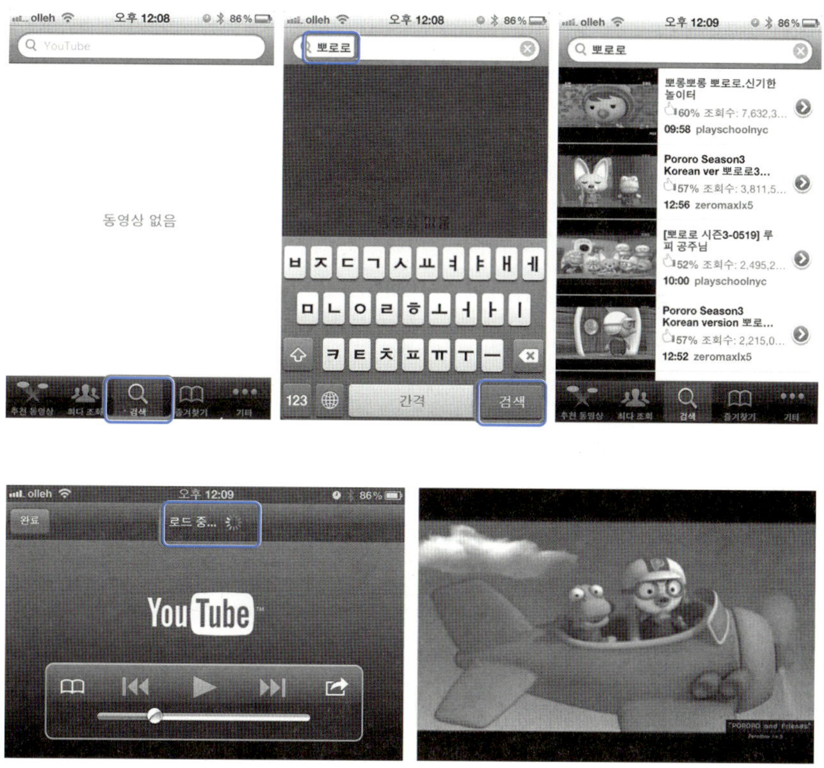

출처: 유튜브 검색 내용

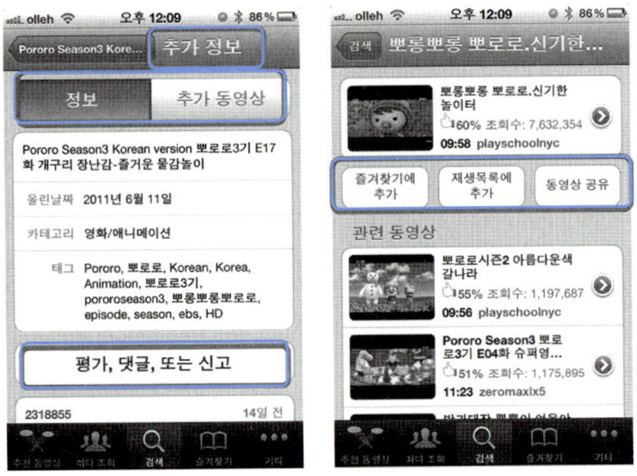

⑤ 즐겨찾기에 추가 버튼을 누르면 네 번째 메뉴 탭인 즐겨찾기에 추가한 동영상이 들어온다.

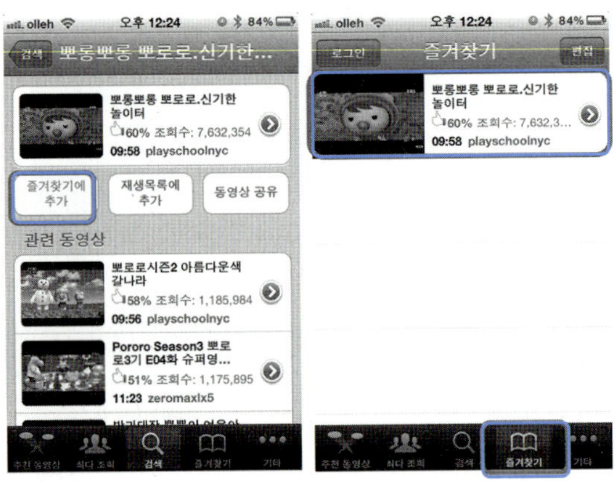

3) 통신/네트워크 : 블루투스 사용법

❖ 갤럭시류 ❖

블루투스는 근거리에서 케이블(선)이 없이 블루투스가 되는 기기들 간에 서로 파일을 주고받을 수 있다는 것이 큰 장점이다. 즉, 블루투스 기능을 이용하여 갤럭시로 촬영한 사진이나 동영상을 다른 기기로 옮기거나 다른 기기에 있는 파일을 갤럭시로 옮길 수 있다. 블루투스가 3.0으로 업데이트가 되면서 좀 더 먼 수신

거리와 좀 더 강한 세기로 거의 모든 장소에서 공유가 가능하다.

- 갤럭시 갤러리 어플 또는 비디오 어플을 이용하여 갤럭시 기기 안에 있는 사진, 동영상을 메일이나 블루투스, 유튜브, 메시지로 간단히 보낼 수 있다.
- 블루투스 파일 전송 이외에 갤럭시탭 올쉐어(AllShare)도 강력해서 HDTV 스마트 TV 또는 DLNA가 되는 노트북으로 보낼 수 있다.
- 갤럭시탭에서 블루투스가 되는 다른 장치로 데이터를 전달할 시 블루투스 수신기끼리 너무 가까이 붙여 두면 오히려 파일 전송이 안 될 수도 있다.

Tip

■ 블루투스 기능을 이용해 갤럭시탭의 사진을 다른 스마트폰으로 옮기는 방법은 다음과 같다.

(1) 블루투스 기능 환경 설정하기

① 환경 설정( )을 선택한 후 무선 및 네트워크(무선 및 네트워크)를 선택한다.

② [블루투스 설정]을 선택한 후, 다음 화면으로 바뀌면 블루투스에 체크(∨)하면

연결한 블루투스 장치가 나타난다. 만약 '블루투스 디바이스를 찾지 못했습니다' 라는 메시지가 나오면 [디바이스 검색]을 터치한다.

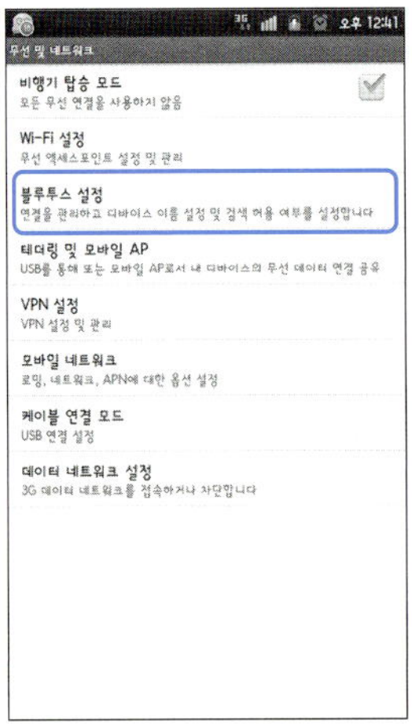

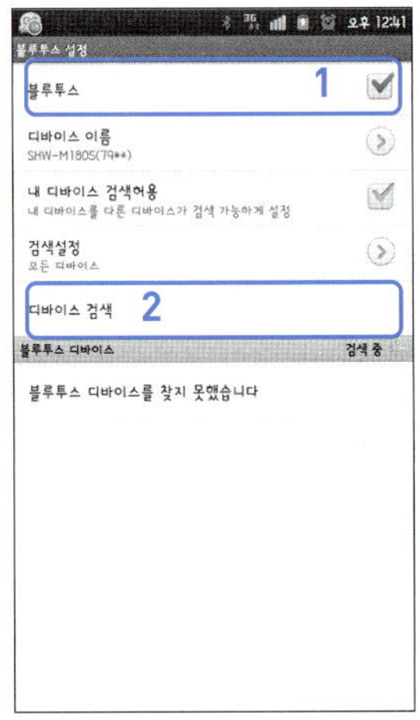

③ 블루투스 디바이스가 검색되면 아래와 같은 기기가 표시된다(주의 : 보내려고 하는 기기의 블루투스도 'ON' 상태여야 한다).

(2) 갤러리 어플로 파일 전송하기

① 보내려고 하는 파일을 갤러리에서 선택한다(본서에서는 이미지 전송을 예로 들었다).

② 스마트폰의 메뉴를 누르면 아래의 그림과 같이 [공유], [삭제], [더보기]가 나오는데 그중, [공유]를 선택하면 공유한 앱들이 나오는 것을 볼 수 있다. 이때 블루투스(Bluetooth)를 선택하면 연결 가능한 블루투스 디바이스가 검색된다.

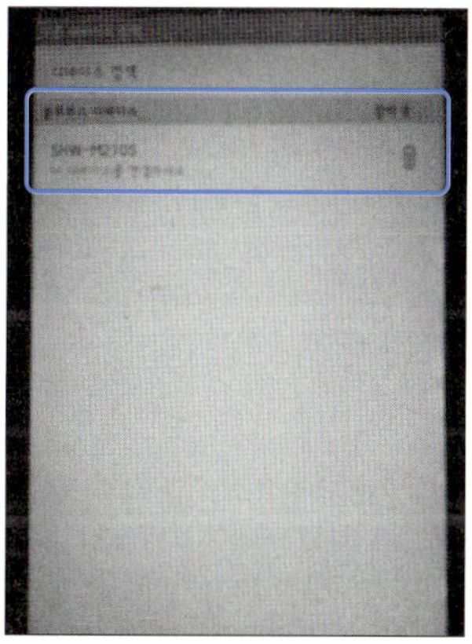

Tip

➔ 갤럭시탭의 갤러리 어플에서 [모두선택]을 눌러 주고 공유를 눌러서 메시지(멀티문자), YouTube(유튜브), Bluetooth(블루투스), 메일(Gmail)로 공유를 할 수 있다.

③ 블루투스 인증 요청 팝업창과 블루투스 연결 요청 팝업창이 뜨면 [수락]을 선택한다.

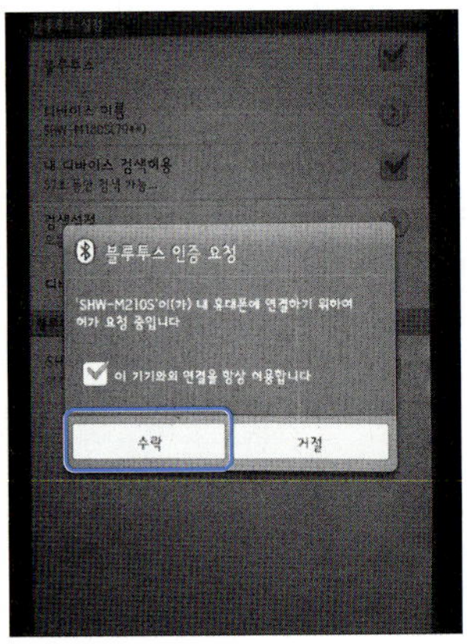

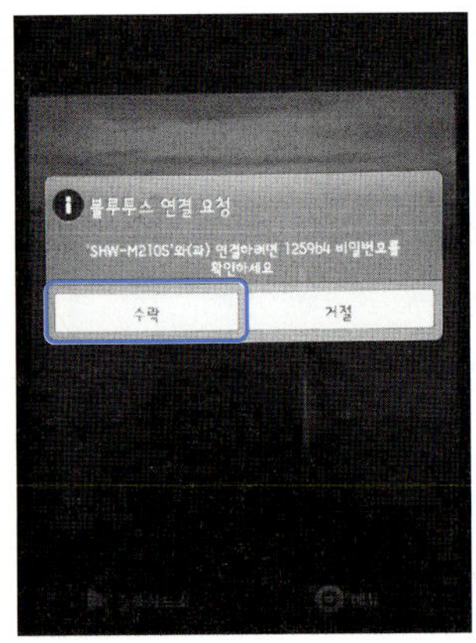

④ 블루투스로 전송되는 파일을 보고 싶은 경우 기기의 상단 부분을 위에서 아래로 내려 주면 파일의 진행 여부를 확인할 수 있다. 블루투스는 그림 파일의 경우 빨리 전송되지만 고용량 동영상의 경우는 시간이 조금 더 걸릴 수 있다.

- 갤럭시S의 어플에서 kies air( )를 이용하면 갤럭시S에 저장된 파일을 PC를 통해 공유할 수 있다.
- [keis air]–[시작]–[연결]을 선택한 후, 화면에 제시된 주소를 웹브라우저 창에 입력(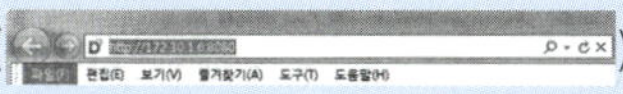)한다. 이때 PC에서 사용하는 wifi와 갤럭시S에 연결된 wifi, 즉 인터넷 엑서스가 동일해야 한다.
- 웹브라우저를 통해 갤럭시S에 저장된 파일들을 사용할 수 있다.

Tip

◈ 아이폰과 아이패드 ◈

아이폰의 경우 블루투스의 기능이 파일 전송에 목적이 있는 것이 아니라 외부기기 그것도 헤드셋이나 이어셋의 연결을 목적으로 블루투스 기능을 사용하도록 만들어져 있어 기존에 알고 있는 파일이나 자료 전송의 블루투스 기능을 아이폰에서는 기대하기 힘들다. 탈옥이나 추가 어플리케이션을 다운로드 받아 블루투스를 실행하려는 시도가 많으나 대부분 쉽지 않다.

4) 통신/네트워크 : AP 사용법

요즘에는 인터넷 연결이 안 되는 장소가 드물지만 인터넷이 안 되는 곳에서 급하게 노트북을 인터넷에 연결해야 할 때 스마트폰을 이용해 노트북이나 기타 IT 기기를 인터넷에 연결할 수 있다.

[용어 정의 : AP, 테더링]

- AP : 사무실이나 가정에서 이러한 무선 인터넷을 사용하기 위해 반드시 필요한 기기가 바로 '유무선 인터넷 공유기(이하 공유기)' 이다. 또는 AP라 부르기도 하는데, 'Access Point' 의 약자로, 공유기가 무선 랜 연결(access)을 위한 거점(point) 역할도 같이 하기 때문이다. 공유기는 사무실 또는 집으로 들어오는 인터넷 라인에 연결하여 무선 신호로 송출하면서, 여러 대의 컴퓨터가 하나의 인터넷 라인을 공유해 동시에 인터넷 접근이 가능케 하는 네트워크 기기이다.

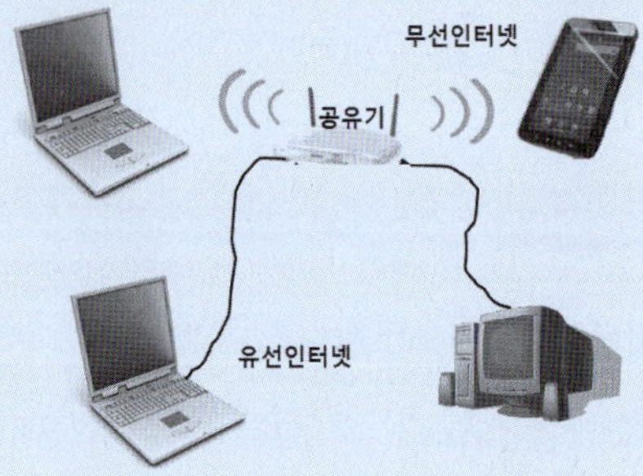

Tip

➔ 테더링 : 폰의 3G망을 이용하여 PC나 노트북과 같은 IT기기를 인터넷에 연결하여 사용하는 방법이다. 즉, 스마트폰이 'AP'의 역할을 하게 된다.

(1) 갤럭시류

① [환경 설정-무선 및 네트워크-테더링 및 휴대용 핫스팟-휴대용 Wi-Fi 핫스팟 설정]을 선택한다.

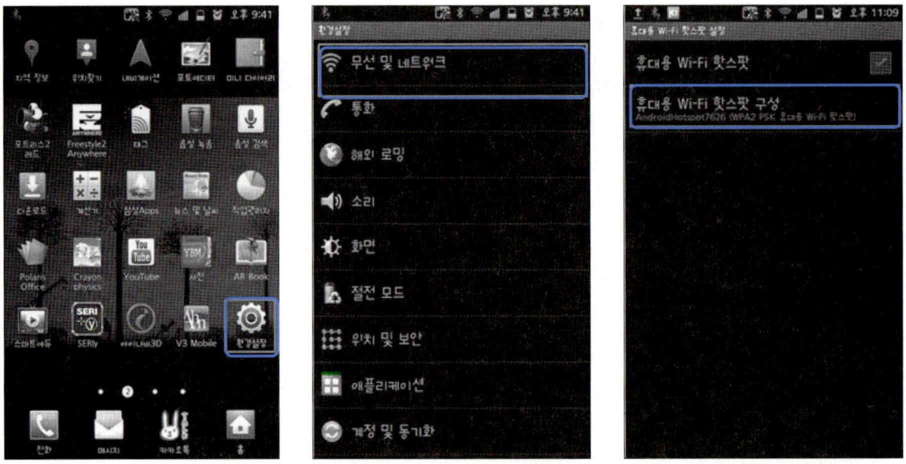

② 휴대용 Wi-Fi 핫스팟 구성 팝업창이 뜨면 네트워크 SSID를 입력한다(특별히 정해진 규칙은 없다). 만약 입력하지 않는 경우 기기명과 폰 번호 뒷자리가 자동으로 설정된다(본서의 경우 AndroidHotspot7626).

본인의 스마트폰 AP에 다른 기기의 접근을 원치 않을 경우 보안을 설정한다. 보안 설정을 체크(V)하면 공개와 보안 설정이 보인다. 보안 설정(본서의 경우 WPA2 PSK)를 선택한 후 8자리의 비밀번호를 입력한 후 [저장]을 선택한다.

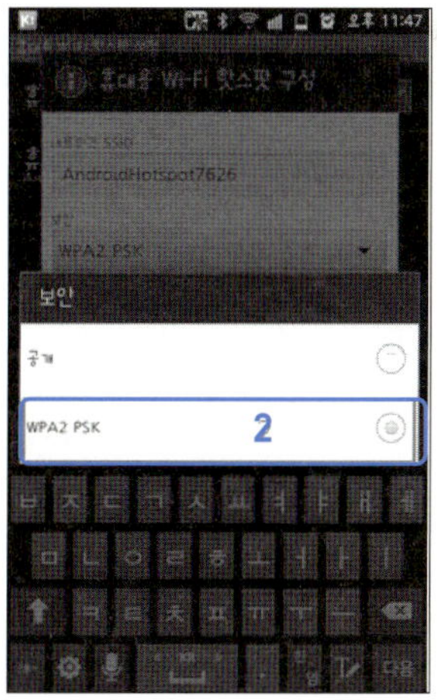

③ 휴대용 Wi-Fi 핫스팟 구성이 저장되면 아래와 같은 화면이 나타난다. 이때 '휴대용 Wi-Fi 핫스팟' 에 체크(V)를 하면 휴대용 Wi-Fi 핫스팟 사용 여부를 묻는 창이 활성화되는데 '예' 를 선택하면 된다.

④ 휴대용 Wi-Fi 핫스팟이 완성되면 '테더링 또는 핫스팟 사용' 이라는 메시지를 확인할 수 있으며 스마트폰 화면의 맨 윗부분에 파란색의 안테나가 생긴 것을 확인할 수 있다.

⑤ 노트북을 스마트폰 휴대용 Wi-Fi 핫스팟에 무선 네트워크로 연결하기 위해 노트북의 우측 하단에 있는 무선 네트워크 보기를 선택하면 스마트폰의 네트워크 SSID를 볼 수 있다(②에서 설정하였음). 이때 해당 SSID를 선택하면 무선 네트워크가 연결되면서 인터넷이 가능해진다.

(2) 아이폰과 아이패드

① 제일 먼저 3G 상태에 있는 스마트폰을 설정-Wi-Fi로 들어가 꺼져 있는 Wi-Fi를 활성화시킨다.

② 두 번째로는 [설정-일반-Bluetooth]에 들어가 꺼져 있는 Bluetooth를 활성화 시킨다.

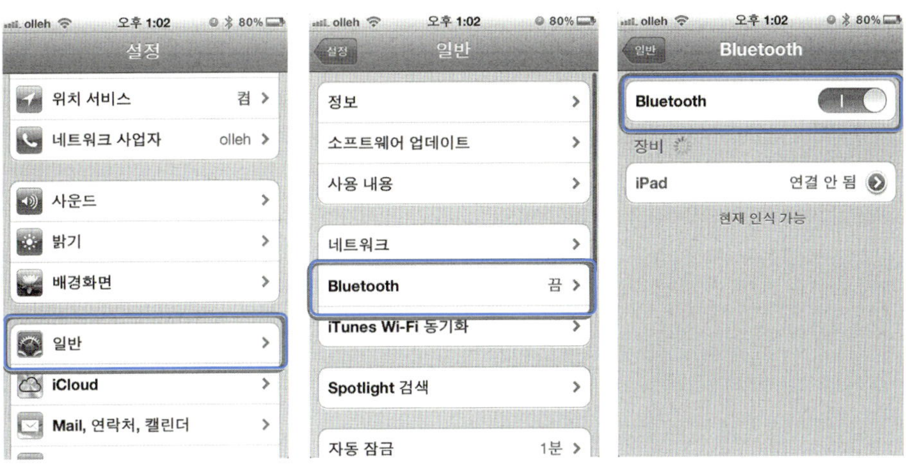

③ 마지막으로 설정-개인용 핫스팟에 들어가 꺼져 있는 개인용 핫스팟을 활성화 시킨 후 아래 있는 Wi-Fi 암호를 연결하고자 하는 PC 혹은 노트북의 무선 네트워크에 암호를 입력하면 스마트폰에 PC의 네트워크가 연결되었음을 알리는 푸른색의 핫스팟 연결 창이 뜨게 된다. 이 연결 창은 PC와의 네트워크가 종료될 때까지 계속 떠 있다.

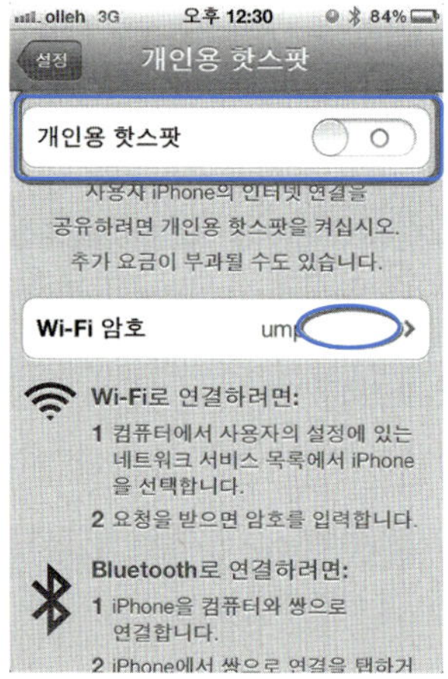

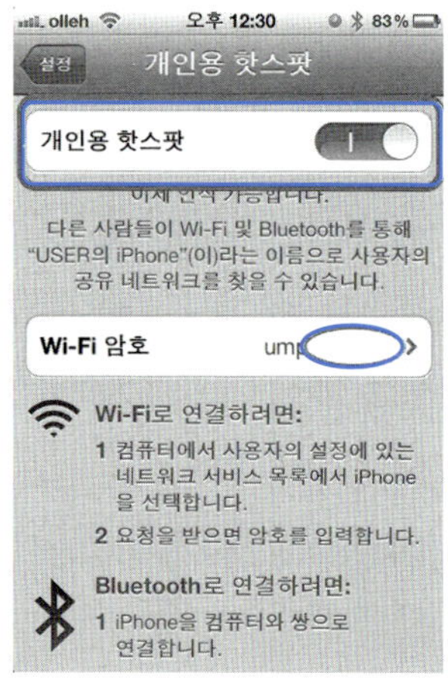

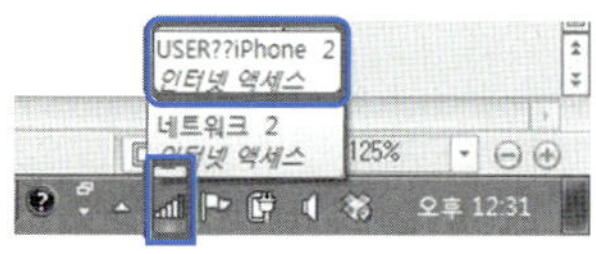

Tip

[스마트폰의 USB 케이블을 사용하여 PC를 인터넷에 연결하고 싶을 경우]

➔ 스마트폰의 구성품인 USB 케이블을 PC와 스마트폰에 연결한 후 위와 동일한 설정을 해 주면 자동 연결된다.

3. 스마트 기기 활용 교사 및 부모 활동의 실제

유아교육기관과 가정에서 유비쿼터스 환경에 대한 관심이 커지면서 스마트 기기를 활용한 다양한 방안 모색이 요구되고 있다. 스마트 기기는 유아교육 현장에서 적절하게 활용된다면 많은 교육적 효과를 가져올 수 있다. 예를 들어, 유아들과 함께 산책하면서 느끼는 계절의 아름다움을 스마트폰을 활용하여 직접 촬영하거나, 나무에 붙어 있는 곤충을 스마트폰 현미경으로 촬영한 후 확대하여 곤충의 구조와 특징에 대해 이야기를 나누어 볼 수 있다. 또한, 스마트폰으로 제작한 전자책 등은 스마트폰에서 직접 웹하드로 저장할 수 있어서 언제나 어디에서든 실시간으로 공유하여 보거나 내 컴퓨터로 '내 받기'가 가능하다.

본 장에서는 스마트 기기를 활용한 유아교육기관 수업 활동과 부모 활동에 대한 예시를 소개하고 교사들이 현장에서 스마트 기기를 활용하여 수업을 전개할 수 있는 활동안과 활동 전개안에 대한 사례 일부를 제시하고자 한다.

1) 디지털 카메라를 활용한 수업 활동안

생활주제	봄	활동 형태	대·소집단 활동
활 동 명	봄꽃을 보았나요?	연령	만 4세
활동 목표	• 주변에서 다양한 봄꽃을 찾아보고, 관찰한다. • 봄꽃의 특징을 안다. • 주변의 다양한 봄꽃에 관심을 가진다. • 디지털 카메라의 사용법을 알고, 활용한다.	교육과정 관련 요소	• 자연탐구 : 과학적 탐구하기 – 간단한 도구와 기계 활용하기 • 자연탐구 : 탐구하는 태도 기르기 – 탐구과정 즐기기 • 예술경험 : 예술적 표현하기 – 미술 활동으로 표현하기
활동 자료	• 꽃 관찰지, 전지, 색연필, 사인펜	멀티미디어 기기 및 디지털 자료	• 디지털 카메라, 컴퓨터, 대형 모니터

	활동 단계	활동 내용	기능 및 사용법
활동 방법	도입 (계획)	• 봄에 볼 수 있는 다양한 꽃들에 대하여 함께 이야기를 나눈다. - 봄에는 어떤 꽃들을 볼 수 있니? - 봄에 볼 수 있는 꽃들의 색깔이나 모양은 어때? • 봄꽃을 그림으로 표현해 본다. • 봄꽃에 대해 알아볼 수 있는 다양한 방법을 모색해 본다. - 봄꽃을 어디에서 볼 수 있을까? - 어떻게 찾을 수 있을까?	
	전개 (수행)	• 산책 활동을 하며 봄에 피는 다양한 꽃들을 찾아보고, 탐색하여 본다. - 봄에 피는 꽃은 어떤 것이 있니? - 이것은 어떤 꽃인 것 같니? - 꽃은 어떻게 생겼니? - 꽃의 색깔은 무엇이니? 또 다른 특징을 없을까? • 봄에 피는 꽃을 디지털 카메라를 이용하여 기록화한다. - 봄에 피는 꽃을 카메라로 찍어 보자. • 자신이 찍은 봄꽃을 대형 모니터를 이용하여 다시 한 번 관찰한다. - 친구들이 찍은 봄꽃은 어떤 모양을 가지고 있니? - 색깔이나 다른 특징은 어떠니? • 직접 관찰한 봄꽃의 모습에 대해 이야기를 나눈다.	〈디지털 카메라 사진 촬영 순서〉 ① 카메라의 전원을 켠다.  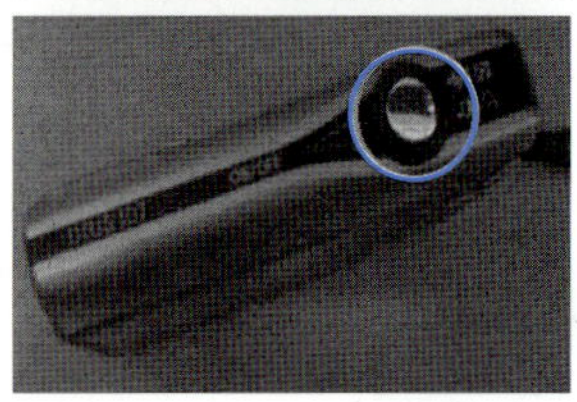 ② 카메라 화면을 보며 사진을 찍는다. ③ 저장된 화면을 확인한다.
	마무리 (평가)	• 자신이 관찰한 봄꽃을 그림으로 그려 본다. - 친구들이 관찰한 봄꽃을 그림으로 그려 보자. • 친구들과 협동 작품으로 자신이 관찰한 봄꽃을 그려 전지를 이용하여 봄 동산을 만들어 본다. • 활동을 하면서 알게 된 것들과 느낀 점들을 이야기해 보면서 활동을 마무리한다. - 봄꽃의 특징은 어떠하니? - 활동을 하면서 즐거웠던 점과 힘들었던 점을 이야기해 보자.	

확장활동	• 과학 활동 : 아이패드를 이용하여 여러 가지 봄 식물에 대해 알아본다. • 요리 활동 : 진달래꽃을 이용하여 화전을 만들어 본다. • 동작 활동 : 벚꽃의 모습을 자신의 신체로 표현하여 본다.
평 가	• 봄꽃의 여러 가지 모습을 다양하게 탐색하였는가? • 유아들이 디지털 카메라의 올바른 사용법을 알고 있는가? • 유아들의 자신의 생각이나 느낌을 적극적이고 창의적으로 이야기하였는가?
활동의 유의점	• 사전에 디지털 카메라의 사용법을 알고, 올바르게 사용할 수 있도록 한다.
과학적 태도	호기심(○) 자신성과 적극성(○) 솔직성( ) 객관성(○) 개방성( ) 비판성( ) 판단 유보( ) 협동성( ) 끈기성( )
과학과정 기술	관찰하기(○) 분류하기(○) 의사소통하기(○) 측정하기( ) 예상하기( ) 추론하기(○)
활동 사진	 ▲ 봄꽃을 관찰해요.  ▲ 봄꽃을 사진으로 찍어요.  ▲ ○○이가 찍은 개나리  ▲ △△이가 찍은 벚꽃

2) 아이패드와 컴퓨터를 이용한 활동 전개안

활동명 : 소나무

생활 주제
- 동식물과 자연

대상 연령
- 만 4세, 5세

활동 형태
- 대 · 소집단 활동

활동 목표
- 소나무의 특징을 알 수 있다.
- 나무를 몸으로 표현해 볼 수 있다.

교육과정 관련 요소
- 자연탐구 : 과학적 탐구하기 – 생명체와 자연환경 알아보기
- 예술경험 : 예술적 표현하기 – 움직임과 춤으로 표현하기

활동 자료 : 돋보기, 활동지, 색연필

멀티미디어 기기 및 디지털 자료 : 컴퓨터, 아이패드

기능 및 사용법

- 홈 화면에서 앱 어플 및 식물 찾기를 터치하여 실행시킨다.
- 네이버 사이트에서 '소나무' 단어로 검색을 한다.

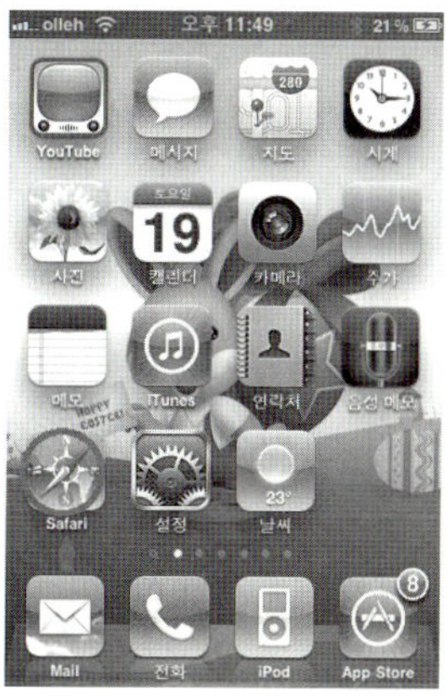

- 검색 결과 목록에서 '소나무' 단어를 터치한다.
- 소나무의 사전적 정의를 확인한다.

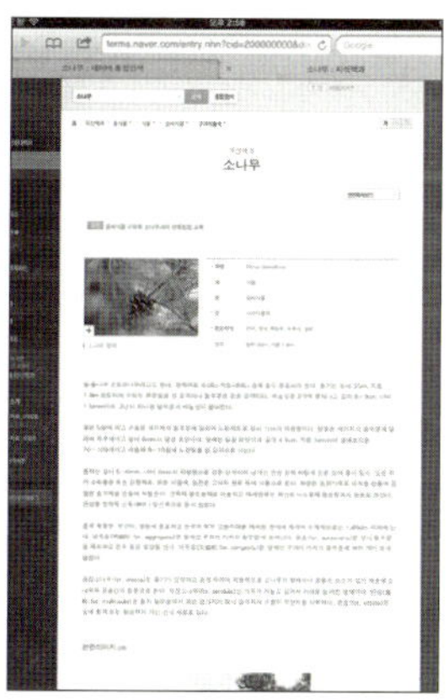

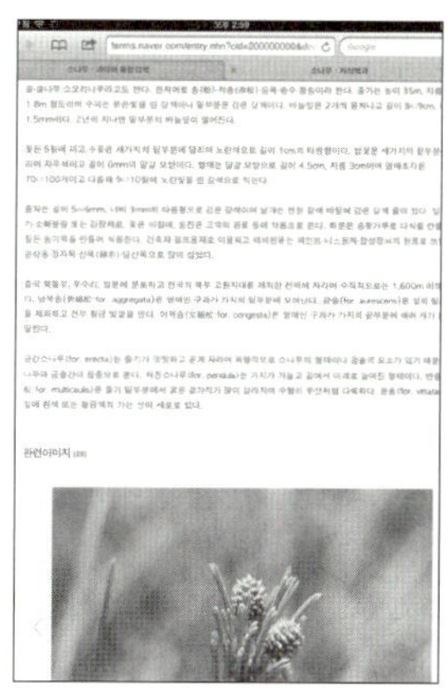

활동 방법

- 산이나 숲으로 산책을 간다.
- 산책하면서 관찰한 소나무에 대하여 이야기를 나눈다.
  - 소나무 하면 생각나는 것은 무엇인가요? 소나무에서 무엇을 보았나요?
  - 그루터기를 본 적이 있나요? 어디서 보았나요? 그루터기는 어떻게 생겼을까요?

- 소나무의 잘라진 면을 본 적이 있나요?
- 소나무 껍질의 모양은 어떻게 생겼나요? 소나무의 껍질을 만져 보니 어떤 느낌이 들었나요?
- 소나무 껍질의 색은 어떤 색깔이었나요?

- 아이패드를 이용하여 촬영한 소나무를 관찰한다. 컴퓨터와 도서를 통하여 소나무에 대해 알아본다.
- 아이패드에 있는 어플리케이션을 실행하여 소나무에 대해 알아본다.

- 소나무에 대하여 다양한 방법(그림, 신체표현 등)으로 표상 활동을 한다.
  - 소나무가 어떻게 생겼는지 표현할 수 있나요?
  - 소나무가 어떤 모습을 하고 있었나요?
  - 우리의 몸을 소나무처럼 표현해 보면 어떤 모습일까요?
  - 어떤 소나무를 표현했나요?

– 소나무를 몸으로 표현해 보았는데 활동한 느낌이 어땠나요?

활동의 유의점

• 유아들에게 어플리케이션을 탐색할 수 있는 시간을 갖게 한다.

활동 평가

• 소나무의 특징을 알게 되었는가?

• 나무를 몸으로 표현해 볼 수 있었는가?

확장 활동

• 언어 활동 : 소나무에게 편지 쓰기 활동을 한다.

• 조형 활동 : 종이컵과 신문지를 이용하여 소나무를 꾸민다.

활동명 : 날씨를 알아보아요

생활 주제
- 지구와 환경

대상 연령
- 만 4, 5세

활동 형태
- 대 · 소집단 활동

활동 목표
- 날씨에 관심을 가진다.
- 날씨를 알 수 있는 방법에 대해 안다.
- 날씨 어플리케이션을 보고 날씨를 알 수 있다.

교육과정 관련 요소
- 자연탐구 : 과학적 탐구하기 – 생명체와 자연환경 알아보기

활동 자료 : 달무리 사진, '기상청 날씨' 어플리케이션, 인터넷 검색 사이트 어플리케이션

운영 체제 및 어플리케이션 : 안드로이드와 애플 폰 모두 사용 가능

어플리케이션 소개 및 실행 방법

- App Store(애플), 마켓(안드로이드), T-Store에서 '기상청 날씨' 어플리케이션을 검색합니다.
- '기상청 날씨' 어플리케이션을 다운로드하여 설치합니다.
- '기상청 날씨' 어플리케이션을 실행합니다.

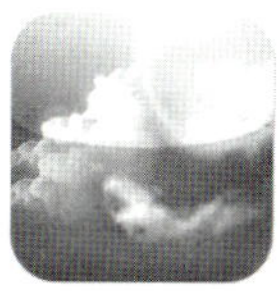

▲ '기상청 날씨' 어플리케이션 아이콘이에요.

▲ '현재 날씨'를 터치하여
하루의 날씨와 기온을 알아보아요.

▲ '동네예보'를 터치하여 동네의 자세한 날씨와 기온을 알아보아요.

▲ '주간예보'를 터치하면 일주일 날씨와 기온을 알아볼 수 있어요.

▲ 일주일간의 날씨와 기온을 자세히 알아보아요.

활동 방법

- 달무리 사진을 보면서 이야기를 나누어 봅니다.
  - 이게 무슨 사진일까? 이런 현상을 본 적이 있니?
  - 달 주위에 이렇게 띠가 둘러져 있는 현상을 '달무리' 라고 한대.
- 인터넷을 이용하여 달무리 현상에 대해 알아봅니다.
  - 옛날 사람들은 이렇게 하늘을 보고 다음 날 날씨를 예측해 보았대.
  - 달무리 현상이 보였을 때 다음 날 날씨는 어떨까?

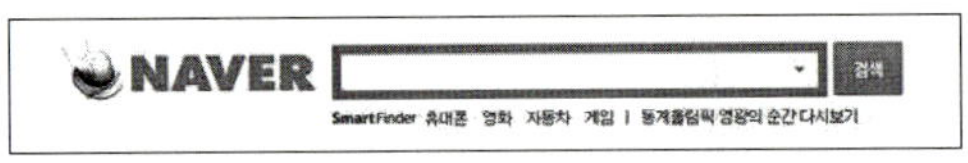

▲ 인터넷 검색사이트 어플리케이션에서 '달무리 현상' 을 검색해서 알아보아요.

- 날씨를 알 수 있는 방법에 대해 이야기를 나누어 봅니다.
  - 날씨를 알 수 있는 방법은 또 어떤 것이 있을까?
  - 너희는 어떻게 날씨를 아니?
  - 날씨를 알려주는 일을 하는 곳은 어디일까?
- '기상청 날씨' 어플리케이션을 실행하여 함께 알아봅니다.
  - 오늘의 날씨는 어떤 것 같니?
  - 여기 쓰여 있는 숫자는 어떤 것을 의미할까?
  - 기온이 30℃면 날씨가 어떨 것 같니?
  - 기온이 낮으면 우리 몸은 어떻게 느낄 것 같니?
  - 일기예보를 보니 내일의 날씨는 어떨 것 같니?

▲ '기상청 날씨' 어플리케이션으로 날씨를 알아보아요.

- 어플리케이션의 날씨와 실제 날씨를 비교해 봅니다.
  - 오늘 날씨가 맑음이라고 쓰여 있는데 정말로 그럴까?
  - 날씨가 맑은지 무엇을 보면 확인할 수 있을까?
- 어플리케이션을 이용하여 내일의 날씨를 알아봅니다.
  - 내일의 날씨도 알아볼 수 있을까?
  - 내일의 날씨는 어떨 것 같니?

▲ 어플리케이션으로 내일의 날씨를 알아보아요.

- 활동을 하면서 알게 된 것들과 느낀 점들을 이야기해 보면서 활동을 마무리 합니다.
  - 스마트폰으로 날씨를 알아보았는데 어땠니?
  - 실제 날씨와 일기예보가 같았니? 다른 점도 있었니?
  - 내일도 일기예보가 맞는지 알아보도록 하자.

활동의 유의점

- '기상청' 어플리케이션 이외에도 다른 날씨 어플리케이션을 이용하여 날씨를 알아볼 수 있습니다.

활동 평가

- 날씨에 관심을 가지고 있는가?
- 날씨를 알 수 있는 방법을 알고 있는가?

- 일기예보 어플리케이션을 보고 날씨를 알 수 있는가?
- 기본적인 프로그램 사용법을 이해하고 있는가?

확장 활동

- 실외 활동 : 오늘의 날씨를 알아보는 활동을 합니다.
- 조형 활동 : 여러 가지 재료로 날씨 시계 만들어 보는 활동을 합니다.
- 과학 활동 : 기록표를 만들어서 일기예보와 실제 날씨 비교해 보는 활동을 합니다.

▲ 기록표를 만들어서 일기예보와 실제 날씨를 기록하고 비교해 보아요.

활동명 : 곤충을 알아봐요

생활 주제
- 동식물과 자연

대상 연령
- 만 4, 5세

활동 형태
- 대 · 소집단 활동

활동 목표
- 여러 종류의 곤충에 관심을 가진다.
- 여러 종류의 곤충의 생김새와 이름에 대해 안다.
- 스마트폰을 활용하여 곤충의 정보에 대해 알아볼 수 있다.

교육과정 관련 요소
- 자연탐구 : 과학적 탐구하기 – 간단한 도구와 기계 활용하기
- 자연탐구 : 과학적 탐구하기 – 생명체와 자연환경 알아보기
- 자연탐구 : 탐구하는 태도 기르기 – 탐구과정 즐기기

활동 자료 : 'iBugs' 어플리케이션

운영 체제 및 어플리케이션 : 안드로이드와 애플 폰 모두 사용 가능

어플리케이션 소개 및 실행 방법

- App Store나 T-Store에서 'iBugs' 어플리케이션을 검색합니다.
- 'iBugs' 어플리케이션을 다운로드하여 설치합니다.
- 'iBugs' 어플리케이션을 실행합니다.

▲ 'iBugs' 어플리케이션 아이콘이에요.

- 잠자리채 모양의 아이콘을 터치하면 증강현실 시스템 안에서 곤충이 나타납니다.

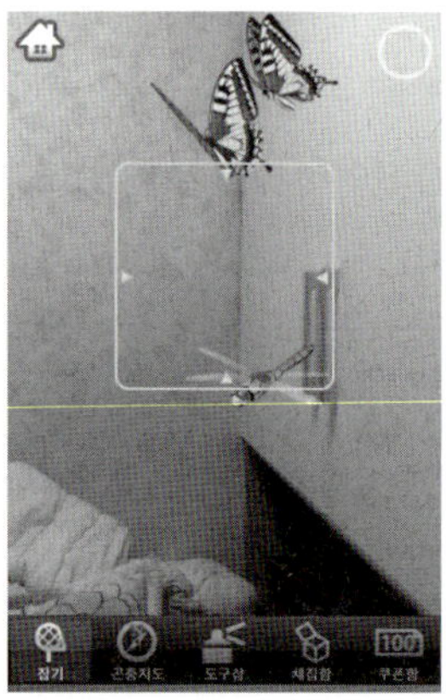

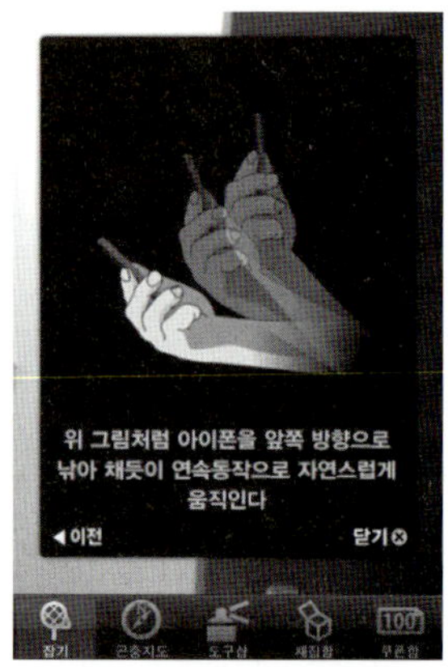

▲ 채집 박스 안에 곤충이 들어올 때 스마트폰을 앞쪽 방향으로 낚아채듯이 연속 동작으로 자연스럽게 움직이면 곤충을 채집할 수 있어요.

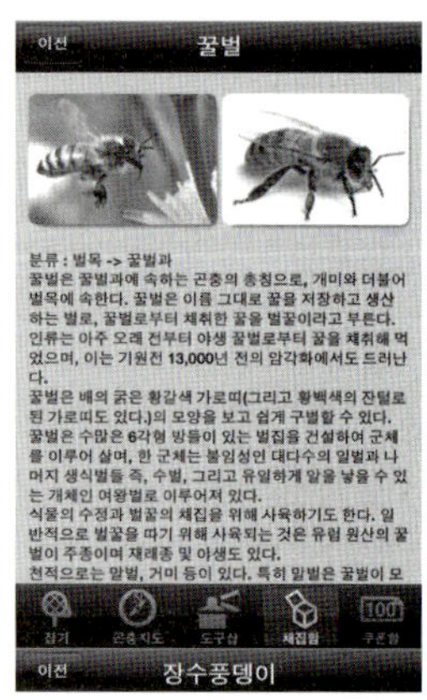

▲ 곤충을 터치하면 곤충에 대한 정보를 볼 수 있어요.

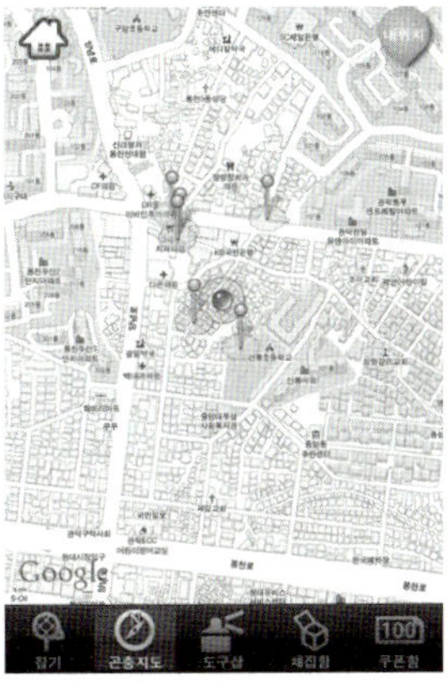

▲ '곤충지도'를 터치하면 곤충 밀집 지역을 알아볼 수 있어요.

활동 방법

- '곤충'에 대해 이야기를 나누어 봅니다.
  - 곤충을 본 적이 있니?
  - 어떤 곤충을 보았니?
  - 어떻게 생겼었니?
  - 비슷한 점이 있었니?
  - 무엇을 곤충이라고 할까?
  - 이렇게 머리, 가슴, 배로 나누어진 동물을 곤충이라고 한대.
  - 그 외에도 어떤 특징들이 있을까? 스마트폰으로 검색해 볼까?
  - 이 곤충의 이름은 무엇일까?
  - 이 곤충은 어디에 살까?
- 어플리케이션의 'iBugs'를 실행시켜서 가상 곤충 채집 활동을 해 봅니다.
  - 땅에 사는 곤충은 어떤 곤충들이 있을까?
  - 하늘에 날아다니는 곤충은 어떤 곤충이 있을까?
- 스마트폰으로 비춰진 화면의 네모 박스 안에 곤충이 들어오면 스마트폰을 조정한 후 흔들어서 곤충을 채집합니다.
  - 어떤 곤충이 나왔니?
  - 잡은 곤충은 어떻게 하고 싶니?

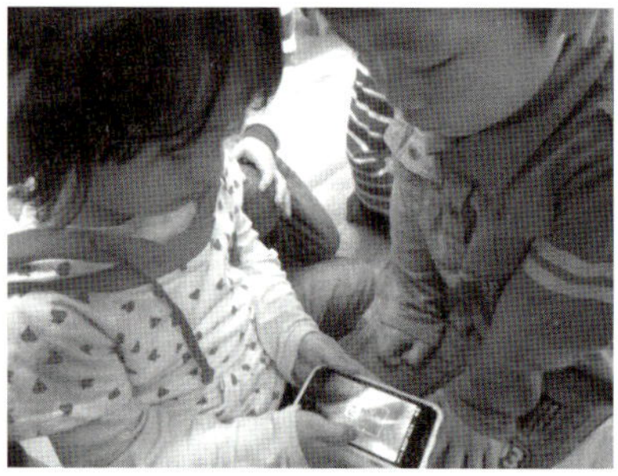

▲ 스마트폰으로 땅을 비추면 땅에 사는 곤충이 나와요.

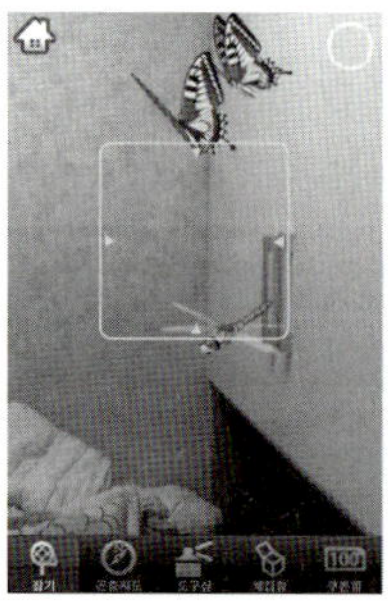

▲ 스마트폰으로 하늘을 비추어
하늘에 사는 곤충을 보고 있어요.

- 채집통에서 채집한 곤충을 살펴보고 곤충에 대한 자세한 정보를 알아봅니다.
  - 이 곤충에 대해 궁금한 점이 있니?
  - 이 곤충은 이름이 무엇일까? 어떻게 생겼니?
  - 이 곤충은 무엇을 먹고 살까?
  - 이 곤충을 어디에서 실제로 볼 수 있을까?
  - 이 곤충들을 분류해 볼 수 있겠니?

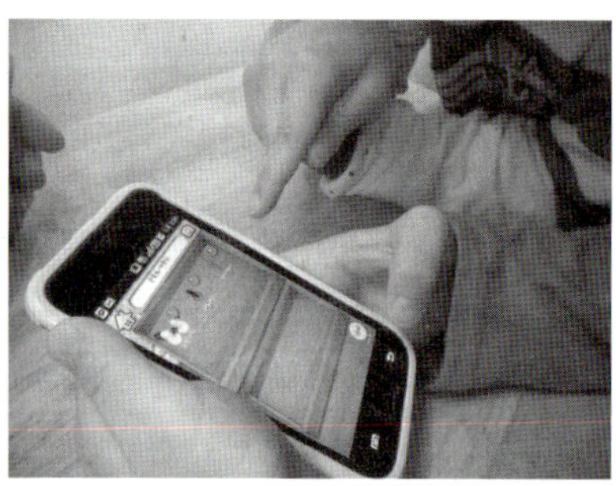

▲ 채집한 곤충의 정보를 알아보아요.

활동의 유의점

- 생명의 소중함에 대해 인식하게 하고 실제 곤충을 함부로 다루지 않도록 지도해 주세요.

활동 평가

- 기본적인 프로그램의 사용법을 이해하고 있는가?
- 여러 종류의 곤충에 관심을 갖는가?
- 여러 종류의 곤충의 특징에 대해 알아보았는가?

확장 활동

- 과학 활동 : 우리 주변에서 볼 수 있는 곤충을 찾아봅니다.
- 동작 활동 : 관찰한 곤충을 흉내 내어 봅니다.
- 언어 활동 : 채집한 곤충에 대해 알아보고 곤충의 생김새, 이름, 특징 등을 적어서 '나만의 곤충도감' 책을 만들어 봅니다.

▲ 관찰한 곤충을 흉내 내요.

활동명 : 봄에 피는 꽃

생활 주제

- 봄

대상 연령

- 만 4, 5세

활동 형태

- 대 · 소집단 활동

활동 목표

- 봄에 피는 꽃에 관심을 갖는다.
- 봄에 피는 꽃의 종류에 대해 안다.
- 꽃에 대한 정보를 스스로 찾을 수 있다.

교육과정 관련 요소

- 자연탐구 : 탐구하는 태도 기르기 – 탐구과정 즐기기
- 자연탐구 : 과학적 탐구하기 – 생명체와 자연환경 알아보기

활동 자료 : 봄에 피는 꽃 사진, '식물 이름 찾기' 어플리케이션

운영 체제 및 어플리케이션 : 안드로이드와 애플 폰 모두 사용 가능

어플리케이션 소개 및 실행 방법

- App Store, T-Store에서 '식물 이름 찾기' 어플리케이션을 검색합니다.
- '식물 이름 찾기' 어플리케이션을 다운로드하여 설치합니다.
- '식물 이름 찾기' 어플리케이션을 실행합니다.

▲ '식물 이름 찾기' 어플리케이션 아이콘이에요.

▲ '꽃 찾기' 메뉴를 클릭하세요.

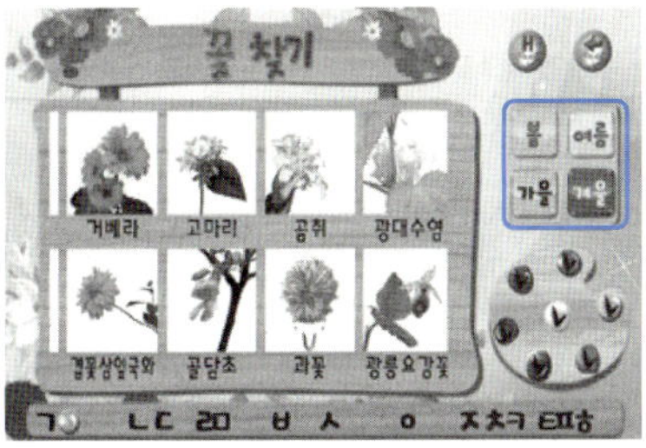

▲ 계절을 선택하여
계절별로 피는 꽃에 대해 알아보아요.

▲ 마음에 드는 꽃을 선택하여
꽃의 정보를 알아보아요.

활동 방법

- 봄의 날씨를 느껴 본 경험에 대해 이야기를 나누어 봅니다.
  - 너희는 무엇을 보았을 때 봄이라고 느끼니?
  - 봄이 되어서 주변이 어떻게 변한 것 같니?
- 봄에 피는 꽃을 본 경험에 대해 이야기를 나누어 봅니다.
  - 봄에 피는 꽃을 본 적이 있니?

- 봄에 어떤 꽃이 피는지 알고 있니?

• 봄에 피는 꽃 사진을 보며 이야기를 나누어 봅니다.

- 이 꽃을 본 적이 있니?
- 이 꽃의 이름은 무엇일까?

▲ 교실에서 찾은 봄꽃 사진을 보며 이야기해요.

• '식물 이름 찾기' 어플리케이션에서 여러 종류의 봄꽃을 살펴봅니다.

- 이 꽃은 어떻게 생긴 것 같니?
- 이런 꽃을 실제로 본 적이 있니?

• 어플리케이션에 있는 여러 종류의 봄꽃의 정보를 알아봅니다.

- 이 꽃에 대해 궁금한 점이 있니?
- 이 꽃은 왜 이런 이름이 지어졌을까?

▲ 어플리케이션으로 봄꽃을 찾아보아요.

- 봄에 피는 꽃에 대한 정보를 알아본 후 꽃들을 비교해 본다.
  - 이 꽃과 비슷한 꽃이 있을까?
  - 왜 그렇게 생각하니?
  - 봄에 피는 꽃들을 색깔별로 나누어 볼 수 있을까?
  - 빨간색을 가지고 있는 꽃들은 어떤 것들이 있니?
- 활동을 하면서 알게 된 것들과 느낀 점들을 이야기해 보면서 활동을 마무리 합니다.
  - 활동을 하면서 알게 된 점은 무엇이 있니?
  - 봄에 피는 꽃에는 어떤 것들이 있었니?
  - 어떤 꽃이 가장 기억에 남니?

활동의 유의점

- 계절별, 색깔별로 나누어 꽃을 살펴봅니다.

활동 평가

- 기본적인 프로그램 사용법을 이해하고 있는가?
- 봄에 피는 꽃에 대해 관심을 갖는가?
- 봄에 피는 꽃의 종류에 대해 알고 있는가?
- 활동에 즐겁게 참여하였는가?

확장 활동

- 과학 활동 : 산책을 하며 직접 봄에 피는 꽃을 찾아봅니다.
- 조작 활동 : 같은 봄꽃 카드를 찾아 뒤집어 봅니다.
- 동작 활동 : 꽃이 피는 모습을 표현해 봅니다.
- 언어 활동 : 봄꽃 책을 만들어 봅니다.

활동명 : 소리 나는 병

생활 주제
- 환경과 생활

대상 연령
- 만 4, 5세

활동 형태
- 대 · 소집단 활동

활동 목표
- 병의 종류에 따라 나는 다양한 소리를 탐색한다.
- 병의 특성에 따라 소리의 높낮이가 다름을 경험한다.

교육과정 관련 요소
- 자연탐구 : 과학적 탐구하기 – 물체와 물질 알아보기

활동 자료 : 요구르트병, 컵, 페트병, 나무젓가락, 병

멀티미디어 기기 및 디지털 자료 : 컴퓨터, 아이패드

기능 및 사용법

- 홈 화면에서 Safari 어플을 터치하여 실행시킨다.
- 네이버 사이트에서 '물체를 이용한 소리'나 또는 '여러 가지 소리' 단어로 검색을 한다.

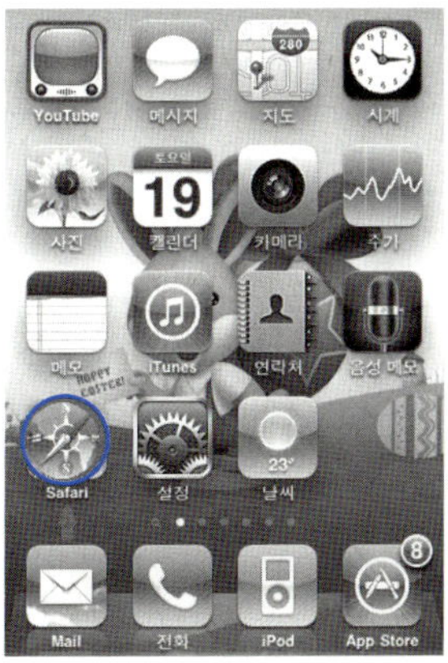

- 검색 결과 목록에서 내용을 확인한다.

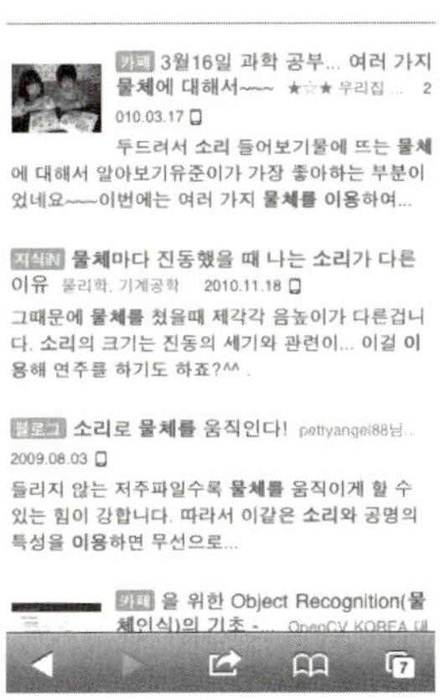

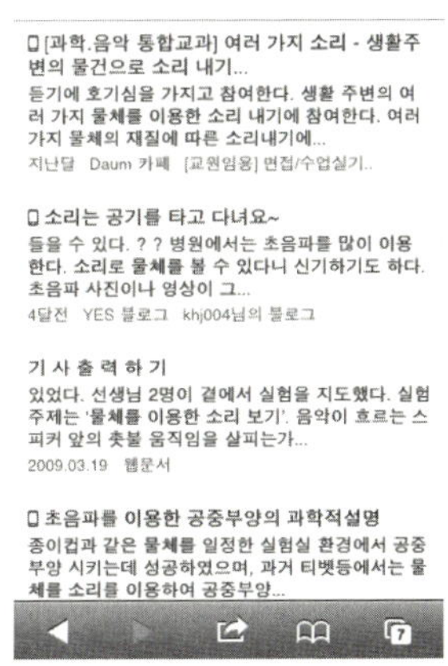

활동 방법

- 여러 가지 악기를 불어 본 경험을 이야기해 봅니다.
  - 여러분이 알고 있는 악기는 어떤 것이 있나요?
  - 악기 소리를 내는 방법은 무엇이 있나요?
- 페트병의 입구에 입을 대고 불어 보면 어떤 소리가 날지 예측해 봅니다.
  - 페트병의 입구에 입을 대고 불어 보면 어떤 소리가 날까요?

- 페트병을 나무젓가락으로 두드리면 어떤 소리가 날까요?

• 페트병의 입구에 입으로 공기를 불어넣어 페트병의 길이에 따라 소리가 어떻게 다른지 관찰하여 봅니다.
  - 페트병의 길이에 따라 소리는 어떻게 다른가요?
  - 길이가 다른 페트병을 나무젓가락으로 두드릴 때 소리는 어떻게 다른가요?

• 페트병의 입구 크기에 따라 소리가 어떻게 다른지 실험하여 봅니다.
  - 페트병의 입구 크기에 따라 소리는 어떻게 다른가요?
  - 다른 종류의 물건을 사용하면 어떤 소리가 날까요?

• 요구르트병, 컵 등 여러 가지 재활용품 악기를 만들어 소리를 내어 봅니다.
  - 어떤 악기가 가장 높은 소리가 났을까요?
  - 어떤 악기가 가장 낮은 소리를 낼까요?

- 소리를 내는 부분이 길면 낮은 소리가 나고 짧으면 높은 소리가 납니다.
  - 소리 내는 물체의 부피가 크면 낮은 소리가 나고 작으면 높은 소리가 나는 것을 알게 되었나요?

활동의 유의점

- 유리병은 파손의 위험이 있으므로 너무 세게 두드리거나 함부로 다루지 않도록 주의를 한다.
- 친구들과 함께 놀이할 수 있는 기회를 주어 친밀감을 높여 줄 수 있도록 한다.

활동 평가

- 병의 종류에 따라 나는 다양한 소리를 탐색할 수 있었는가?
- 병의 특성에 따라 소리의 높낮이가 다름을 경험할 수 있었는가?

확장 활동

- 조형 활동 : 종이컵과 실을 이용하여 전화기를 만들어 봅니다.
- 음악 활동 : 도구를 이용하여 음악을 연주하여 봅니다.

4. 스마트 기기에서 활용 가능한 유아교육 콘텐츠

본 장에서는 스마트폰, 아이패드, 태블릿 PC 등 스마트 기기에서 활용 가능한 콘텐츠를 소개하고자 한다. 스마트폰 앱은 인터넷 콘텐츠와는 다르게 장시간을 요하지 않고 이동 중이거나 잠깐의 시간을 사용하여 이용할 수 있다는 것이 큰 특징이며 이것은 유아들의 시기적 특성과 맞물린다고 할 수 있다(이주연, 2011). 이동성과 통합성이라는 특성과 관련하여 유아교육기관에서도 유비쿼터스 환경에 대한 관심이 커지고 있으며 사용자 인터페이스로 유아 중심의 다양한 활동이 가능하다는 장점을 가지고 있으므로 유아들의 호기심을 유발할 수 있는 미래 유아교육 분야의 매체로서 스마트폰과 태블릿 PC의 그 교육적 활용이 모색되어야 한다(유구종, 2011). 인터넷 콘텐츠를 그대로 스마트폰으로 옮겨 놓은 것으로 인터넷상의 플래시 동화, 동요, 게임 등 모든 콘텐츠들을 스마트폰에서 구현할 수 있다는 점은 유아교사 입장에서는 고무적이다. 다만 어린 시기에 스마트폰에 장시간 노출되는 것이 영유아의 신체적, 정서적 측면에 미치는 역기능에 대한 견해도 많은 만큼 신중히 접근되어야 할 것이며, 이를 위해 태블릿 PC나 매립형 스마트칠판 형태를 적극 고려해야 할 것이다.

대표적으로 소개할 콘텐츠는 저자가 한국연구재단의 지원을 받아 구축한 '스마트스터디' 사이트이다. 사이트 상단의 메뉴는 스마트폰 활용 프로그램, 멀티교사교육, 스마트 기기 자료실, 수업 커뮤니티 자료실로 구성되어 있다. 이 중 '스마트폰 활용 프로그램' 방은 '프로그램 개요', '프로그램 활동안', '프로그램 활동사진'으로 구분되어 있으며 스마트폰과 태블릿 PC를 활용한 프로그램의 개요를 설명하고 활동안과 사진자료를 제공한다. '멀티교사교육' 방은 '배워 볼까요?', 'ICT 활용', '동영상' 등으로 구성되며 멀티미디어 교육을 위한 파워포인트 자료, 플래시 자료, 동영상 등을 제공한다. '스마트 기기 자료실' 방은 '유용한 사이트', '학술자료실', '어플 소개' 등으로 구성되며 본 연구 관련 사이트 소개와 링크, 본 연구 관련 학위논문과 학술논문 링크, 본 연구 결과 논문이나 결과물을 제공한다. 이 밖에 유아교육기관 및 가정에서 활용 가능한 다양한 유아용 어플리케이션은 〈부록 1. 유아용 스마트폰 어플리케이션〉에 소개하였다.

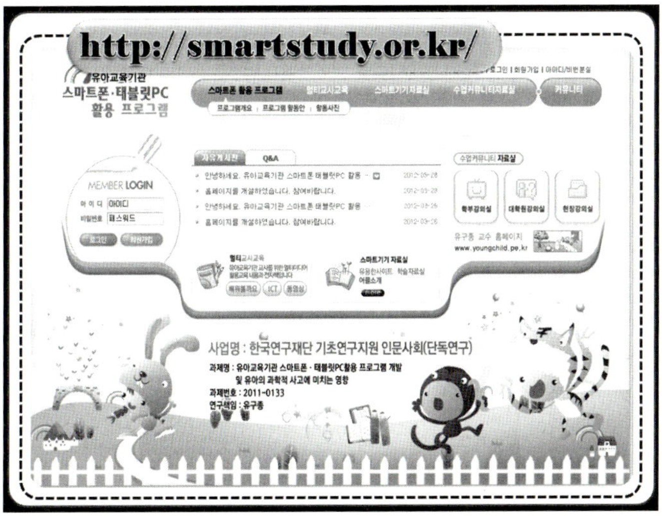

[그림 1-1] '스마트스터디' 사이트 메인 화면 구성

(유아교육기관 스마트폰, 태블릿 PC 활용 프로그램 사이트 http://smartstudy.or.kr)

2장

유아교육과 지능형 로봇 활용

유아교육에서의

스마트 기기 · 로봇 활용과 과몰입 예방

유비쿼터스(Ubiquitous) 시대에 지능형 로봇은 네트워크와 융합되어 언제 어디서나 학습자의 요구에 부응한 교육 서비스를 제공함으로써 미래 학습 환경에 가장 부합하는 새로운 교육 매체로서의 가능성을 드러내고 있다. 지능형 로봇의 경우 일반 컴퓨터와 달리 인간과 유사한 외형과 뛰어난 상호작용으로 인해 인간 친화적 특성을 지니고 있으며, 로봇은 주변 환경 인식을 통한 자율 제어 기능을 통해 학습자 맞춤형 이동 서비스가 가능하다. 이러한 위치 이동 및 면대면 학습 가능성 등의 로봇의 기술적 특성은 기존의 E-Learning이나 U-Learning 서비스의 장점을 수용하고 기존 매체들이 가지고 있는 한계를 극복함으로 일반 컴퓨터와 네트워크를 통해 주로 제공되던 기존 교육 서비스의 질적 수준을 향상시킬 수 있다. 따라서 본 장에서는 유비쿼터스 사회의 도래에 따른 교육 환경의 심대한 변화에 적극 대처하기 위한 새로운 교육 미디어로서 로봇의 교육적인 활용과 현장 적용 방안에 대한 아이디어를 제공하고 교육 서비스 선진화에 기여하고 있는 지능형 로봇에 대해 소개하고자 한다.

1. 지능형 로봇과 유아교육

로봇의 사전적 정의는 겉모양과 기능을 수행하는 방법이 인간과 닮지 않았지만 인간이 하는 일을 대신하는, 자동으로 작동되는 기계이다(브리태니커 백과사전, 2011). 'Robot' 이라는 말은 1921년 체코슬로바키아의 극작가 Karel Capek의 희곡 R.U.R.(Rosuum' s Universal Robots)에서 처음 사용되었다. 로봇의 어원은 체코어의 노동을 의미하는 단어 'robota' 에서 나왔다고 알려지고 있다(위키 백과사전, 2010). 이후 1959년 Unimate사에서 Joseph Engelbere 등에 의해 최초의 산업용 로봇이 개발되면서부터 실제적인 로봇 사용의 역사가 시작되게 되었다.

이후 로봇은 인간이 해오던 다양한 일들을 대신하게 되었는데 흔히 말하는 사람들이 기피하는 3D 직종에 있어 로봇이 투입되기 시작하였다. 단순 반복적이고 인간이 수행하기에 위험할 수 있는 산업 현장의 로봇을 시작으로 점차 고도의 정밀 작업을 요하는 의료 로봇과 같은 전문 로봇, 최근에 들어서는 인간과 함께 상호작용하는 지능형 서비스 로봇이 개발되어 사용되고 있다.

현재 로봇은 학자에 따라 다양하게 분류하고 있지만 크게 서비스 로봇과 산업용 로봇으로 분류하고 서비스 로봇은 세부 용도에 따라 개인용 서비스 로봇과 전문 로봇으로 〈표 2-1〉과 같이 분류할 수 있다(주혜연, 2011).

〈표 2-1〉 **로봇의 분류**

<table>
<tr><th>구분</th><th>대분류</th><th colspan="2">중분류</th><th>소분류</th><th>세계 로봇 연맹 분류</th></tr>
<tr><td rowspan="4">로봇</td><td rowspan="3">서비스 로봇</td><td colspan="2">개인용 로봇</td><td>청소 로봇
엔터테인먼트 로봇
학습 로봇 등</td><td>Service robot for Personal use</td></tr>
<tr><td rowspan="2">전문 로봇</td><td>공공서비스 로봇</td><td>의료 로봇
안내 로봇 등</td><td rowspan="2">Service robot for Professional use</td></tr>
<tr><td>극한 작업 로봇</td><td>재난 구조 로봇
원전 로봇 등</td></tr>
<tr><td>산업용 로봇</td><td colspan="2"></td><td>용접 로봇
핸들링 로봇
도장 로봇</td><td>Industrial Robot</td></tr>
</table>

출처: 산업자원부, 2006

교육 현장에서 활용하는 지능형 로봇은 개인용 서비스 로봇과 학습 로봇으로 분류하고 있다. 하지만 교육 현장에서 사용하는 로봇에 대해서는 학습 로봇, 교육용 로봇 등 합의를 이룬 정의나 분류는 존재하지 않지만 교육 현장에서 활용되는 지능형 로봇은 역할에 따라 크게 교구 로봇과 교사 로봇으로 구분하기도 한다. 교구 로봇은 로봇을 만드는 과정에서의 구성주의적 교육이 이루어지며 지능형 로봇이 교육의 소재가 되는 경우이다. 교사 로봇은 지능형 로봇이 교육 콘텐츠를 제공하여 일종의 능동적 교육자의 역할을 하는 경우를 말한다(조혜경, 박강박, 한정혜, 민덕기, 고국원, 2008).

〈표 2-2〉 지능형 로봇의 분류

대분류	소분류	내용	로봇의 역할	Han 등의 분류
교구 로봇	로봇 기술 교육	• 로봇 기술을 교육하는 것이 목적인 로봇	수동적 객체	로봇 소양교육 (Learning about robots)
	통섭 교육	• 다른 교과(수학, 과학, 미술 등)의 교육 활동에 활용되는 로봇		
교사 로봇	교사 보조	• 교사를 보조하여 일대 다의 학습자와 상호작용하는 로봇	능동적 주체	로봇 활용교육 (Learning with robots)
	동료 교수	• 친구로서 정보를 알려주거나 가르쳐주는 개인용 로봇		

출처: 조혜경 외, 2008

〈표 2-2〉와 같이 유아교육기관에서는 일반적으로 로봇을 만들거나 로봇의 기술을 전달하는 로봇의 기술교육보다는 통합교육이나 교사 보조, 동료 · 교수의 형태로 지능형 로봇을 사용하고 있다. 이렇게 교실에서 활용되는 교사 보조, 동료 · 교수의 형태의 지능형 로봇은 인간과 사회적인 상호작용을 하는 로봇이라고 할 수 있다.

유아교육기관에서는 일반적으로 로봇을 만들거나 로봇의 기술을 전달하는 로봇, 기술교육보다는 통섭 교육이나 교사 보조, 동료 교수의 형태로 지능형 로봇을 사용하고 있다. 이렇게 교실에서 활용되는 교사 보조, 동료 교수의 형태의 지능형 로봇은 인간과 사회적인 상호작용을 하는 로봇이다. 이러한 사회적인 로봇은 겉모습에 따라 분류해 볼 수 있는데 이러한 로봇 개성 유형으로 소희선(2006)의 연구에서는 Terrence, Lllah, Kerstin(2002)의 사회적 로봇의 개성 유형을 〈표 2-3〉과 같이 소개하고 있다.

〈표 2-3〉 로봇의 개성 유형

유 형	특 징
도구 같은 유형 (Tool-like)	• 스마트 장비(Smart appliance)를 작동시키는 데 사용 • 명령에 의한 서비스 과업을 수행
애완동물 혹은 창조물 유형 (Pet or Creature)	• 장난감 혹은 엔터테인먼트 로봇에 사용 • 개와 고양이 같은 애완동물과 연관된 특성
카툰 유형 (Cartoon)	• 만화에서 보이는 것 같은 개성을 지님 • 과장된 특성은 표현하기 쉬우며 관계를 맺는 데 유용
인공물 유형 (Artificial Being)	• 공상과학 소설이나 영화에 등장하며 인공적인 개성을 지님
인간을 닮은 유형 (Human-like)	• 인간의 개성을 닮은 로봇

출처: 소희선, 2006

〈표 2-3〉과 같이 로봇의 개성 유형을 살펴보면 Tool-like 유형 로봇은 스마트 장비(Smart appliance)를 작동시키는 데 사용된다. 이러한 로봇은 명령에 의한 서비스 과업을 수행하며 의존도 · 신뢰도와 같이 장비와 연관된 특성을 나타낸다. Pet 혹은 Creature 유형의 로봇은 장난감 혹은 엔터테인먼트 로봇에 사용되며 개와 고양이 같은 애완동물과 연관된 특성을 지닌다. Cartoon 유형 로봇은 만화에서 보이는 것 같은 개성을 나타낸다. 카툰 유형의 과장된 특성은 표현하기 쉬우며 비전문가의 관심을 끌거나 그들과 관계를 맺는 데 유용하게 쓰일 수 있다. Artificial Being 유형의 로봇은 공상과학 소설이나 영화 등에서 보이는 유형으로 인공적인 개성을 지닌다. Human-like 유형 로봇은 인간의 개성을 닮은 로봇이다. 인간의 개성을 닮은 정도에 따라 로봇 사용 목적이 달라진다.

현재 유아교육기관에서 사용하고 있는 보급형 지능형 로봇인 아이로비큐(iRobiQ)와 제니보(Genibo)를 제시된 분류표에 의해 살펴보면, 아이로비큐(iRobiQ)는 지능형 서비스 로봇 중에서도 개인용 로봇, 또한 학습 로봇의 범주에서 교사 보조 혹은 동료 교수자로서의 역할을 수행하며 소희선(2006)의 사회적 로봇 개성 유형 분류표에서 인간을 닮은 유형(Human-like)에 속하여 인간의 개성을 닮은 로봇으로 얼굴과 몸통, 팔을 가지고 있고, 다리를 대신하는 바퀴로 인간의 모습을 재현하고 있다고 설명할 수 있다. 제니보(Genibo)는 아이로비큐(iRobiQ)와 같이 지능형 서비스 로봇 중에서도 개인용 로봇, 또한 학습로봇의 범주에서 교사 보조 혹은 동료 교수자로서의 역할을 수행하지만 소희선(2006)의 사회적 로봇 개성 유형 분류표를 근거하면 애완동물 혹은 창조물 유형(Pet or Creature)에 속하는 로봇으로서 유아에게 가장 친숙한 애완동물인 강아지의 형태로 머리와 몸통, 네 개의 다리와 꼬리를 가지고 있어 보편적인 애완견과 연관된 특성을 지녔다고 설명할 수 있다.

2009년 12월 교육과학기술 분야에서 '유아교육 선진화 추진계획' 을 발표하였는데 여기에 교사도우미 로봇 등 첨단과학기술 활용이 포함되어 있었다. 교육과학기술부가 밝힌 R-Learning 구축의 당위성에는 로봇을 활용한 교육이 유아들의 창의성과 인성 교육을 보다 활성화시킬 수 있다는 미래교육에 대한 비전이 내포되어 있으며 유아교육기관 교사들의 과도한 업무 부담을 경감시킬 수 있는 역할이 강조되고 있다. 이러한 유아교육 선진화 추진 계획에 교육과학기술부는 교사를 중심으로 로봇과 콘텐츠, IT 융합 기술 등이 통합된 양방향 체험형 교육 시스템인 R-Learning의 세부 실행 계획을 한국과학기술연구원(KIST)에서 개최하는 제1차 R-Learning 추진위원회에서 심의 · 확정하였다. 따라서 정부는 R-Learning을 활성화하기 위해 유치원, 대학, 기업의 연계를 통해 유아교육 콘텐츠를 개발 보급하고, 여기에 참여한 교사와 유치원에 인센티브를 제공하는 등 참여 활성화를 유도하였다.

또 로봇이 교사의 수업도우미 역할을 하고 출석 결석 확인 및 문자메시지 통보, 일일 건강 체크 등 유치원 생활 지원 기능, 휴식 기간 중 유아의 자율학습 지원 기능, 유아의 감성 특수 기능 등을 할 수 있도록 기능 고도화를 유도할 계획을 밝히고 있다(매일경제, 2010. 1. 25).

로봇기반교육(R-Learning)이란 지능형 로봇을 활용한 학습 방법을 말하는 것으로 로봇이 중심이 되는 것이 아닌 로봇이 학습을 보조하여 학습자에게 학습을 제공하고 교사의 일을 도와줌으로써 효과적인 학습 또는 학급 운영이 이루어질 수 있도록 하는 것을 말한다. 그러나 유아의 언어 인지 능력 등의 발달 수준에 비추어 컴퓨터 기반의 E-Learning이나 웹 기반의 U-Learning 등은 제한된 인터페이스를 기반으로 상호작용이 이루어지기 때문에 유아들과의 감정 교류나 대화가 제한되어 유치원 현장에서 적용이 쉽지 않은 것이 현실이다. 이러한 E-Learning이나 웹 기반의 U-Learning의 한계를 극복하고자 지능형 로봇이 등장하였으며 로봇을 활용한 학습은 모니터 외에도 얼굴이나 음성 인식 센서 등을 통한 감정을 표현할 수 있다. 학습자의 음성, 터치 센서 등을 통해 인식하여 학습자에게 맞춤 서비스를 제공할 수 있고, 학습자의 의도대로 스스로 계획한 스케줄에 의한 교육이 가능하다는 장점을 지니고 있다고 하였다(윤현민, 2010).

로봇기반교육을 위한 로봇기반교육지원단의 서비스 개요를 살펴보면 [그림 2-1]과 같다.

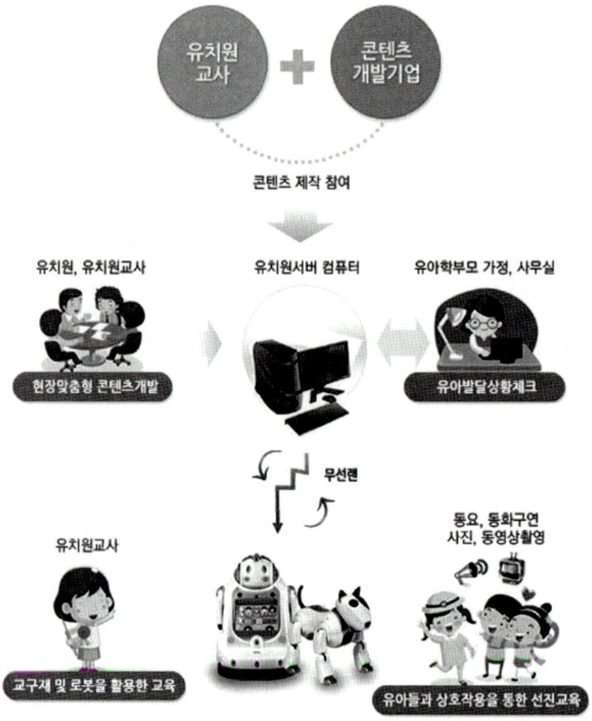

[그림 2-1] R-Learning 서비스 개요

출처: 로봇기반교육지원단

[그림 2-1]과 같이 R-Learning 서비스는 교사와 유아를 중심으로 로봇과 콘텐츠 및 IT 융합 기술 등이 통합된 쌍방향 체험형 교육 시스템으로 교사는 유아교육 콘

텐츠와 프로그램 개발 등에 참여하고 현장에서 지능형 로봇을 활용하여 교육을 수행하며 지능형 로봇은 교육과정, 자율학습, 유아교육기관 생활, 유아발달과정 관리 등을 지원한다. 유아는 지능형 로봇과 상호작용을 통하여 다양한 놀이 활동이 가능하며 IT 융합 기술에 있어 교사와 로봇, 유아와 로봇, 콘텐츠 등의 실시간 쌍방향 연결을 지원하는 유 · 무선 통신을 활용하여 네트워크 환경을 제공하여 가정과 연계할 수 있다.

교육용 로봇은 1983년 미국에서 소개된 소형의 이동할 수 있는 로봇이 시초라고 할 수 있다. 이 로봇은 가정 및 교육적 사용에 적합하다고 소개되었으며, 가정에서는 몇몇의 유용한 작업들을 수행하고 엔터테인먼트를 제공하기 위한 용도로 교육적으로는 주로 직업적·기술적으로 이용하기 위한 교육 용도에 초점을 두었다. 교육용 로봇은 로봇의 기본 기능에 교육용 콘텐츠를 추가하고 학습자와의 인간 친화적인 상호작용을 통해 학습의 효과를 높이는 로봇을 의미한다. 교육용 로봇은 전통적인 컴퓨터와 달리 로봇의 이동성, 인간 친화적인 상호작용, 인지 기능 등의 특징을 이용하여 학습자가 원하는 위치에서 원하는 시간에 학습이 이루어지도록 도와주며 교육용 로봇에는 학습 보조 로봇, 가정교사용 로봇 등이 있다.

우리나라 교육 현장에서 시도된 교사 보조 로봇은 티로, 바니와 현재 세계 최초로 유아교육기관에 상용화되고 있는 아이로비큐(iRobiQ)와 제니보(Genibo)가 있다. 상용화된 로봇은 유아교육기관에서 교사를 보조하며 HRI(Human-Robot Interaction) 기술과 응용 콘텐츠 기술을 융합하여 체험형 학습 서비스가 가능하다. 또한 일상생활에서 발생 가능한 상황을 기반으로 한 시나리오를 바탕으로 '나를 알아주고, 나와 놀아 주는 로봇' 의 개념을 반영하여 유아가 로봇과 관계를 맺으며 놀이를 통한 일과 활동이 가능한 로봇이다.

아이로비큐(iRobiQ)는 유아의 학습도우미로서 유아교육 현장에서 검증된 콘텐츠만을 엄선하여 아이들의 감성을 자극하여 학습에서의 상호작용을 효과적으로 돕고, 선생님의 수업도우미로서 풍부한 멀티미디어 학습부터 출석부, 정리 정돈, 학습 자료까지 교사의 바쁜 업무를 보조할 뿐만 아니라 부모님이 인터넷을 통해 유아의 상태를 확인할 수 있도록 한 유아교육용 로봇이다. 제니보(Genibo)는 아이로비큐(iRobiQ)와 같이 지능형 서비스 로봇 중에서도 개인용 로봇이며 학습로봇의 범주에서 교사 보조 혹은 동료 교수자로서의 역할을 수행한다. 제니보(Genibo)는 유아교육 현장에서 적용하기 쉽지 않은 애완동물을 로봇으로 구현하였으며 외부 자극을 받아들여 실제 강아지처럼 반응하고 스스로 움직인다. 다양한 콘텐츠와 주제별 수업안의 지원을 통한 교사 보조 역할을 지원한다. 또한 관절을 이용한 다양한 동작들과 로봇끼리 또는 로봇과 유아 간의 역할놀이, 출석 확인하기, 모둠 나누기, 통계 제공 등 수업 보조 기능을 제공하여 유아들과 함께 할 수 있는 친구 로봇이다.

유비쿼터스 시대에 지능형 로봇은 네트워크와 융합되어 언제 어디서나 학습자의 요구에 부응한 교육 서비스를 제공함으로써 미래 학습 환경에 가장 부합하는 새로운 교육 매체로서의 가능성을 드러내고 있다. 지능형 로봇의 경우 일반 컴퓨터와 달리 인간과 유사한 외형과 뛰어난 상호작용으로 인해 인간 친화적 특성을 지니고 있으며, 로봇은 주변 환경 인식을 통한 자율 제어 기능을 통해 학습자 맞춤형 이동 서비스가 가능하다.

최근 로봇을 수업에 활용하여 교육하는 로봇 활용 수업에 대한 다양한 시도들이 이루어지고 있으며 로봇 매체의 활용에 대한 중요성이 강조되고 있다. Horn(1991)은 로봇을 수업에 활용하는 개념을 RBI(Robot Based Instruction)라 하였다. 이는 로봇이라는 매체가 단순히 교사의 수업을 보조한다는 수동적 의미보다 로봇이라는 매체가 자체적으로 가지고 있는 교육 매체로서의 기능을 교사가 능동적으로 활용한다는 의미를 담고 있다. 로봇의 경우 '이동성'이라는 기술로 인하여 학습자가 원하는 위치와 장소에서 학습자와 상호작용한다. 음성 인식 기술, 화상 인식 기술을 통해 학습자인 유아를 알아보고, 자율 제어 기술과 인지 판단 기술을 통해서 더욱 능동적으로 유아와 상호작용할 수 있으며 학습 기술로 유아와 학습과 놀이자로 상호작용하며 감성 재현 기술로 학습자와의 감정 교류를 원활히 이루어 낼 수 있다.

매체는 교사의 교수 방식에 영향을 주며, 교수 방법은 매체와 독립적이기도 하고 매체 의존적인 특성을 보이기도 한다(나일주, 1997). 유아에게 있어서 학습은 직접적인 참여를 통해 이루어지므로 다양하고 적절한 교수 매체를 활용하여 유아가 학습 활동에 더욱 활발히 참여하고, 구체적인 경험을 할 수 있도록 해야 한다.

유아에게 더욱 효과적이고 풍부한 학습경험을 제공하기 위해서 다양한 교수 매체가 사용되어야 하며, 이를 위해 교사는 유아의 개인차를 고려하여 학습경험을 조직해야 하고 다양한 종류의 학습경험을 유아의 특성을 고려해서 준비하여 유아 스스로 선택할 수 있도록 환경을 조성해야 한다. 최근 로봇을 수업에 활용하여 교육하는 로봇 활용 수업(Robot Based Instruction)에 대한 다양한 시도들이 이루어지고 있으며 로봇 매체의 활용에 대한 중요성이 강조되고 있다.

교수 매체의 발전 동향을 살펴보면 기구의 '소형화'와 '합병(merging)'이라고 말할 수 있다(김진희, 이기문, 2001). 이와 같은 변화는 조직의 용이성, 이동의 확대와 정보 접근을 용이하게 하며 소형화되어 가는 매체는 대집단뿐만 아니라 개별 학습자도 사용할 수 있도록 보급되고 있다. 이는 컴퓨터와 기능 면에서는 유사하지만, 인간과 유사한 외형으로 자연스러운 대화와 정서 교류가 가능한 로봇은 주변 환경을 인식하여 자율적으로 제어하며 고정적이지 않고 물리적으로 위치 이동을 할 수 있어 학습자의 명령 또는 스스로의 판단에 의해 특정 기능을 수행할 수 있다. 로봇에 대하여 인간이 어떠한 정서를 갖는지를 알기 위해 사물에 대한 '친근감'이나 '두려움'과 같은 인간의 감성 형용사를 이용하여 연구한 결과 인간-동물 집단, 로봇 집단, 기계-무생물 집단으로 구분되었다. 로봇의 모양과 존재는 기계에 대한 두려움을 완화시켜 주는 중간적인 위치로 인간-기계 상호작용 및 HCI(Human-computer interaction)보다 감성적인 상호작용이 가능함을 시사한다.

로봇 활용 수업의 교육적 효과에 대하여 김경현(2009)은 로봇을 활용한 수업은 구성주의적 협동 환경을 바탕으로 한 고등 사고 능력의 핵심인 창의력, 문제해결력, 의사 결정력, 자기 성찰력을 기를 수 있다고 하였다. 로봇 매체의 본질적인 속성은 일상생활의 실제적인 과제와 유사하게 연결 지을 수 있어 학교에서 제시되는 연습 문제들이 현실세계와 동떨어지기 쉬웠다는 단점을 극복하여 지식의 전이를 촉진, 지식에 생명력을 부여할 수 있는 긍정적인 역할을 수행할 수 있다. 로봇을 활용한 수업은 과제 또는 실행 중심의 교수, 학습 환경을 바탕으로 과제에 대한 강한 주인의식과 내적 동기 부여를 촉진하기 용이하여 수행의 향상으로 이어질 수 있다는 점을 들고 있다.

Han 등(2005)은 E-Learning 콘텐츠를 탑재하고 아이들에게 영어교육을 하는 iRobi가 기존 매체에 비해서 교육적 성취도가 높았다는 연구 결과를 제공하였다. 교사 보조 로봇 TIRO와 소형으로 컴퓨터의 교육 콘텐츠와 연동이 가능한 펠리카노이드, 바니 로봇, 둘리 로봇 등도 상용화되었는데 정재경, 최종홍, 한정혜(2007)는 TIRO의 영어 교수 스타일을 명랑한 경우와 진지한 경우로 나누어 그 차이를 살펴보았다. 영어 교수 스타일이 명랑한 경우가 진지한 경우보다 학생의 흥미도는 높았지만 성취도는 로봇의 스타일과 유의미한 관계가 없었으며 집중도는 진지한 교수 스타일의 로봇과 함께 한 그룹이 더 높았음을 관찰하였다. Hyun 등(2008)은 유아의 1개월간의 실험연구를 통해 로봇의 콘텐츠가 인터넷의 콘텐츠에 비교하여 이야기 이해도와 어휘 습득에 효과를 보였음을 장기간 관찰하였으며 이와 같은 결과는 Movellan 등(2009)의 RUBI에서도 동일하게 발견되었다. 그리고 김정호 등(2009)는 소리, 모양, 움직임을 흉내 내는 말의 3가지 유형에 대해서 로봇과 컴퓨터 보조학습의 성취도를 측정한 결과, 소리와 모양을 흉내 내는 말 학습에서는 유의미한 차이를 보이지 않았지만 움직임을 흉내 내는 말 학습에서는 매우 유의미한 차이를 보였다. 로봇의 교육적 활용에 대한 효과를 밝힌 연구로는 서경숙(2008)이 로봇 주제 탐구활동이 유아의 창의성에 효과가 있음을 밝혔으며, 현은자 등(2008)은 지능형 로봇을 활용한 그림책 읽기 활동으로 유아의 언어 능력에 긍정적인 영향을 미치고 있음을 밝혔다.

정보화 기술을 활용한 교육이 유아의 사회 · 정서 발달이나 수학적 태도, 문제해결 능력, 언어 능력 등에 긍정적인 영향을 미친다는 연구 결과(김경철, 박혜영, 2007; 유구종, 조윤영, 2004; 최종욱, 2008)는 정보화 기술을 활용한 교육이 유아 발달에 효과적이라는 것을 보여 주며 새로운 정보화 기술도 교육적으로 가치 있게 활용될 수 있는 방안이 모색된다면 그 또한 효과적이라는 것을 나타낸다.

현은자 등(2008)의 연구에서는 지능형 로봇 경험 집단 유아들의 언어 능력이 향상되었으며, Hyun 외(2008)의 연구에서는 유아교육 현장에 도입된 교육용 로봇의 교육적 효과가 검증되었다. 이는 로봇기반교육의 유치원 교과과정 도입 가능성과 로봇기반교육 시스템의 도입이 유아교육 현장에 미치는 교육의 안정성과 실효성을 확보하는 데 기여하는 바가 크다.

로봇교육 관련 연구들(Beals, Laura, & Bers, 2006; Dautenhahn, 2002; Eapinosa, Laffey, Whittaker, & Sheng, 2006; Kanda, Hirano, Eaton, & Ishiguro, 2004; Tanaka & Movellan, 2006a, 2006b)을 살펴보면, 교육에 대한 로봇의 직·간접적 효과인 지능형 로봇이 지닌 매력과 단순하면서도 명료한 상호작용 기능이 유아교육에 미치는 가능성을 탐색하는 것에 초점이 맞추어져 있다. 이 외에 지능형 로봇의 특정 기능에 관한 유아의 반응(Tanaka et al., 2006a, 2006b)과 지능형 로봇의 교육적 효과(Eapinosa et al., 2006; Han, Jo, Park, & Kim, 2005) 등을 살펴본 연구가 있다. 또한 지능형 로봇은 인간과의 상호작용에 초점이 맞추어져 있고, 학자들은 지능형 로봇의 등장으로 미래의 수업 환경이 크게 변화될 것을 예측하였다(문외식, 2007; 신나민, 2008; 정재경 외, 2007; Dunham, & Tran, 1991; Eapinosa et al., 2006).

미국의 RUBI는 샌디에이고 대학의 연구용 로봇으로 유아교육 현장에 적용되고 있으며 언어교육과 수학교육 등의 서비스를 제공하고 있다(Movellan, Eckhardt, Virnes & Rodriguez, 2009). 또한 일본의 경우는 NEC에서 노인 말벗과 비서 기능이나 애완동물로서의 정서 서비스 제공을 목적으로 개발되었다가 보육지원 서비스가 추가된 Papero, 촉각을 자극하는 상호작용을 이용하여 노인과 자폐유아의 정서 치료에 효과를 주도록 Shibata 박사팀이 개발한 바다표범 로봇 Paro, 그리고 초등영어교육을 위해 ATR 연구소가 개발한 지능형 로봇 Robovie(Kanda, 2004)와 같은 개발 사례들이 있다.

위의 로봇의 교육적 활용 사례에서 볼 수 있듯이 유아들이 로봇을 친구와 같은 친근하고 개성 있는 존재로 받아들이고 있는데 이것은 로봇이 인간이나 동물과 유사한 외형을 가지고 음성 인식이나 사물 인식 또는 자율 주행과 같은 자율적인 반응을 통해 인간과 상호작용을 촉진하는 특성을 가지고 있기 때문이다.

2. 교육 분야에서 로봇의 역할과 기능

최근에 교육 분야에서 교사 보조 로봇, 교수 매체 또는 교사의 전문성 신장을 위한 로봇의 활용에 관한 연구가 활발히 이루어지고 있고 선행연구들이 중요한 요소로 지적하고 있는 것은 인간과 로봇의 원활한 상호작용성이다. 로봇의 특성으로 이동성과 상호작용은 다른 매체와 구별되는 기능이라고 할 수 있으며 특히 인간-로봇의 정서적인 상호작용의 구현은 서비스 로봇의 수용성에 가장 큰 영향을 미치며 그 요인으로 로봇의 외양 및 로봇에 대한 선호도 및 인식이 제시되고 있다(신나민, 김상아, 2007). 특히 보조 교사로서의 로봇을 2주 동안 초등학교에 투입하여 영어 보조 교사로서 로봇이 아이들과 맺는 상호작용, 그리고 그에 따른 아이들의 영어 능력 향상을 관찰하였다(정재경, 최종홍, 한정혜, 2007). 특히 이 연구에서는 로봇이 근접 거리에 접근한 유아를 인식하여 이름을 불러서 상호작용을 시작할 수 있도록 태그 이름표를 유아들에게 달게 하였는데, 이는 로봇과 학습에 관심이 없던 유아들로 하여금 다시 흥미를 가지게 하도록 하는 촉매제로 작용하였다. 한편, 상호작용은 2주째에 전반적으로 감소하는 추세를 보였으며 꾸준히 로봇과의 상호작용을 가진 유아의 학습 효과가 높다는 결과가 나타났다.

미국의 UCSD에서는 18~24개월 영아의 사회 정서적 기분(울거나, 웃고, 자고, 노래하는 상황)을 감지하고 그에 따라 울음을 줄이고, 영아들이 춤추고 노래할 때 함께 함으로써 분위기를 고조시키고, 교사가 영아들에게 책을 읽어 줄 때 부적절한 행동을 하지 않도록 도와주는 로봇, Asobo를 개발하여 영아와 로봇 간의 정서적 상호 교류의 가능성을 제시하였다(Ruvolo, Fasel & Movellan, 2008). 국내에서는 유아교육기관에서 교사를 보조하고 유아의 학습활동을 위한 로봇의 콘텐츠를 개발하였다(현은자, 윤현민, 장시경, 연혜민, 조경선, 2009).

로봇의 콘텐츠와 기능의 질적 수준에 대한 제고의 일환으로 단순한 교사 보조 기능에서 벗어나 구성주의 관점에서 로봇의 활용을 구체화하는 연구가 활발하게 진행되고 있다. ROBOLAB과 Mind storms은 3세 유아에게 변형을 통한 변화 개념(그림책을 읽고, 애벌레의 심장을 로봇으로 조립한 후 꾸며서 작동하기), 4세 유아들은 균형 개념을 탐구하고, 5세 유아들은 생애주기를 실감나게 보이도록 돌아가는 장치를 만들어 동물, 사람, 식물이 태어나 자라고 죽는 것을 단계별로 제시하는 등 유아가 주체가 되어 로봇을 직접 구성하게 한다. 이는 학습자들이 개인적으로 의미 있는 인공물을 설계하고 만들고 다른 사람들과 공유할 때 훨씬 더 잘 배운다는 교육 원리에 기초한 것이다(Papert, 1980). 또한 교사는 진정한 학습 지원을 위해 유아들이 탐색할 때 지원할 교육환경을 설계하고 학습을 비계설정하며 구체적인 프로젝트를 타인과 공유하도록 조작할 수 있는 사물을 제공해야 한다는 교육 원리에 기초한 것이다.

또한 교사의 전문성 신장을 위한 R-Learning 기반 교육의 필요성이 제기되고 있다. 현은자 등(2009)은 유아가 로봇이라는 매체에 관심을 보이고 개발된 로봇의 콘텐츠를 쉽게 사용하였지만, 그 정도는 교사와 각 교실의 설비 상태에 따라 실제 사용 방법에 차이를 보여 교사교육 프로그램 개발의 필요성을 제기하였다. Beals와 Bers(2006)는 로봇의 사용은 유아들과 교사들이 의미 있는 프로젝트의 설계에 활발하게 참여함으로써 통합적 교육과정을 운영할 수 있다고 주장하였고 대학에서 유아교육과와 로봇공학과를 연계하여 예비교사와 로봇공학과 대학생들이 로봇의 공학설계 과정을 적용하여 수학, 과학, 기술 영역의 교육과정을 고안, 개발, 수행, 평가하는 파트너십을 형성하는 모델을 제안하였다.

한정혜와 김동호(2006)는 교실에서 교육 매체로서 교사 보조 로봇의 수업에서의 활용 가능성을 살펴보고자 초등학교 수업 상황에 일주일간 로봇을 투입하여 학습 목표를 제시하고, 발표자를 선정, 수업 내용을 제시하는 기능을 수행하도록 하였는데 이는 교사와 유아의 흥미 유발에 있어서 효과적인 것으로 나타났다. 하지만 로봇이 가진 신기함의 효과는 제한적이기 때문에 장기적인 활용을 위해서는 로봇의 기능을 충분히 활용하는 로봇 고유의 역할을 정의하는 것이 필요한 것으로 나타났다.

유아를 위해 유아가 병상에서 원격 조종할 수 있는 대리 출석 로봇 PEBBLES를 개발하여 상용화를 시작하였다. 영국의 Recycler는 초등학생을 대상으로 재활용을 위한 3Rs 교육을 위하여 활용된다. 또한 미국의 RUBI는 샌디에고 대학의 연구용 로봇으로 유아교육 현장에 적용되고 있으며 언어교육과 수학교육 등의 서비스를 제공하고 있고 HeadThere사의 Giraffe는 부모가 직장에서 유아보육을 관찰할 수 있도록 상용화되어 있다.

한국에서는 가정에서 보육을 지원하는 친구 역할의 IROBI가 먼저 등장하고, 이를 연구 개선한 IROBIQ는 유치원교사 보조 로봇으로 2008년 12월부터 상용화되었다(한정혜, 조미헌, 2009).

위의 로봇의 교육적 활용 사례 및 연구를 종합해 보면 유아들이 로봇을 친구와 같은 친근하고 개성 있는 존재로 받아들이고 로봇을 활용한 교육을 했을 때 기존의 컴퓨터를 활용했을 때보다 교육적 효과가 더 높게 나타났다. 그리고 그 주요한 이유는 로봇이 인간이나 동물과 유사한 외형을 가지고 음성 인식이나 사물 인식 또는 자율 주행과 같은 자율적인 반응을 통해 인간과 상호작용을 촉진하는 특성을 가지고 있기 때문이다.

유아에게 있어서 학습은 직접적인 참여를 통해 이루어지므로 다양하고 적절한 교수 매체를 활용하여 유아가 학습 활동에 더욱 활발히 참여하여 구체적인 경험을 할 수 있도록 해야 한다. 이처럼 유아에게 더 효과적이고 풍부한 학습경험을 제공하기 위해서 다양한 교수 매체가 사용된다. 이를 위해서 교사는 유아의 개인차를 고려하여 학습경험을 조직해야 하고 다양한 종류의 학습경험을 유아의 특성을 고려해서 준비하여 유아 스스로 선택할 수 있도록 환경을 조성해야 한다.

1) 우리나라 유아교육 현장에서 활용되고 있는 로봇

(1) 아이로비큐(iRobiQ)

아이로비큐는 유아의 학습도우미로서 유아교육 현장에서 검증된 콘텐츠만을 엄선하여 아이들의 감성을 자극하여 학습에서의 상호작용을 효과적으로 돕고, 선생님의 수업도우미로서 풍부한 멀티미디어 학습부터 출석부, 정리 정돈, 학습 자료까지 교사의 바쁜 업무를 보조할 뿐만 아니라 부모님은 인터넷을 통해 유아의 상태를 확인할 수 있도록 한 유아교육용 로봇이다(유진로봇, 2008).

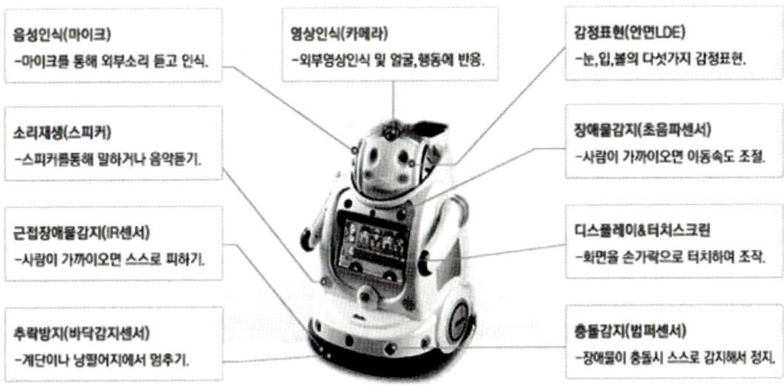

[그림 2-2] 아이로비큐의 외형

출처: 유진로봇(2008). 사용 설명서

(2) 제니보(Genibo)

제니보는 유아교육 현장에서 적용하기 쉽지 않은 애완동물을 로봇으로 구현한 제품이며 외부 자극을 받아들여 실제 강아지처럼 반응하고 스스로 움직이며, 다양한 콘텐츠와 주제별 수업안 지원을 통한 교사 보조 역할을 지원한다. 또한 관절을 이용한 다양한 동작들과 로봇끼리 또는 로봇과 유아 간의 역할놀이, 출석 확인하기, 모둠 나누기, 통계 제공 등 수업 보조 기능을 제공하여 유아들과 함께 할 수 있는 친구로봇이다(다사로봇, 2010).

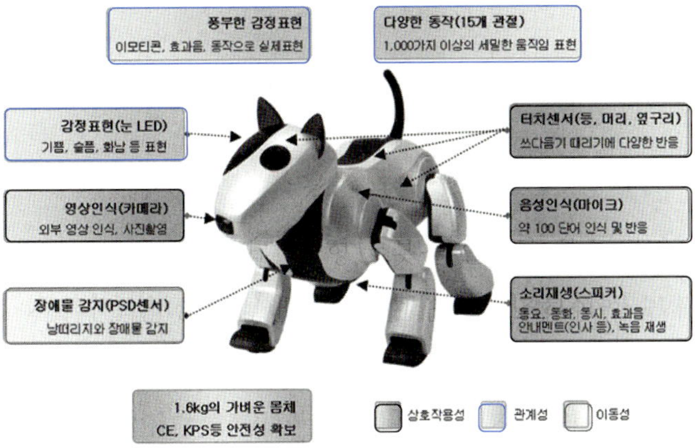

[그림 2-3] 제니보의 외형

출처: 동부로봇(구, 다사로봇)(2010). 사용 설명서

제니보 에듀는 “놀이를 통한 학습”을 위하여 개발된 “유아교육용 강아지 로봇”으로 유아교육 현장에서 적용하기 쉽지 않은 애완동물을 로봇으로 구현한 것이며 외부 자극을 받아들여 실제 강아지처럼 반응하고 스스로 움직이며, 다양한 콘텐츠와 주제별 수업안 지원을 통한 교사 역할을 지원하고 있다. 관절을 이용한 다양한 동작들과 로봇과 유아 간의 Role Playing, 출석 확인하기, 모둠 나누기, 통계 제공 등 수업 보조 기능을 제공하고 있다.

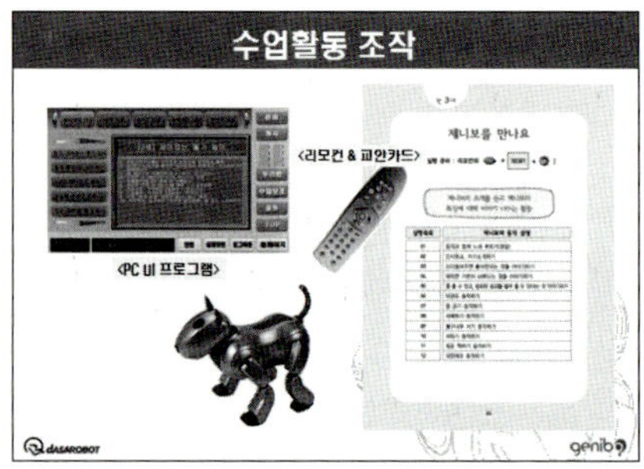

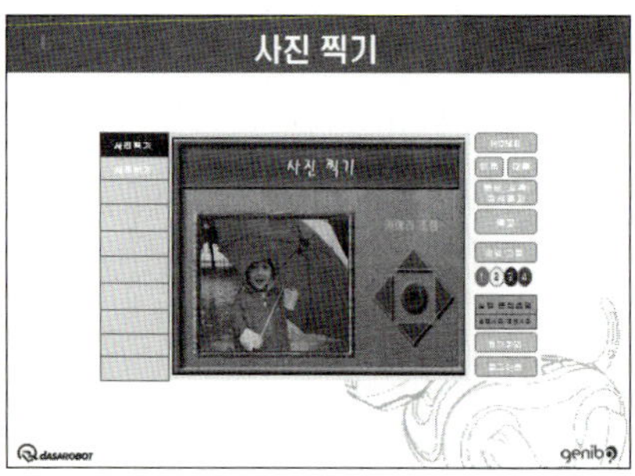

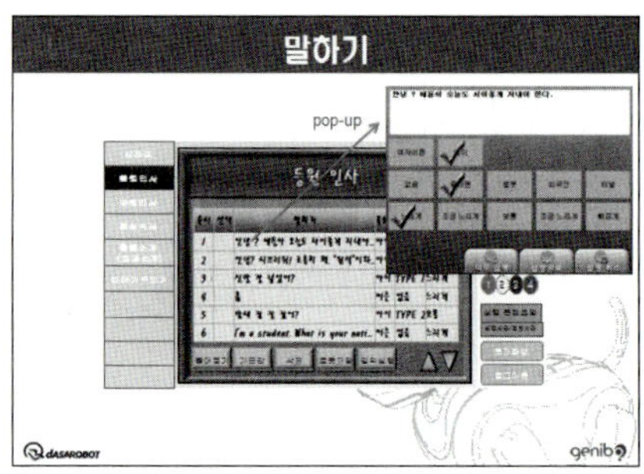

3. 교수 매체로서의 지능형 로봇의 교육적 효과

1) 교수 매체로서 로봇

교수 매체의 효과성에 대한 논의와 함께 매체 비교 연구는 지금도 계속되고 있다. 다양한 매체를 활용하여 수업을 할 경우 학습 효과상의 차이는 매체 자체나 전달 기술, 학습 내용에 대한 차이이기보다 매체마다 각기 독특한 속성, 특히 상징체계의 차이 때문이다(권성호, 1998). 결국 전달하고자 하는 내용이 어떠한 속성을 가진 매체와 결합하였을 때 더욱 효과적인가를 의미하고 있다. 이는 매체가 물리적으로 제시 가능한 자극제로서의 특징이 어떠한가와 같은 매체 속성(Levie & Dickie, 1973)에 의해 학습자의 심리적 반응의 차이가 나타나기 때문이다.

매체의 속성을 Salomon(1979)은 네 가지로 설명하고 있다. 내용을 구성하는 문자 음성, 기호 및 언어 등을 말하는 상징적 속성(Symbolic attribute), 전달하고자 하는 메시지인 내용적 속성(Content attribute), 내용을 전달하는 장치 및 시스템인 기술적 속성(Technological attribute)과 메시지가 전달되는 사회적 환경인 상황적 속성(Contextual attribute)이다. 새로운 교육 미디어로서 로봇은 상징적 속성과 내용적 속성에 있어서는 컴퓨터와 매우 유사하다고 볼 수 있다. 하지만 컴퓨터와 다른 점은 상황적 속성과 기술적 속성에 있다. 컴퓨터는 고정된 위치에서 메시지를 전달하지만 로봇의 경우 '이동성' 이라는 기술로 인하여 학습자가 원하는 위치와 장소에서 학습자와 상호작용한다. 전달하고자 하는 내용이 어느 상황에서 전달되느냐에 따라서 메시지의 받아들이는 정도가 달라질 수 있기 때문에 로봇의 상황적 속성은 컴퓨터보다 훨씬 탄력적으로 사용될 수 있다. 또한 지능형 로봇의 기술적 속성은 유아-컴퓨터 간 상호작용에서의 제한점을 해결하는 더욱 자연스러운 상호작용을 위한 기술이다. 음성 인식 기술, 화상 인식 기술을 통해 학습자인 유아를 알아보고, 자율 제어 기술과 인지판단 기술을 통해서 더욱 능동적으로 유아와 상호작용할 수 있으며 학습 기술로 유아와 학습과 놀이자로 상호작용하며 감성 재현 기술로 학습자와의 감정 교류를 원활히 이루어 낼 수 있다. 결론적으로 지능형 로봇은 인공의 귀, 입, 촉각, 관절 감각 등의 생명체와 유사한 매커니즘을 갖추고 스스로 이동할 수 있으며 인공지능을 탑재하여 스스로 판단하여 행동함으로 인간과 커뮤니케이션이 가능한 자기 제어를 할 수 있는 기술로 인간과 조화를 이루어 공존할 수 있는 기술적 속성을 지닌 매체라 할 수 있다.

또한 매체의 속성은 교사의 교수 방식에도 영향을 준다. 교수 방법과 매체는 독립적이기도 하고 매체 의존적이기도 하거나 오히려 매체에 의해서 탄생되는 경우가 있다(나일주, 1997). 매체 독립적인 방법이란 매체를 염두에 두지 않는 일반적인 방법이지만, 매체 의존적 방법은 매체의 존재를 가정하고 만들어진 방법이며 나아가 매체에 의해 탄생된 방법은 그 매체가 존재하지 않는다면 생겨날 수 없는 방법을 말한다. 새로운 매체가 등장할 때마다 매체를 수용하는 일련의 과정 속에서 매체의 속성에 따른 새로운 교수법이 등장하게 되었다.

2) 교수 매체의 수용

Buckleitner(1995)는 교사가 컴퓨터를 도입하여 수용하는 과정에서 나타난 태도가 세 단계를 거쳐 변화한다고 말하고 있다. 첫 번째는 기술이 도입되면, 지불해야 하는 비용, 매체가 지닌 한계, 상호작용에 미칠 우려, 제대로 활용할 수 있을지에 대한 두려움 등과 같은 부정적인 태도가 나타나는 회의기를 거쳐서 두 번째는 유아들의 활용 과정을 관찰하고, 긍정적인 면에 대해 새롭게 인식을 하는 호기심이나 관심을 가지게 되는 탐색기를 거치게 된다. 마지막으로 경험을 통해 긍정적인 태도와 능동적이고 구체적인 경험을 줄 수 있다는 확신을 가지게 되면서 적극적인 열광기를 거쳐서 기술이 수용된다고 보았다. 이제 상용화되기 시작한 지능형 로봇에 대해 기술수용모델(Technology Accptance Model)에 근거하여 교사들이 지각한 로봇의 사용 용이성과 사용 유용성은 무엇이며 실제 활용에 영향을 미치는 요인은 무엇인지를 살펴본 현은자, 박현경, 장시경, 연혜민(2010)의 연구를 보면 교사의 교수 방식에 따라 로봇의 사용 양상과 지각된 사용 유용성이 상이했다. 특히 컴퓨터와의 차이를 느끼지 못한 교사에 비해 로봇만의 뚜렷한 장점을 인식한 교사가 더욱 적극적으로 로봇을 활용하였다고 보고하고 있다.

또한 Buckleitner(1995)의 연구와 마찬가지로 교사가 로봇의 사용 유용성과 용이성을 초기에 낮게 평가하여도 유아의 활용을 통해 로봇의 긍정적인 면을 인식하게 되면서 지능형 로봇에 대한 유용성을 재평가하였다.

새로운 기술이 교육과정 속에 수용되기 위해서는 태도의 변화뿐만 아니라 매체 자체를 교과 과정 안에 통합하기 위한 과정이 필요하게 된다. 새로운 매체는 새로운 교수 방법을 낳게 되고 나아가 이전의 교수 매체에서 구현할 수 없는 새로운 지식과 경험을 창출할 수 있다. 컴퓨터의 교육적 활용에 대해 수용하는 태도나 활용하는 과정에 대한 선행연구를 보면 그 과정은 점진적으로 이루어졌다.

Sandholtz(1997)이 제시한 단계에 따르면 교사가 테크놀로지를 사용하지 않고 편하지 않게 생각하는 1단계(도입), 채택은 했으나 교수 스타일은 바꾸지 않는 2단계, 테크놀로지의 장점을 알고 교수 스타일에 적용하는 3단계(적응), 기술과 자신감을 얻는 4단계(적용), 마지막으로 교사가 새로운 학습 환경을 개발하는 5단계(창안)의 과정을 거친다. 컴퓨터가 유아교육과정 속에 도입되고 적응하여 마지막 새로운 학습 환경이 개발되는 과정은 로봇의 수용에 있어서도 유사하나 '창안'의 모습은 매우 다를 것으로 기대된다. 2010년 '유아교육 선진화 방안'에 의하여 지능형 로봇이 유치원에 보급되어 유아교육과정에 채택되어 사용되고 있다. 교육 현장에 채택된 것을 넘어 고유의 교수 스타일의 개발과 함께 새로운 교수법이 나타나고 이전과는 다른 새로운 지식의 창출을 위한 통합이 어떻게 이루어지고 있는지에 대한 연구와 그 방향성에 대한 논의가 이루어져야 할 것이다.

3) 교육 미디어로서의 특성

교육용 로봇은 1983년 미국에서 소개된 소형의 이동할 수 있는 로봇이 시초라고 할 수 있다. 이 로봇은 가정 및 교육적 사용에 적합하다고 소개되었으며, 가정에서는 몇몇의 유용한 작업들을 수행하고 엔터테인먼트를 제공하기 위한 용도로 교육적으로는 주로 직업적, 기술적으로 이용하기 위한 교육 용도에 초점을 두었다. 교육용 로봇은 로봇의 기본 기능에 교육용 콘텐츠를 추가하고 학습자와의 인간 친화적인 상호작용을 통해 학습의 효과를 높이는 로봇을 의미한다. 교육용 로봇은 전통적인 컴퓨터와 달리 로봇의 이동성, 인간 친화적인 상호작용, 인지 기능 등의 특징을 이용하여 학습자가 원하는 위치에서 원하는 시간에 학습이 이루어지도록 도와준다. 교육용 로봇에는 학습 보조 로봇, 가정교사용 로봇 등이 있다.

교육용으로 적합한 로봇은 다음의 특성들을 가져야 한다.

(1) 친근한 외형

교육용 로봇은 학습자에게 친근하고 호감을 느낄 수 있는 외형을 갖추어야 한다. 학습자가 친구나 동료 학습자, 때로는 선생님으로 여길 수 있도록 거부감을 일으키지 않는 외형을 갖추어야 한다.

(2) 쉬운 인터페이스

교육용 로봇은 유치원생부터 노인들까지 사용하기 쉬운 인터페이스를 가져야 한다. 유아교육에서부터 성인교육에 이르기까지 두루 사용될 수 있도록 사용하기 쉽고 친숙한 인터페이스를 갖추어야 한다.

(3) 학습자 인식 기능

교육용 로봇은 화상 인식이나 음성 인식을 통해 학습자를 인식할 수 있어야 한다. 학습의 대상이 되는 학습자를 인식하기 위한 화상 인식, 학습자의 음성을 이해하여 해당 기능을 수행하거나 대화를 할 수 있도록 지원하는 음성 인식 기능들을 지원해야 한다.

(4) 교육용 콘텐츠 탑재

교육용 로봇은 학교 급별 및 학습자별로 적합한 교육용 콘텐츠를 갖추어야 한다. 유아부터 성인에 이르기까지 해당 학습자들의 신체적 및 정서적 특징에 맞는 교육용 콘텐츠를 탑재하여 눈높이에 맞는 학습이 이루어질 수 있도록 지원해야 한다.

(5) 경제성

교육용 로봇은 학교나 가정에서 부담 없이 구입하여 사용할 수 있어야 한다. 고가의 로봇은 학부모들이 구입하기 꺼려 할 수 있으며 학생들 또한 고가의 로봇을 편하게 사용할 수 없다. 학부모의 부담을 덜어주면서 학생들 역시 고장 및 파손의 걱정 없이 이용할 수 있도록 경제적이어야 한다.

(6) 이동성 및 자율 이동 기능

교육용 로봇은 학습자가 원하는 위치로 스스로 이동할 수 있어야 한다. 학습자의 명령에 의해 또는 스스로의 판단에 의해 해당 위치로 이동하여 특정 기능을 수행할 수 있도록 이동성을 지원해야 한다. 이동하는 동안 직면하는 장애물 등을 센서를 통해 인식하여 자율적으로 주행할 수 있어야 한다. 따라서 현재의 위치를 파악하고 이동 경로 및 경로상의 장애물을 인식하는 센서 기능, 스스로의 판단에 의해 경로를 선택하여 이동할 수 있는 자율 이동 기능 등을 갖추어야 한다.

(7) 상호작용 지원

교육용 로봇은 학습자와 직접적인 상호작용을 지원할 수 있어야 한다. 학습자의 언어 및 행위에 대해 적절히 반응함으로써 학습자의 지식이 축적되고 재구성될 수 있도록 지원해야 한다.

(8) 학습의 효과성 향상 및 학습 자료 제공

교육용 로봇은 학습의 효과를 높일 수 있어야 한다. 교육용 콘텐츠를 적절한 시기에 적정한 형태로 학습자에게 제시하거나 학습자에게 적절한 반응을 보임으로써 학습의 효과를 높일 수 있도록 지원해야 한다. 또한 인터넷을 통해 학습 자료를 업로드, 다운로드를 할 수 있어야 하며 주기적인 업데이트가 가능해야 하며 인터넷과 연동하여 학습 자료들을 관리할 수 있어야 한다. Norman(2004)은 그의 저서 *Emotional Design*에서 교육 분야를 미래의 로봇 활용 분야로 꼽았으며, 로봇이 선생님을 완전히 대신할 수 없지만 그 보조 역할로서는 탁월함을 강조하였다. 따라서 더 많은 학생들에게 질 높은 교육을 제공할 수 있을 것으로 내다보았다. 한정혜와 김동호(2006)는 교실에서 교육 매체로서 교사 보조 로봇의 수업에서 활용 가능성을 살펴보고자 초등학교 수업 상황에 일주일간 로봇을 투입하여 학습 목표를 제시하고 발표자를 선정, 수업 내용을 제시하는 기능을 수행하도록 하였는데 이는 교사와 유아의 흥미 유발에 있어서 효과적인 것으로 나타났다. 하지만 로봇이 가진 신기함의 효과는 제한적이기 때문에 장기적인 활용을 위해서 로봇의 기능을 충분히 활용하는 로봇 교유의 역할을 정의하는 것이 필요한 것으로 나타났다. 따라서 로봇기반교육의 장점과 살펴보면 다음과 같다.

첫째, 유아들이 로봇에 대한 친밀감을 형성하도록 도와준다.

둘째, 유아들이 로봇 과학에 대한 흥미와 호기심을 갖도록 돕는다.

셋째, 유아교육 프로그램 질에 대한 최소한의 보장을 가능하게 한다.

이렇듯 로봇은 인간과 상호작용하며 인간관계에서 충족시킬 수 없었던 부분을 충족시켜 줌으로써 인간의 사회성을 회복시키거나 사회적 행동이나 정서적인 면에 도움이 될 수 있는 측면에서의 개발이 이루어지고 있다. 실제로 노인과 말벗해 주는 로봇을 통해 외로움을 달래고 상실되었던 사회성을 회복시키는 데 활용된다. 현재 인간-로봇의 상호작용은 학습자의 학습 효과를 높이고 사용자의 집중도, 흥미도, 친밀성, 의사소통 기술의 향상에 영향을 미친다는 결론을 도출할 수 있다.

현재 유아교육기관에 상용화되고 있는 로봇은 수업 시 유아에게 학습콘텐츠를 제공하거나 교사를 보조하는 교사 보조 로봇이지만 현은자, 윤현민, 강정미(2010)의 연구에서 살펴보면 현장에서의 로봇과의 상호작용을 통해 유아는 로봇을 생명체로 생각하지 않아도 정서 교환이 가능한 사회적 존재로 인식하고 있다고 하였다. 따라서 상호작용성이 높은 교수 매체는 유아의 주도적 학습에 효과적(Papert, 1980)이며, 유아의 또래 간 상호작용 향상에도 긍정적 영향을 미친다(Plowman & Stephen, 2003).

첨단과학기술을 활용한 요인은 유아의 사회·정서 발달에 영향을 미치는 많은 요인 중 일부분에 불과할 수 있다. 그러나 유아에게 있어서 중요하게 다루어져야 할 사회·정서 발달을 위해 로봇이 긍정적인 영향을 미치고 유아와 교사, 유아와 유아 간에 상호작용이 더 활발하게 이루어진다면 지속적으로 로봇을 활용한 로봇 교육을 발전시켜 유아교육기관 현장 적용이 활성화될 수 있도록 해야 할 것이다.

유아교육기관에서 로봇을 활용함으로써 다음과 같은 기대 효과를 얻을 수 있다.

첫째, 유아교육 현장에서 로봇 활용은 유치원 교육과정에서 제시하고 있는 생활주제와 관련하여 다양한 놀이 활동을 전개할 수 있을 것이다.

둘째, 유아교육 현장에서의 로봇 활용은 유아교육 전문가와 행정가들로 하여금 현장 맞춤형 교육 콘텐츠 개발에 관심을 갖게 할 뿐만 아니라 활성화를 유도할 수 있을 것이다.

셋째, 유아교육 현장에서의 로봇 활용은 유아교육 전문가들과 교사들로 하여금 로봇을 활용한 교육 활동에 관심을 갖게 할 것이다.

넷째, 유아교육 현장에서 로봇 활용과 유아들의 로봇과의 상호작용은 교육 전문 영역과 교육 활동의 선진화에 기여할 것이다.

다섯째, 로봇의 다양한 활용 방법은 유아의 학부모들에게 가정과 사무실에서 출석 체크, 편지 송신, 유아 발달 상황 체크 등을 통하여 유아교육기관을 신뢰하게 될 뿐만 아니라 유아교육에 대한 긍정적인 시각을 갖게 하는 데 도움을 줄 것이다.

4. 지능형 로봇을 활용한 교사 및 부모 활동 실제

본 장에서는 교사들이 현장에서 지능형 로봇을 활용하여 수업을 전개할 수 있는 활동 방법과 부모들이 가정에서 유아와 함께 해볼 수 있는 활동 방법을 소개하고자 한다.

1) 제니보를 이용한 수업 활동 – 교사용

<table>
<tr><td>활 동 명</td><td colspan="3">제니보와 함께 하는 골든벨</td><td>연령</td><td>3~5세</td></tr>
<tr><td>생활 주제</td><td colspan="3">동식물과 자연</td><td>자유선택 활동</td><td>언어/쌓기/역할/
수 · 조작 · 과학/음률</td></tr>
<tr><td>활동 목표</td><td colspan="5">• 퀴즈를 통해 동식물과 자연에 관하여 알 수 있다.</td></tr>
<tr><td>교육과정 관련 요소</td><td colspan="5">• 자연탐구 : 과학적 탐구하기 – 물체와 물질 알아보기
• 의사소통 : 쓰기 – 쓰기에 관심 가지기</td></tr>
<tr><td>활동 자료</td><td colspan="5">제니보 사용 설명서, 종, 매직, 쓰기판, 리모컨</td></tr>
<tr><td rowspan="3">활동 방법</td><td colspan="5">내 용</td></tr>
<tr><td>활동</td><td>놀이 맥락 (전 · 후 상황 및 장면)</td><td colspan="2">상호작용</td><td>기능 및 사용법</td></tr>
<tr><td>도입 (계획)</td><td>• 제니보가 이야기해 주는 동식물과 자연에 대한 다양한 문제를 들어 보고 풀어 보는 활동을 한다.</td><td colspan="2">(동식물과 자연에 관한 문제를 어떻게 풀어야 되는지 이야기를 나눈다)</td><td></td></tr>
</table>

활동 방법	도입 (계획)		 T: 오늘은 제니보가 친구들에게 다양한 동식물과 자연, 그리고 동작과 동요를 들려줄 거예요. T: 잘 듣고 어떤 것인지 정답을 앞에 있는 판에 적어 주면 됩니다. T: 맞아요. 오늘 우리 친구들이랑 제니보랑 골든 벨 게임을 해볼 거예요. T: 그럼 이제 준비되었나요?	
	전개 (수행)	• 제니보의 옆구리와 등을 이용하여 첫 번째 단계부터 문제를 풀어 간다. 문제를 정확하게 들을 수 있도록 천천히 읽어 주고 상황에 따라 반복하여 들려주기도 한다.	(제니보가 문제를 내고 아이들은 문제의 정답을 써 본다.)  	COUNT 10101+OK ①등 쓰다듬기(문제 재생) ②등 쓰다듬기(정답 재생) (1번~18번 문제는 아래 내용 참조)

활동 방법	전개 (수행)	• 문제를 들려 준 후 정답을 이야기하기 전에는 자동으로 정지 버튼이 작동되며 정지 상태에서 정답을 듣고 싶을 때는 등을 쓰다듬어 주면 정답을 이야기한다. (리모컨을 사용할 시에는 해당 번호+OK를 누르면 문제가 재생되고 ▶을 누르면 정답이 나온다. 문제를 건너뛰고 싶을 경우에는 제니보의 옆구리를 쓰다듬는다.)	 T: 제니보가 하는 이야기를 잘 듣고 정답을 써 보도록 해요. G: 오늘 우리 친구들과 여러 가지 문제를 풀어 볼 거예요. 자 준비 됐어요? 그럼 시작합니다. G: 첫 번째 문제 꽃은 봄에 피는데 꽃이 아래를 향하여 피고 붉은 자주색이에요. 할머니의 하얀 머리카락 같다고 해서 붙여진 이름이에요. 이 꽃은 무엇일까요? T: 말하면 안 돼요. 조용히 정답을 적어 주세요. G: 정답은 할미꽃입니다. T: 괜찮아요. 틀렸다고 너무 슬퍼하지 말아요. 조금 있다가 패자부활전 문제가 있으니까 걱정하지 말아요. G: 다섯 번째 문제입니다. 지금 나오는 동요의 제목을 맞혀 주세요. T: 노래가 나오니 잘 들어 보세요. G: 개울가에 올챙이 한 마리 꼬물꼬물. T: 정답을 적어 주세요. G: 정답은 올챙이와 개구리입니다. T: 개구리와 올챙이를 적어 준 친구들 탈락입니다. 너무 아깝게 탈락을 했어요. 

활동 방법	전개 (수행)	• 퀴즈를 풀지 못한 친구들을 위해서 제니보가 좀 더 쉬운 유형의 문제를 출제하여 재도전할 수 있는 문제를 낸다. 7~9번의 문제가 패자부활전 문제에 해당된다. • 제니보는 마지막 문제를 내고 한 명의 친구가 최종까지 남아 마지막 문제를 맞힌다.	G: 여기서 잠깐! 우리 친구들이 많이 탈락한 것 같아서 제니보가 패자부활전 문제를 준비했습니다. 떨어졌다고 힘들어하지 말고 지금 나가는 문제를 잘 맞혀 보세요. G: 첫 번째 문제는 잎이 나기 전 꽃이 먼저 피는 꽃이에요. 봄에 피고 색은 노란색입니다. 무엇일까요? T: 정답을 적어 주세요. G: 정답은 개나리입니다. T: 많은 친구들이 패자부활전으로 살아났어요. 이제 좀 더 신중하게 문제를 풀어 보도록 해요. 잘 듣고 문제를 맞혀 봐요. G: 내가 하는 동작을 맞춰 봐. (죽은 척하기 동작을 한다.) G: 정답은 죽은 척하기입니다. 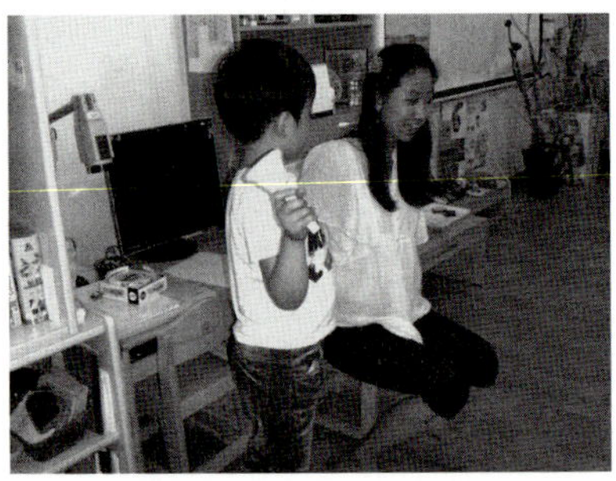 G: 드디어 마지막 문제입니다. 잘 듣고 동요의 제목을 맞혀 주세요. 싹트네. 싹터요. 내 마음에 사랑이. T: 정답이 무엇인 것 같아요. T: 그럼 누가 정답이 맞는지 알아보도록 하겠습니다. G: 정답은 싹트네입니다. T: 정답을 맞힌 친구는 나와서 골든 벨을 울려 주세요.

<table>
<tr><td>활동 방법</td><td>마무리
(평가)</td><td>• 활동을 마무리하고 오늘 활동이 어떠했는지 이야기 나누고 제니보가 친구들에게 이야기를 한다.</td><td>
T: 제니보가 오늘 활동에 대해서 이야기를 해 준다고 해요. 잘 들어 보세요.
G: 오늘 다들 너무 잘했어요. 떨어졌다고 실망하지 말고 오늘 모두 다 열심히 했어요. 오늘 문제 푼다고 수고했어요. 그럼 다음에 또 재미있는 놀이를 해 봐요. 안녕.
T: 오늘 활동하면서 어떤 것이 좋았나요?
T: 다음 시간에는 제니보와 더 많은 활동을 해 봐요.</td><td></td></tr>
<tr><td>확장 활동</td><td colspan="4">• 제니보가 찍은 사진을 보여 주고 맞춰 보는 활동을 한다.</td></tr>
<tr><td>활동의 유의점</td><td colspan="4">• 문제를 풀 수 있는 충분한 시간을 준다.
• TTS 기능이나 패자부활전을 이용하여 탈락한 유아들을 격려할 수 있도록 한다.</td></tr>
<tr><td>활동 평가</td><td colspan="4">• 여러 가지 문제를 풀면서 동식물과 자연에 관해 알았는가?
• 문제의 정답을 글로 잘 표현하였는가?</td></tr>
<tr><td rowspan="2">주제 적용 및 관련성</td><td>생활 주제</td><td colspan="3">동식물과 자연</td></tr>
<tr><td>주제 적용</td><td colspan="3">봄·여름·가을·겨울, 건강과 안전, 교통기관, 생활도구</td></tr>
</table>

<table>
<tr><td>활 동 명</td><td colspan="2">그림자가 달라졌어요</td><td>연령</td><td>3~5세</td></tr>
<tr><td>생활 주제</td><td colspan="2">환경과 생활</td><td>자유선택 활동</td><td>수, 조작, 과학</td></tr>
<tr><td>활동 목표</td><td colspan="4">• 그림자의 특성을 알고, 상황에 따른 변화를 움직임으로 표현할 수 있다.
• 신체를 조절하여 즐겁게 신체 활동에 참여할 수 있다.</td></tr>
<tr><td>교육과정 관련 요소</td><td colspan="4">• 자연탐구 : 과학적 탐구하기 – 생명체와 자연환경 알아보기
• 신체운동 · 건강 : 신체 활동에 참여하기 – 바깥에서 신체 활동하기</td></tr>
<tr><td>활동 자료</td><td colspan="4">제니보, 리모컨, 동화책 『테오와 그림자』, 흰 종이, 색연필, 일회용 나무젓가락, 사진기</td></tr>
<tr><td rowspan="4">활동 방법</td><td colspan="4">내 용</td></tr>
<tr><td>수업 모형</td><td>놀이 맥락</td><td>상 호 작 용</td><td>자료 및 유의점</td></tr>
<tr><td>문제 확인 하기 (계획)</td><td>• 동화 '테오와 그림자'를 듣고 그림자의 특성에 대하여 이야기 나누기 활동을 하였다.

• 동화책을 보면서 회상 활동을 진행할 수 있다.</td><td>• 동화책 『테오와 그림자』를 회상한다.
(문제 확인하기)

* 『테오와 그림자』 (에바 무스친스키 글 · 그림. 이연희 옮김. 큰나. 2006)
– 테오처럼 제니보와 함께 그림자 놀이를 하자고 제안한다.</td><td>26+OK (엉덩이 흔들기)</td></tr>
<tr><td>문제 해결 방법 찾기 및 문제 해결 하기 (수행)</td><td>• 미리 흰 종이와 색연필, 일회용 나무젓가락을 준비한다.

• 신체로 표현했을 때 제니보의 사진 찍기 활동으로 활동사진을 남길 수 있다.</td><td>• 지능형 로봇과 그림자놀이를 할 수 있는 방법을 이야기해 본다.
(문제해결 방법 찾기 및 문제해결하기)
(제니보와 함께 준비물을 가지고 실외로 나간다.)
– 그림자의 움직임을 관찰해 보자.
(뛰어가기, 걸어가기, 멈추기, 다양한 포즈 취하기)
(짝꿍을 이루어서 친구 그림자 그려 주기 활동을 해 본다.)
</td><td>55+OK (앉아서 으르렁)

[등센서로 자세 만들기]
등센서 1, 2번(엎드리기)
등센서 2, 3번(서기)
등센서 3, 4번(앉기)
(해당 번호를 동시에 누른다.)

46+OK (형님인사)</td></tr>
</table>

활동 방법	문제 해결 방법 찾기 및 문제 해결하기 (수행)	• 다양한 포즈로 그림자 그리기 활동을 진행할 수 있다. • 완성된 그림을 벽면에 개시하여 관찰할 수 있다.	 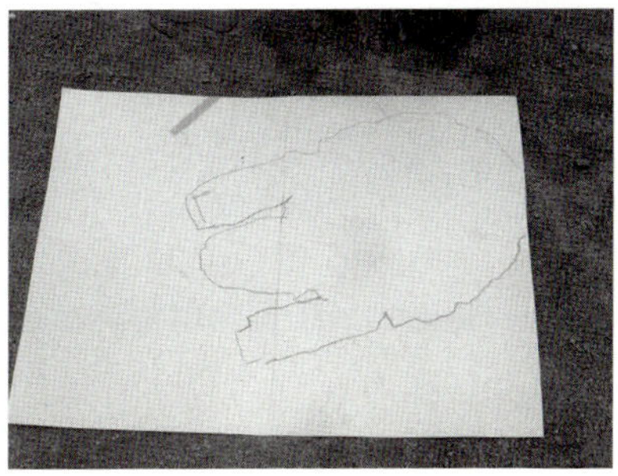 – 제니보의 그림자를 그릴 수 있는 방법은 무엇이 있을까? 어떤 모양을 그려 볼 수 있을까?	
	일반화하기 (평가)	• 활동 마무리 후 모이기	**• 활동을 정리하고 느낌을 이야기한다. (평가)** – 제니보와의 활동이 어땠는지 이야기한다. – 리모컨을 동작시켜 다양한 그림자를 사진기를 이용해 찍어 관찰해 볼 수 있다.	[자세 응용하기] 64+OK(만세) 75+OK(허우적) 76+OK(물구나무 서기)
확장 활동	• 역할 – 제니보를 이용해 친구의 그림자 사진을 찍어 벽에 개시한다. • 조형 – 오전과 오후의 그림자 모습을 관찰하고 그려 본다.			
활동의 유의점	• 활동에 필요한 준비물을 미리 생각하고 준비해 나간다. • 실외 활동을 실시할 경우 제니보의 안전과 청결에 유의한다.			
평가	• 유아 – 적극적으로 활동에 참여하였는가? 유아들 간에 협동이 잘 이루어졌는가? • 교사 – 활동이 유아에게 흥미로웠는가? 자료 선정은 적절하였는가? • 프로그램 – 로봇 활용 프로그램이 적절하게 구성되었는가? 활동에 어려움은 없었는가?			

활 동 명	제니보와 함께 하는 인형극 놀이	연령	4~5세
생활 주제	환경과 생활	자유선택 활동	언어, 역할
활동 목표	• 생활 주변의 여러 소리를 발견하고 어떤 소리인지 구별할 수 있다. • 친숙한 소리를 다른 여러 도구로 표현할 수 있다. • 제니보가 녹음한 소리를 듣고 어떤 소리인지 맞혀 볼 수 있다.		
교육과정 관련 요소	• 예술경험 : 예술적 표현하기 – 극놀이로 표현하기 • 자연탐구 : 탐구하는 태도 기르기 – 호기심을 유지하고 확장하기 • 사회관계 : 사회에 관심 갖기 – 지역사회에 관심 갖고 이해하기		
활동 자료	강아지 가면, 그림 자료, 다양한 소리 녹음 테이프, CD플레이어		

활동 방법	내 용			
	수업 모형	놀이 맥락	상 호 작 용	자료 및 유의점
	문제 확인 하기 (계획)	• '귀 큰 강아지와 소리 이야기'라는 동화를 듣고 나서 귀 큰 제니보를 만들어 동극 활동을 해 보자는 의견이 나왔다.	**• 동화 '귀 큰 강아지와 소리 이야기'를 회상한다. (문제 확인하기)** – 동극 활동을 하기 위해 필요한 것은 무엇인지 이야기한다. – 어떤 역할이 필요한지 이야기한다. (주인공이 정해지고 나서 각자 역할을 맡는다.)	
	문제 해결 방법 찾기 및 문제 해결 하기 (수행)	• 제니보에게 음성을 녹음하기 위한 또 다른 방법으로 MENU+2+2을 눌러서 실행할 수도 있다.	**• 지능형 로봇과 동극 놀이를 할 수 있는 방법을 이야기해 본다. (문제해결 방법 찾기 및 문제해결하기)** 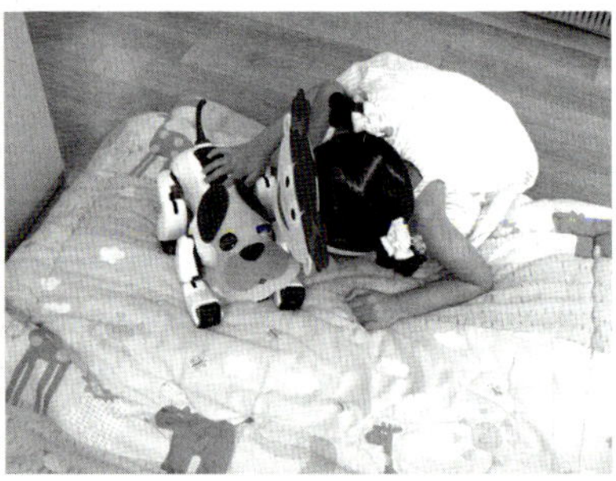 – 제니보에게 붙여 줄 커다란 귀를 만들었고 다양한 소리는 녹음해 두었다가 상황이 연출되면 녹음기를 재생하여 소리를 틀어 둔다.	17+OK(기지개 동작) [음성 녹음하기] ① 3초 이상 누르기(음성 녹음 모드 전환) ② 음성 안내 듣고 녹음 – 30cm 내외에서 녹음 – 30초 동안 녹음 가능 – 최대 50개까지 녹음

<table>
<tr><td rowspan="2">활동 방법</td><td>문제 해결 방법 찾기 및 문제 해결 하기 (수행)</td><td></td><td></td><td>③ OK (저장 번호 확인)
44+ OK (인사하기)
47+ OK (절하기)
52+ OK (뭐지?)
45+ OK (거수경례)</td></tr>
<tr><td>일반화 하기 (평가)</td><td>• 활동 마무리 후 모이기
• 제니보의 음성 녹음 재생하는 또 다른 방법은 MENU+2+30이다.
• 등을 쓰다듬거나 좌/우 터치 또는 리모컨의 ◀ ▶ 버튼을 눌러도 된다.</td><td>• 활동을 정리하고 느낌을 이야기한다. (평가)

– 동극 활동이 끝난 다음 모여서 제니보에게 녹음되어 있는 소리들을 다시 들어 본다.

(다양한 소리를 만들어 보며 놀이를 마친다.)</td><td>[음성 녹음 재생하기]
① ▶ 3초 이상 누르기(녹음 재생 모드 전환)
② 음성 안내와 함께 대기(◀ ▶으로 번호 선택)
③ 저장 번호 선택+ ▶</td></tr>
<tr><td>확장 활동</td><td colspan="4">• 역할 – 유아들이 관심을 보인 주변의 소리를 찾아서 직접 듣고 음성 녹음할 수 있다.
• 과학 – 유아들이 자발적으로 이야기를 만들고 주변의 소리를 탐색할 수 있도록 한다.</td></tr>
<tr><td>활동의 유의점</td><td colspan="4">• 유아들이 그림의 장면마다 다양한 소리를 찾아볼 수 있도록 한다.
• 제니보에게 녹음한 다양한 소리들이 잘 들리는지 점검한다.
• 생활 주변의 여러 소리를 찾아내고 다양하게 표현하는지 평가한다.</td></tr>
<tr><td>평가</td><td colspan="4">• 유아 – 적극적으로 활동에 참여하였는가?
유아들 간에 협동이 잘 이루어졌는가?
• 교사 – 활동이 유아에게 흥미로웠는가?
자료 선정은 적절하였는가?
• 프로그램 – 로봇 활용 프로그램이 적절하게 구성되었는가?
활동에 어려움은 없었는가?</td></tr>
</table>

<table>
<tr><td>활 동 명</td><td colspan="3">발자국을 따라가요</td><td>연령</td><td>3~5세</td></tr>
<tr><td>생활 주제</td><td colspan="3">봄 · 여름 · 가을 · 겨울, 동식물과 자연</td><td>자유선택 활동</td><td>수, 과학</td></tr>
<tr><td>활동 목표</td><td colspan="5">• 기본적인 선과 형태의 생김새를 알고 구별할 수 있다.
• 신체를 조절하여 창의적으로 표현할 수 있다.</td></tr>
<tr><td>교육과정 관련 요소</td><td colspan="5">• 자연탐구 : 수학적 탐구하기 – 공간과 도형의 기초 개념 형성하기
• 예술경험 : 예술적 표현하기 – 통합적으로 표현하기</td></tr>
<tr><td>활동 자료</td><td colspan="5">다양한 발자국 모양이 있는 카드, 동물 발자국 모양 스탬프, 실내화, 전지, 물감, 김장봉투, 색소, 밀가루</td></tr>
<tr><td rowspan="4">활동 방법</td><td colspan="5">내 용</td></tr>
<tr><td>수업 모형</td><td>놀이 맥락</td><td colspan="2">상 호 작 용</td><td>자료 및 유의점</td></tr>
<tr><td>문제 확인 하기 (계획)</td><td>• 유아들이 ‘눈 오는 날’ 동화를 보면서 발자국을 만들어 보고 싶어 했다.</td><td colspan="2">• 주인공은 눈 위에 어떤 발자국을 만들었는지 이야기한다.
유아가 만들 수 있는 발자국 모양은 어떤 것이 있는지 토의한다.
(문제 확인하기)
– 로봇의 발자국 모양은 어떠한지에 대해 생각해 본다.
– 어떤 재료를 사용하여 발자국 모양을 만들 수 있는지 토의한다.</td><td></td></tr>
<tr><td>문제 해결 방법 찾기 및 문제 해결 하기 (수행)</td><td>• 음성 인식을 이용하여 이동할 때 명령어를 사용한다.</td><td colspan="2">• 로봇의 발자국 모양은 어떠한지에 대해 생각해 본다.
(문제해결 방법 찾기 및 문제해결하기)
– 물을 싫어하는 로봇이 발자국을 어떻게 만들 수 있는지 토의한다.
– 유아들이 발자국을 만들 재료를 준비한 후 발자국을 표현한다.

– 다양한 발자국 모양을 표현한다.</td><td>[음성 녹음]
① ■ 3초 이상 누르기(음성 녹음 모드 전환)
② 음성 안내 듣고 녹음
③ OK(저장번호 확인)

[음성 녹음 재생하기]
① ▶ 3초 이상 누르기(녹음 재생 모드 전환)
② 음성 안내와 함께 대기(◀▶으로 번호 선택)
③ 저장번호 선택+ ▶</td></tr>
</table>

활동 방법	문제 해결 방법 찾기 및 문제 해결하기 (수행)	• 로봇의 옆구리를 터치하여 방향 전환을 할 수 있다.	 - 지능형 로봇이 모양대로 움직일 수 있는지 확인한다.  - 다른 환경에서 로봇이 발자국을 만들 수 있는지 토의한다.  - 유아들이 만든 발자국 위를 유아와 로봇이 따라간다. 	[제니보 이동하기] ① 등 터치센서 2, 3번 누르기(일어서기) ② ◀▶▲▼(이동하기) 1+OK(앞으로)

활동 방법	일반화하기 (평가)	• 활동 마무리 후 모이기	• **활동을 정리하고 느낌을 이야기한다.** – 모양을 만들면서 힘들었던 점은 무엇인지 이야기한다. – 어떤 모양의 발자국을 따라가기 어려웠는지 이야기한다. – 그 이유를 생각해 본다. – 제니보의 방향 전환에 대해서 평가한다.	
확장 활동	• 조형 – 동물 발자국 스탬프로 모양 만들기 • 음률 – 제니보 동시 리스트 913 '눈사람' 동시 듣고 몸으로 표현하기			
활동의 유의점	• 발자국 모양 카드는 유아들이 발자국 모양을 어떻게 만들어야 할지 망설일 때 기본적인 생각을 도울 수 있는 자료로 활용한다. • 발자국 모양 카드는 선에서 모양으로, 난이도가 낮은 것에서 높은 순서로 제시한다. • 기본적인 선과 도형을 알고 발자국으로 표현한다. • 만들고 싶은 발자국 모양을 만들기 위해 제니보의 움직임을 살핀다.			
평가	• 유아 – 적극적으로 활동에 참여 하였는가? 활동에 즐겁게 참여 하였는가? • 교사 – 활동이 유아에게 흥미로웠는가? 자료 선정은 적절하였는가? • 프로그램 – 로봇 활용 프로그램이 적절하게 구성되었는가? 활동에 어려움은 없었는가?			

2) 제니보를 이용한 활동 – 부모용

활동명 : 그림자 인형극 놀이를 해요

생활 주제
- 환경과 생활

대상 연령
- 만 3, 4, 5세

활동 형태
- 대 · 소집단 활동

활동 목표
- 빛이 있으면 그림자가 생긴다는 것을 알 수 있다.
- 그림자는 물체가 움직이는 대로 따라 움직인다는 것을 알 수 있다.
- 그림자극을 감상한다.

교육과정 관련 요소
- 의사소통 : 말하기 – 느낌, 생각, 경험 말하기
- 자연탐구 : 과학적 탐구하기 – 생명체와 자연환경 알아보기

활동 자료 : 인형극틀, 할로겐 램프, CD플레이어

기능 및 사용법 :

기능 및 사용법
• 제니보의 음성 녹음 기능을 활용한다. [음성 녹음하기] ① 3초 이상 누르기 (음성 녹음 모드 전환) ② 음성 안내 듣고 녹음: - 30cm 내외에서 녹음 - 30초 동안 녹음 가능 - 최대 50개까지 녹음 ③ (저장번호 확인) [음성 녹음 재생하기] ① 3초 이상 누르기 (녹음 재생 모드 전환) ② 음성 안내와 함께 대기 (◀▶으로 번호 선택) ③ 저장번호 선택+

활동 방법

• 바깥놀이를 통해 유아들이 그림자를 충분히 경험하고 '불을 꺼 봐요' 라는 동화를 들려준다.

- 동화에서는 어떤 그림자를 보았나요?
- 왜 그런 그림자가 만들어졌을까요?

▲ 그림자놀이를 해요.

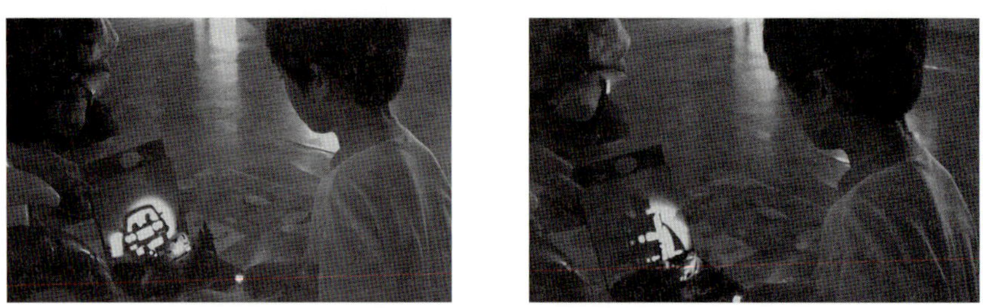

▲ '불을 꺼 봐요' 동화를 들어요.

• 제니보가 동화를 들려주기 위한 공간을 구성한다.

- 그림자놀이를 할 수 있는 무대를 만들기 위해 필요한 것은 무엇이 있을까요?
- 제니보가 떨어지지 않게 하려면 어떻게 해야 할까요?

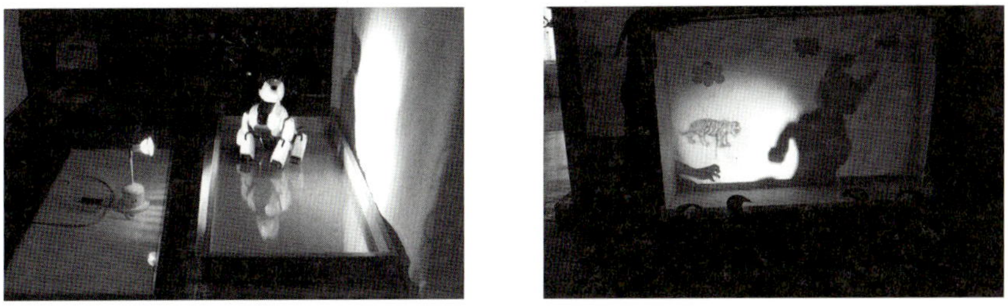

▲ 그림자 인형극을 할 수 있는 환경을 꾸며요.

• 무대가 완성되면 그림자극을 한다.

- 역할을 어떻게 나누면 좋을까요?
- 동작과 소리 재생을 해야 할 경우 어떤 버튼을 눌러야 할까요?

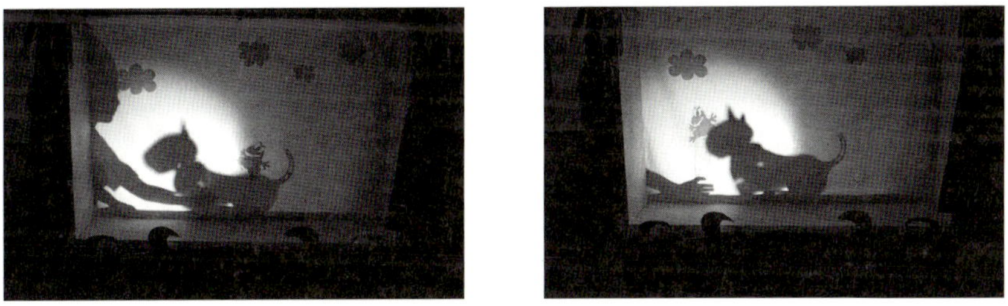

▲ 그림자 인형극을 만들어요.

• 그림자극을 듣고 난 느낌을 이야기 나눈다.

- 제니보가 들려주는 그림자극에서 즐거웠던 점은 무엇인가요?
- 그림자극에서 아쉬웠던 점은 무엇인가요?

▲ 그림자 인형극을 감상해요.

활동의 유의점 및 평가

- 사전경험을 통해 다양한 그림자를 경험하였는가?
- 제니보의 모양 그림자가 잘 표현되었는가?
- 제니보가 떨어지지 않도록 공간 구성을 하였는가?

확장 활동

- 언어 활동 – 막대 인형을 만들어 인형극 놀이를 한다.
- 과학 활동 – 제니보에 내장되어 있는 '해와 달이 된 오누이' 동화를 그림자 극으로 한다.

활동명 : "감기에 걸리면" 동화를 들어요

생활 주제
- 건강과 안전

대상 연령
- 만 3, 4, 5세

활동 형태
- 대 · 소집단 활동

활동 목표
- 제니보가 들려주는 동화를 이해할 수 있다.
- 감기 예방에 관심을 갖고 실천할 수 있다.

교육과정 관련 요소
- 신체운동·건강 : 건강하게 생활하기 – 질병 예방하기
- 자연탐구 : 과학적 탐구하기 – 생명체와 자연환경 알아보기

활동 자료 : 제니보, 리모컨, 동화 자료(융판 동화), 손인형(남자아이)

기능 및 사용법 :

기능 및 사용법
• 제니보에 내장되어 있는 동화를 듣기 위해서는 리모컨으로 612번을 입력하고 OK 버튼을 눌러 동화를 재생한다. 612+OK(감기에 걸리면) 55+OK(앉아서 으르렁 1) 22+OK(몸 긁기) 48+OK(고개 절레절레) 50+OK(고개 끄덕끄덕) 612+OK(감기에 걸리면)

활동 방법

- 감기에 걸렸을 때의 경험을 이야기해 봅니다.
  - 콧물이 나고 열이 나고 감기에 걸리면 어떻게 하지요?
  - 제니보는 감기에 걸리면 어떻게 하는지 알고 있대요. 동화로 알아볼까요?
- 제니보에 내장되어 있는 '감기에 걸리면' 동화를 듣고 나서 이야기를 나누어 봅니다.
  - 이 동화를 듣고 난 느낌은 어때요?
  - 누가 감기에 걸렸지요?
  - 감기에 걸린 동물 친구들은 어떻게 했나요?
  - 감기에 걸리지 않으려면 어떻게 해야 할까요?

▲ 제니보가 들려주는 동화를 들어요.

활동의 유의점 및 평가

- 동화의 내용을 이해하였는가?
- 감기에 걸렸을 때 지켜야 할 예절과 대처법에 대해 이해하고 실천할 수 있는가?

확장 활동

- 역할 활동 – 제니보가 직접 동극 중에 역할을 해 봅니다.
- 언어 활동 – 감기에 걸리면 지켜야 할 예절과 대처법에 대한 책을 만들어 봄

니다.

• 조형 활동 – 양치 모래시계를 만들어 봅니다.

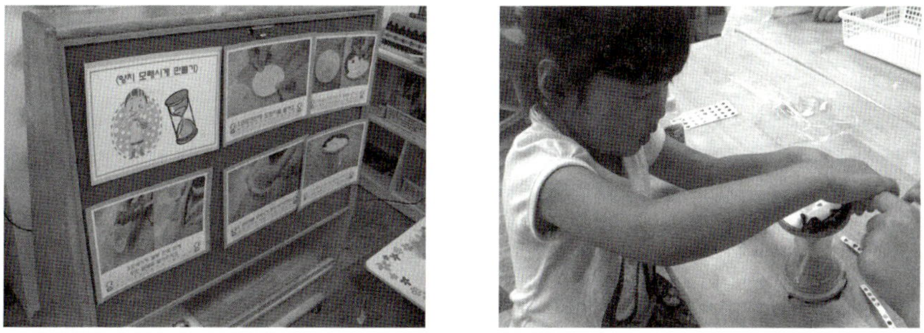

▲ 모래시계를 만들어 보아요.

활동명 : 시리얼 샐러드를 만들어요

생활 주제
- 건강과 안전

대상 연령
- 만 4, 5세

활동 형태
- 대 · 소집단 활동

활동 목표
- 다양한 과일의 종류를 알고 비교할 수 있다.
- 요리 활동의 순서를 알 수 있다.

교육과정 관련 요소
- 신체운동 · 건강 : 건강하게 생활하기 – 바른 식생활하기
- 자연탐구 : 과학적 탐구하기 – 물체와 물질 알아보기

활동 자료 : 레시피, 시리얼, 과일, 요거트, 그릇, 빵칼, 수저, 도마

기능 및 사용법 :

기능 및 사용법
• 제니보의 TTS(Text to Speech) 기능을 활용합니다. [컴퓨터 UI 프로그램 기능 중 TTS 입력] 입력 매뉴얼 참조 [TTS 실행–리모컨 이용 시] MENU 5+OK 1+OK 2+OK 3+OK 4+OK 5+OK

활동 방법

- 요리 활동을 하기 전에 어떻게 제니보와 함께 할 수 있는지 이야기해 봅니다.
  - 제니보와 요리 활동을 어떻게 하면 좋을까요?
  - 제니보가 요리하는 방법을 알려주려면 어떻게 해야 할까요?
- 제니보에게 컴퓨터로 요리 순서를 입력하여 설명하게 합니다.
  - 제니보가 들려주는 순서대로 요리를 해 보기로 해요.
  - 어떤 재료가 들어가는지 살펴볼까요?

▲ 요리 활동 환경을 구성해요.

▲ 제니보가 요리 순서를 알려줘요.

- 요리 활동을 마무리하고 정리한 후 활동에 대한 느낌을 이야기해 봅니다.
  - 요리 활동을 하면서 어떤 점이 즐거웠나요?
  - 요리 활동을 하면서 아쉬웠던 점은 무엇인가요?

▲ 시리얼 샐러드를 만들어요.

활동의 유의점 및 평가

- 재료들의 위생과 청결 상태를 유지하였는가?
- 제니보가 알려준 레시피의 재생 순서가 제대로 되었는가?

확장 활동

- 역할 활동 – 만든 요리를 이용하여 역할놀이를 해 봅니다.

▲ 요리가 완성되었어요.

3장

유아교육과 ICT 활용

유아교육에서의

스마트 기기 · 로봇 활용과 과몰입 예방

1. 이미지 편집 ICT

1) 그림판

그림판은 윈도우에 기본적으로 설치되어 있는 프로그램이기 때문에 별도의 다운로드가 필요 없으며, 실행 속도도 무척 빠르다. 또한 누구나 쉽게 배울 수 있는 프로그램으로 다른 프로그램과 응용하여 사용하면 다양한 효과를 낼 수 있는 프로그램이다.

(1) 실행하기

윈도우 바탕화면에서 〈그림판〉 바로가기 아이콘( )을 더블클릭하여 실행한다. 혹은 [시작 - 모든 프로그램 - 보조프로그램 - 그림판]을 선택한다.

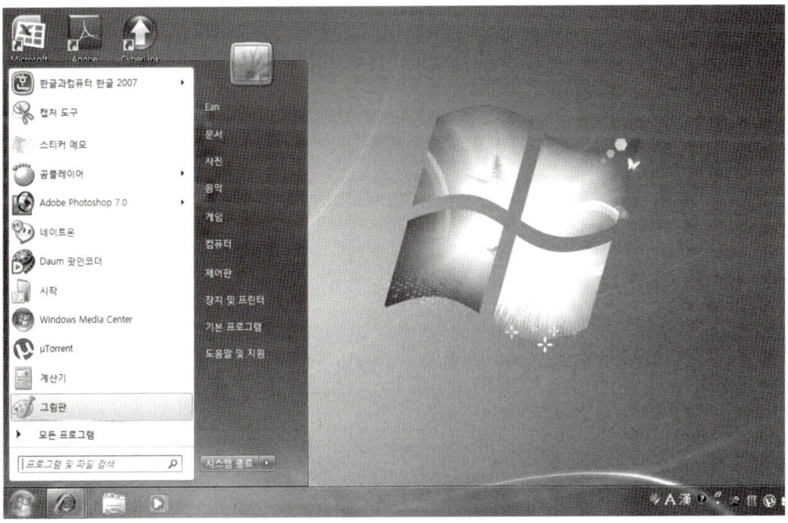

(2) 그림 그리기

① 영역 선택

- 원하는 영역을 직접 늘이고 줄일 수도 있고 하단의 바를 이용할 수도 있다. 그

림을 그릴 경우에는 화면 전체를 흰 영역으로 하는 것이 좋지만, 캡처를 해서 붙여넣기할 경우 흰 영역을 최대한 작게 해야 여백이 남지 않는다.

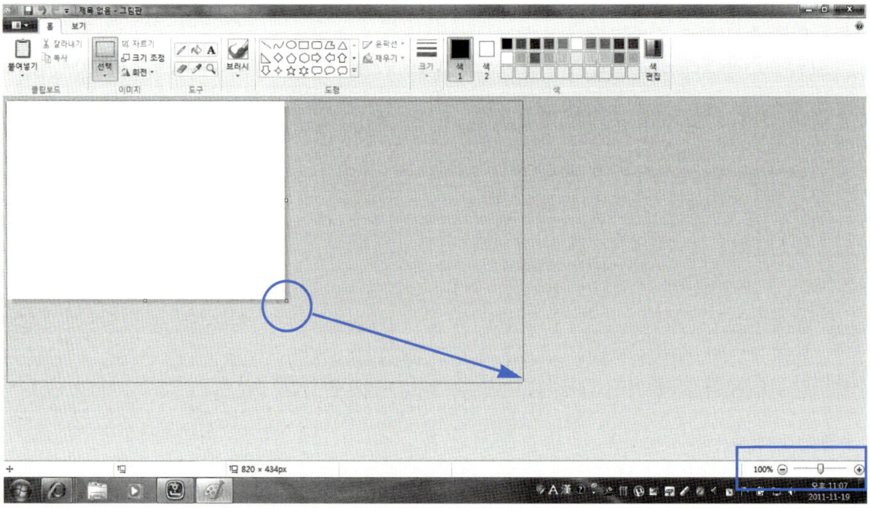

② 여러 가지 그림 도구 사용하기

Ⓐ 연필

[메뉴 – 도구]에서 연필 아이콘( )을 선택하여 그림을 그린다. 그 후, 크기와 선의 두께, 선 색을 선택하여 원하는 그림을 완성한다.

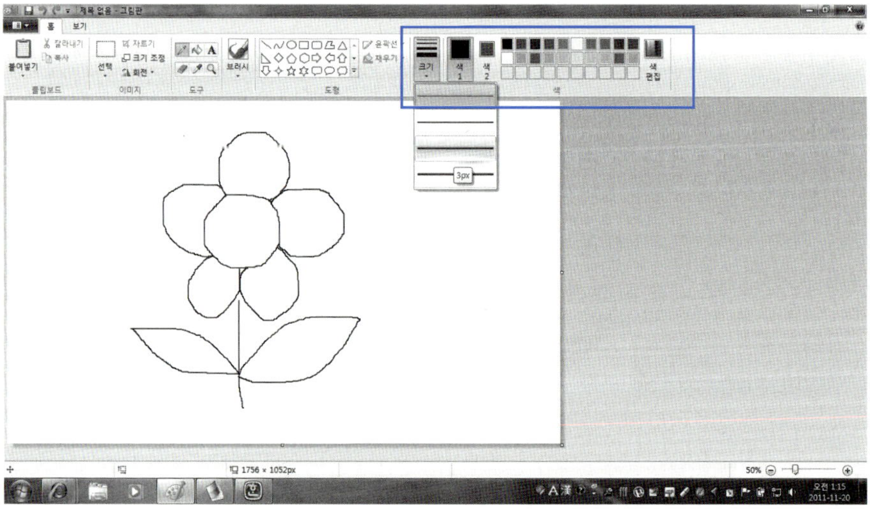

Ⓑ 브러시

메뉴에서 브러시 아이콘()을 선택하여 원하는 브러시 형태를 선택한다. 아래 그림은 수채화 브러시를 선택하여 꽃잎을 색칠하였다.

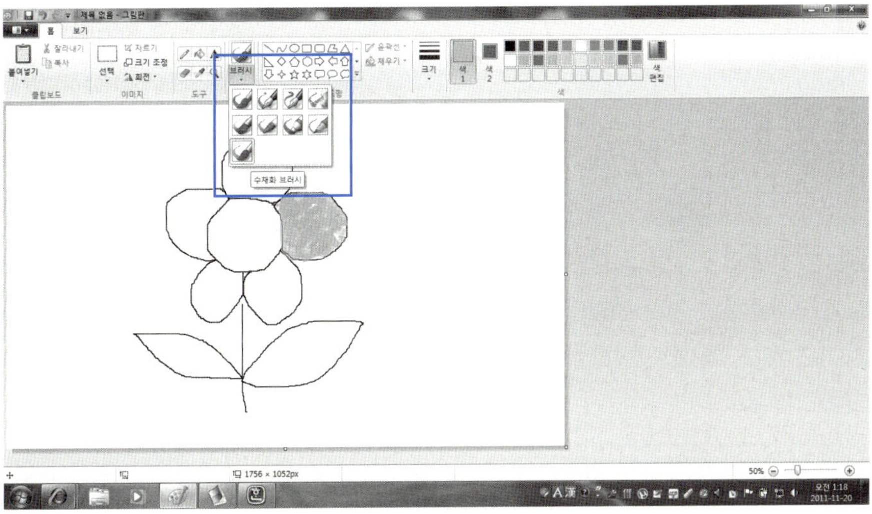

Ⓒ 색 채우기

[메뉴 - 도구]에서 색 채우기 아이콘()을 선택하여 원하는 곳을 선택한다. 그 후, 색 1에서 원하는 색을 선택하고 원하는 부분을 지정하여 색을 칠한다.

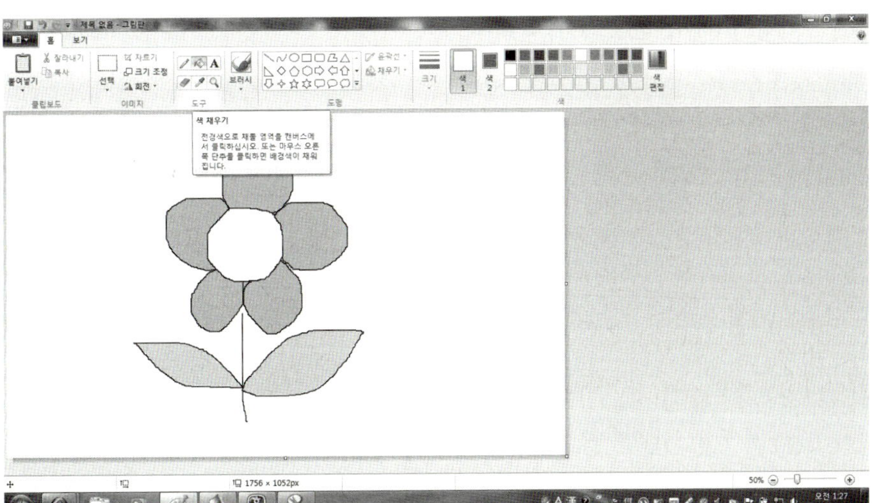

Ⓓ 색 선택

[메뉴 - 도구]에서 색 선택 아이콘( )을 선택하여 골라낸 색으로 그림을 그린다.

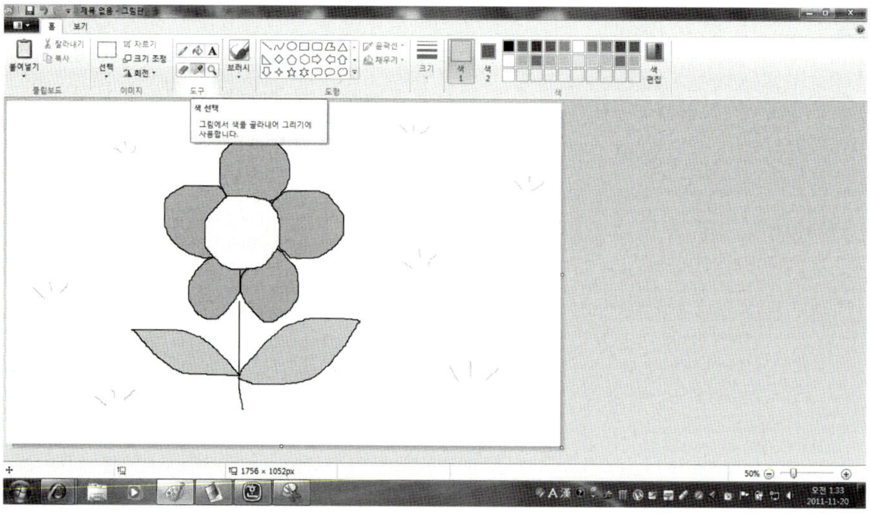

Ⓔ 지우개

[메뉴 - 도구]에서 지우개 아이콘( )을 선택하여 원하는 부분을 지운다.

Ⓕ 돋보기

[메뉴 - 도구]에서 돋보기 아이콘( )을 선택하여 원하는 부분을 확대, 축소한다.

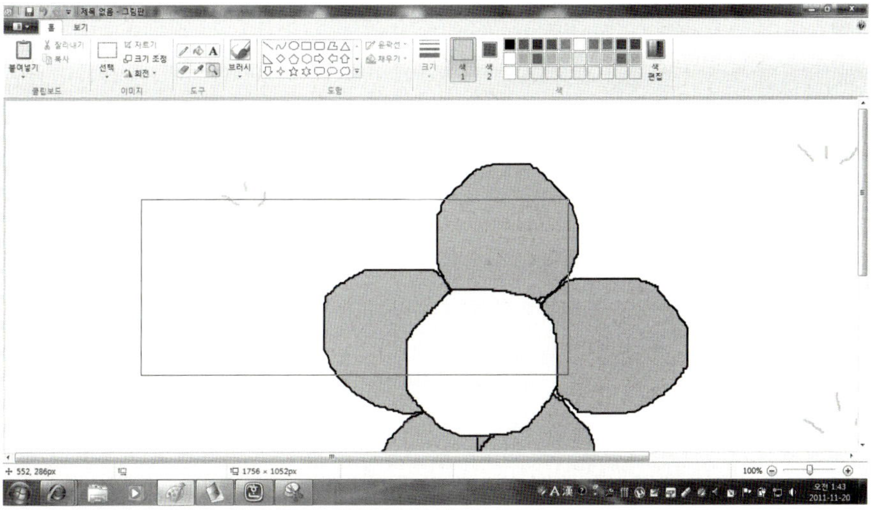

(3) 사진 편집하기

① 사진 불러오기

[메뉴 - 붙여넣기( ) - 파일로부터 붙여넣기]를 선택한다. 간편하게 [Ctrl]+[O]로 불러올 수 있다.

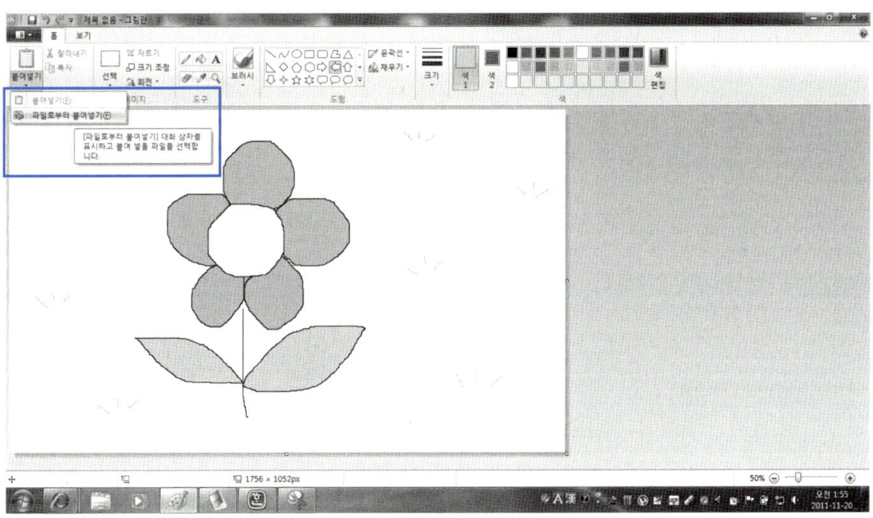

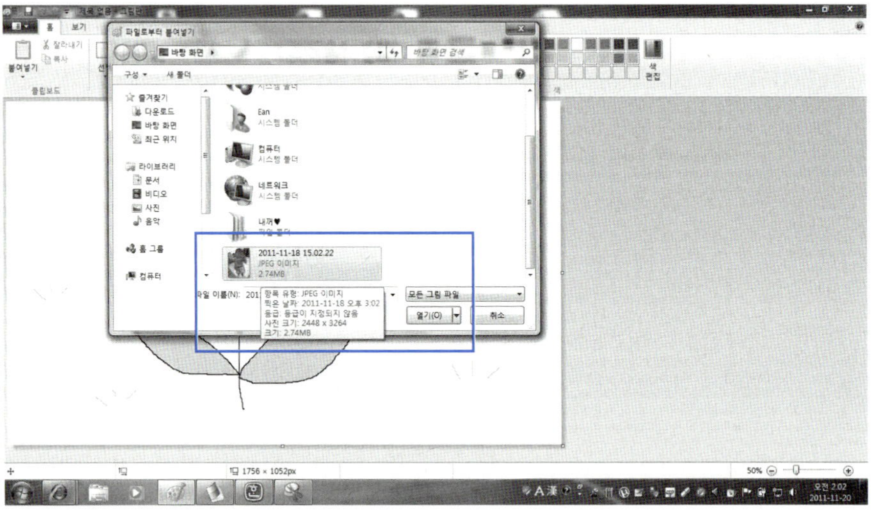

● 원하는 그림 파일을 선택하고 열기를 클릭하면 선택한 그림 파일이 창에 뜬다.

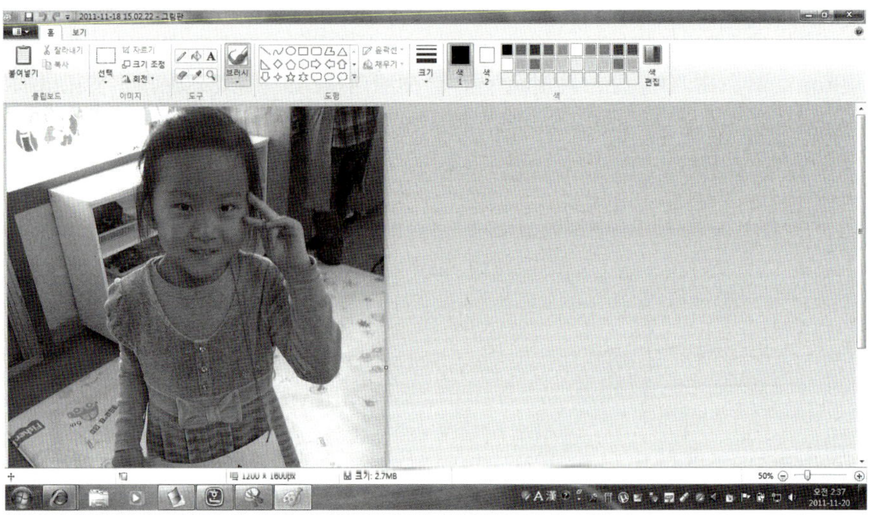

② 이미지 편집하기

Ⓐ 크기 조정

[메뉴 - 이미지 - 크기 조정]에서 픽셀을 선택하여 원하는 크기를 적는다.

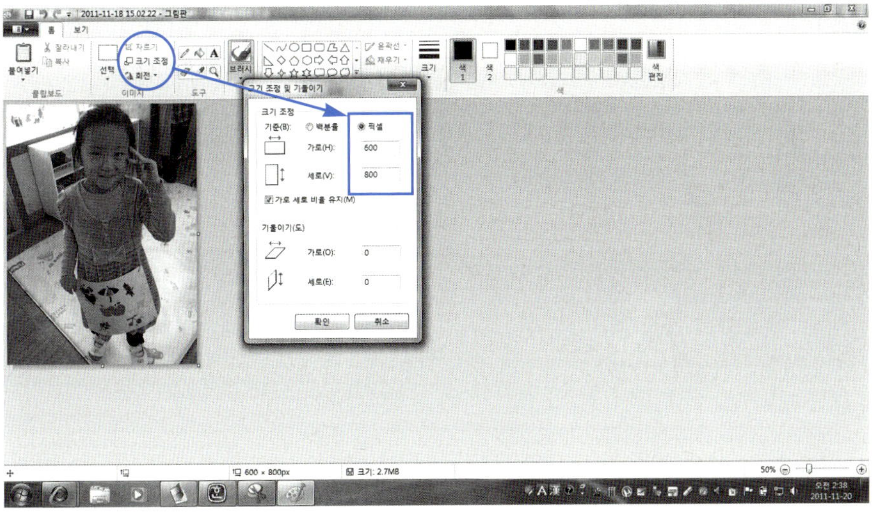

Ⓑ 회전

[메뉴 - 이미지 - 회전]에서 원하는 방향으로 회전시킨다. 아래 그림은 오른쪽으로 90도로 회전시킨 모습이다.

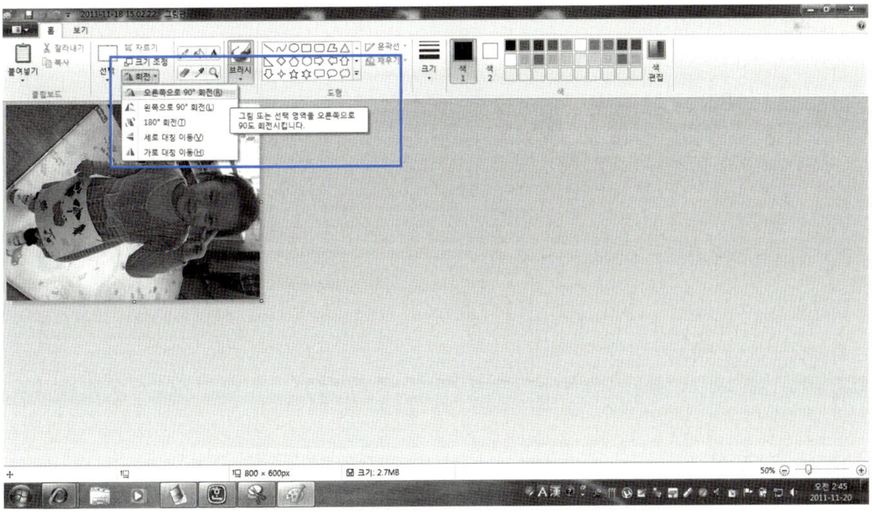

Ⓒ 이미지 자르기

[메뉴 - 이미지 - 선택]에서 사각으로 선택 또는 자유형 선택을 선택한다.

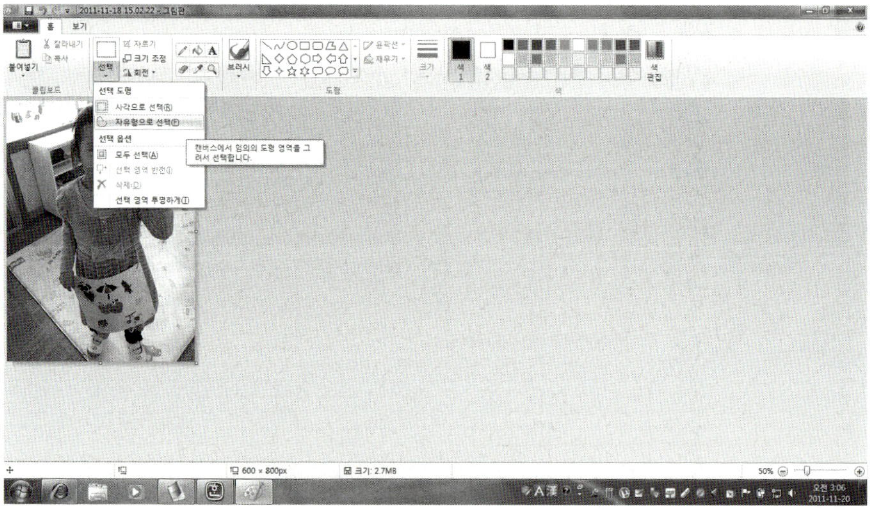

● 아래 그림은 사각으로 선택하여 사각으로 잘린 형태이다.

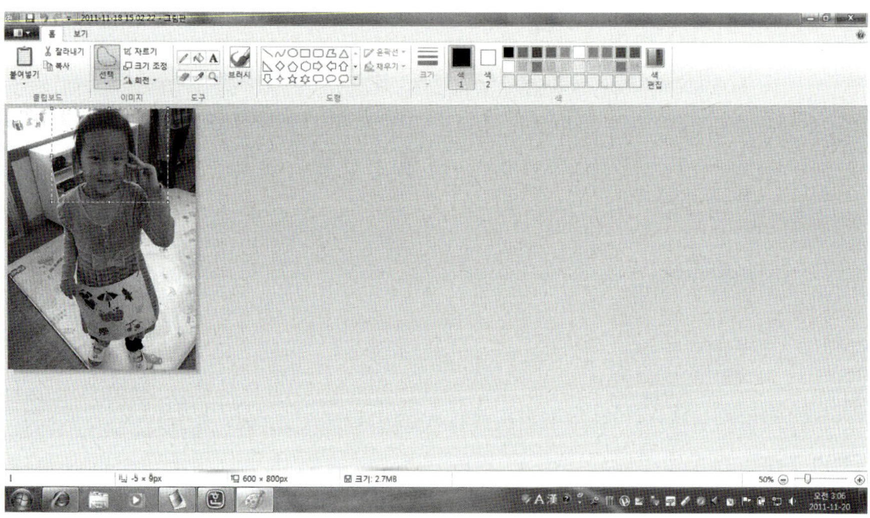

● 아래 그림은 자유형으로 선택하여 원하는 모양으로 곡선으로 잘린 형태이다.

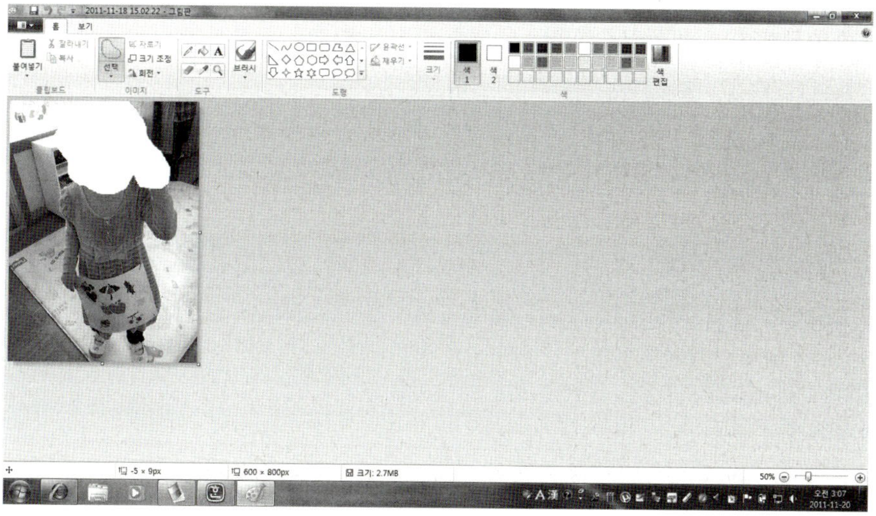

- [Ctrl+X]를 눌러 자른 이미지를 오려낸다. 원본을 저장하고 싶다면 [저장]을 누르고 그렇지 않다면 [저장 안 함]을 선택한다.

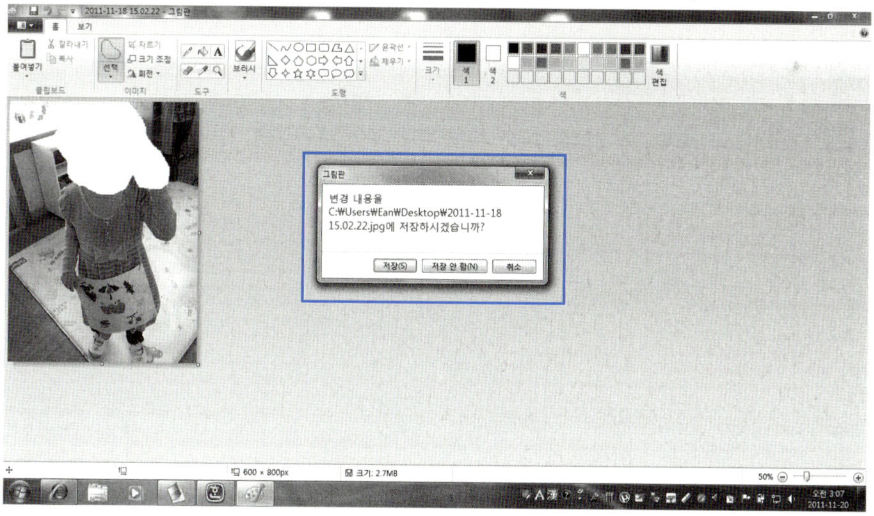

- 새 창을 불러와 [Ctrl+V]를 눌러 오려낸 이미지를 붙여넣기하고 지우개로 이미지 바깥 배경을 지운다.

Ⓓ 저장하기

[메뉴 - 다른 이름으로 저장 - JPEG]로 저장한다(다른 형식을 클릭하여 원하는 형식으로 저장할 수 있다).

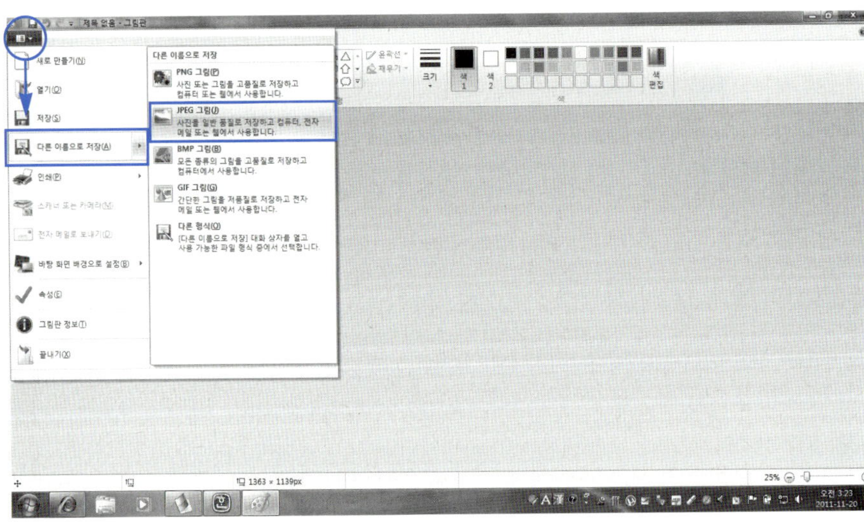

③ 스크린 캡쳐하기

- 캡쳐하고 싶은 화면에서 프린트스크린 키(Prt Sc Sys Rq)를 선택한다.

출처: 쥬니어네이버

- 그림판에서 [Ctrl+V]를 눌러 캡쳐한 이미지를 불러온다.

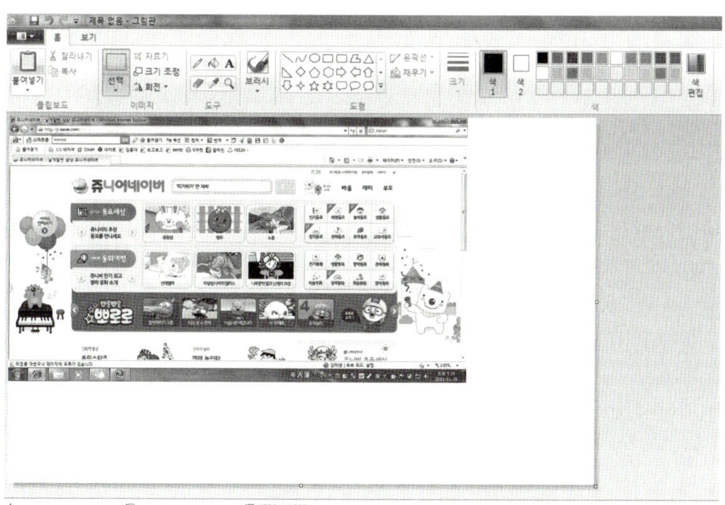

- 필요한 부분을 [이미지 – 자르기] 또는 [Ctrl+X]를 눌러 선택하고 자른다.

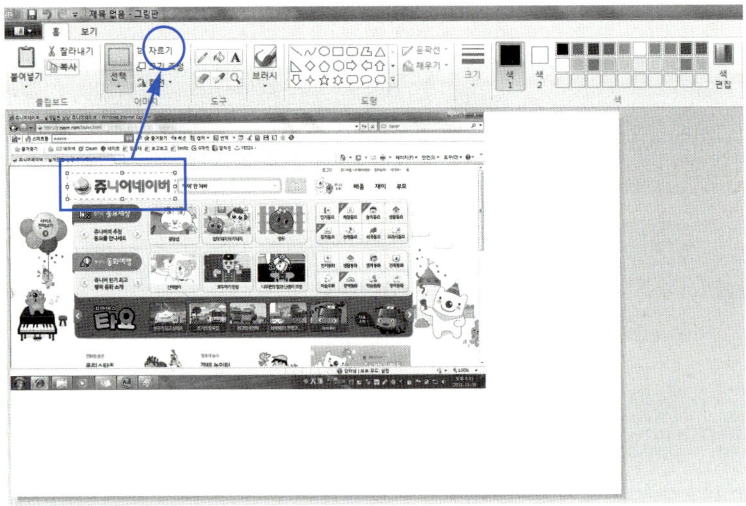

- 새 창에서 잘라 온 이미지(쥬니어네이버)를 복사(Ctrl+V)하고 [메뉴 – 다른 이름으로 저장]에서 원하는 파일 형식으로 저장한다.

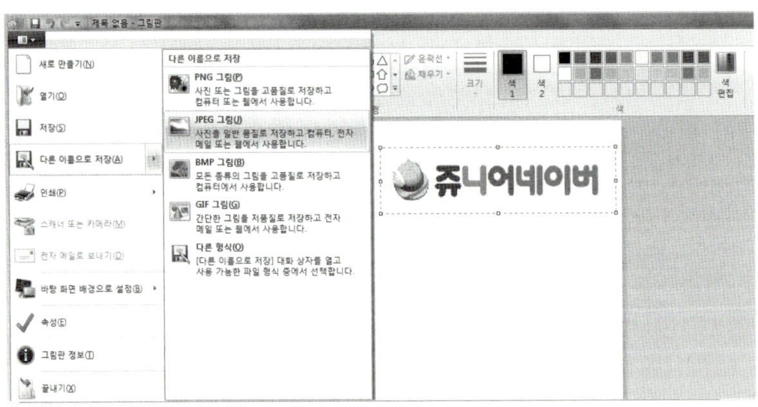

2) 알씨(Alsee)

(1) 설치하기

① 주소창에 www.altools.co.kr을 적은 후 이동하여 아래와 같은 화면이 나타나면 를 선택한다.

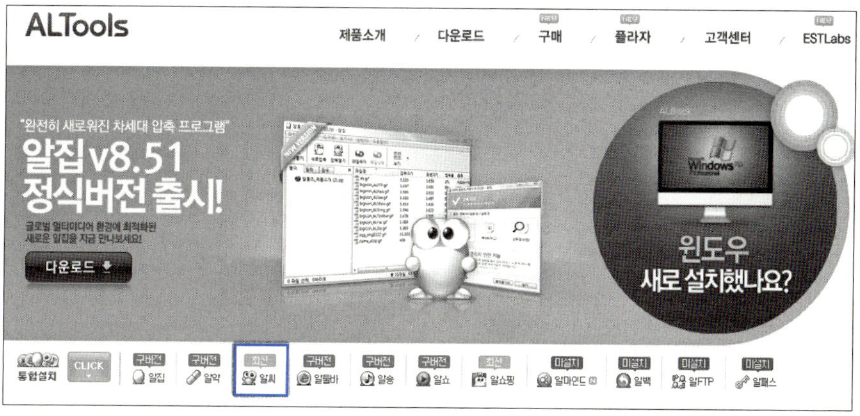

② 다음의 순서대로 따라 클릭하면 프로그램이 설치된다.

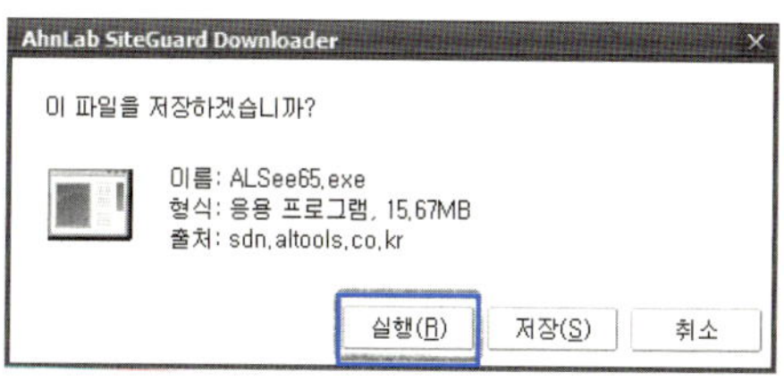

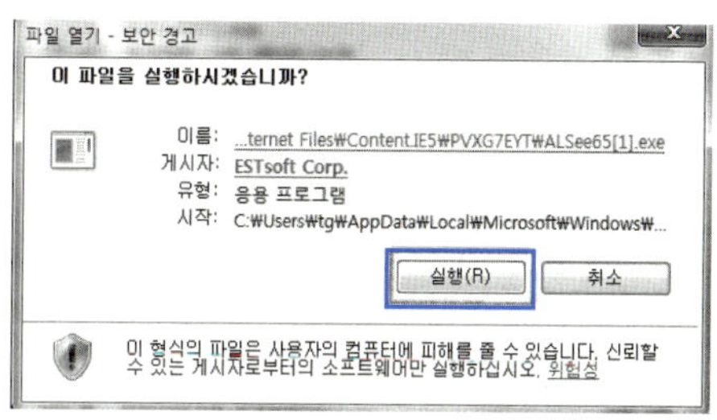

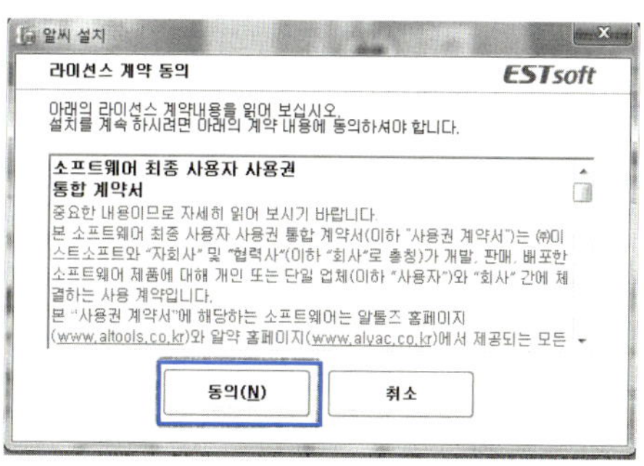

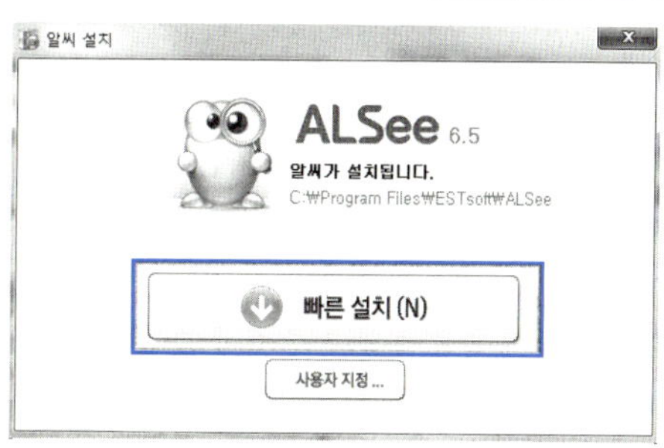

(2) 사진 불러오기

① 원하는 사진에 커서를 올려놓은 후 오른쪽 버튼으로 열기 혹은 왼쪽 버튼을 더블클릭한다.

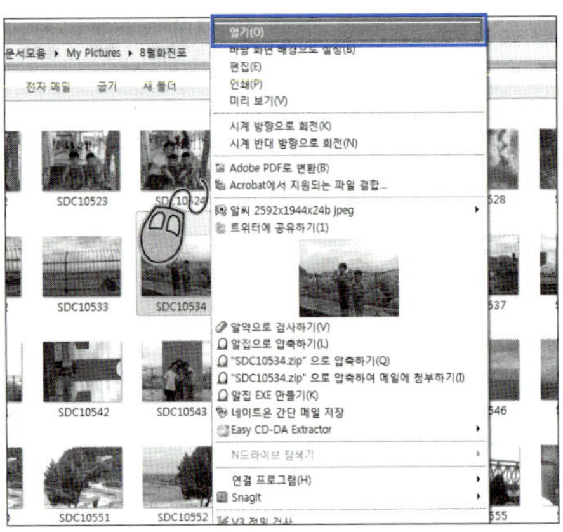

② 선택한 이미지는 아래와 같은 형태로 불러지는 것을 볼 수 있다. 이미지 크게 보기 창의 경우 상하단 툴바와, 이미지 영역, 투명툴바('투명툴바' 라고 적힌 곳에 마우스 커서를 갖다 대면 툴바가 선명하게 나타난다), 사진보관함으로 나뉘어 있는 것을 알 수 있다.

(3) 사진 크기 조절하기

여기에서 제시하는 사진 크기는 눈에 보이는 사이즈가 아닌 사진의 용량을 줄이는 방법을 의미한다. 간혹 인터넷상에 '500kb 이하로 올리세요' 라는 조건이 나오거나, 문서에 사진을 첨부할 때 사용하면 용이하다.

① 사진을 불러온 후 [도구 - 크기 변경하기]를 선택한다.

② 이미지 변경창이 나오면 이미지 크기를 설정해야 한다. 이미지 크기를 설정하는 방법에는 4가지가 있는데 여기에서는 그중 [비율로 조절하기]를 선택한 후 '30'을 입력한다. 이때 주의해야 할 점은 [저장할 경로]를 반드시 확인하며 [저장옵션] 중 새로 저장할 파일의 이름을 지정해 주어야 하는데 기본적으로 '크기 변환'이라는 명칭이 부여된다. 이 후 확인을 선택한다.

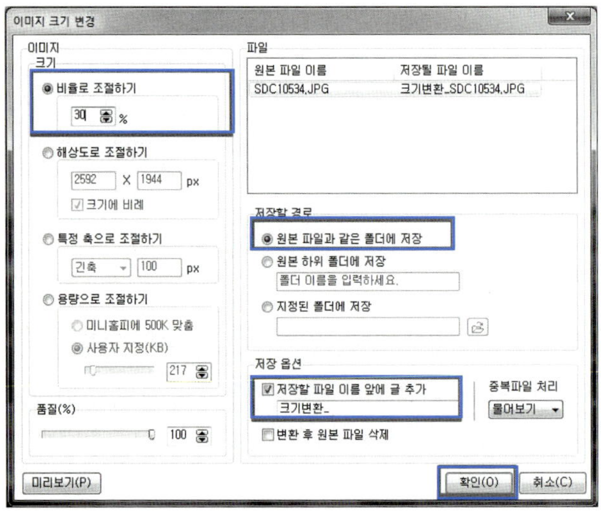

③ 이미지 크기가 변경되면 다음과 같은 완료창이 뜬다.

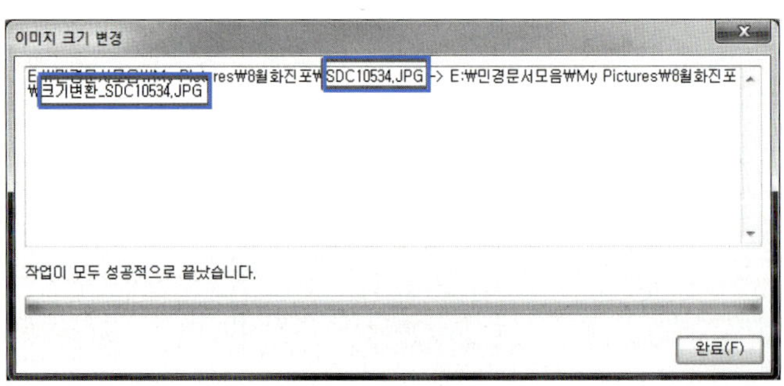

④ 크기가 변경된 것을 확인해 보면 다음과 같다.

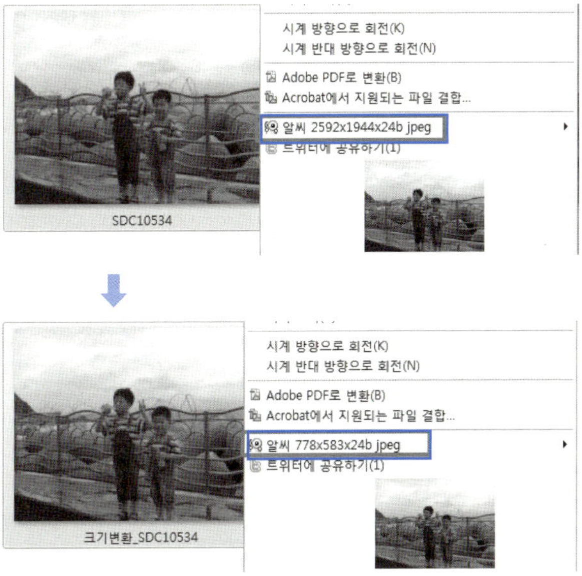

(4) 사진 회전하기

이미지를 회전해서 저장하거나 현재 보고 있는 이미지의 회전 상태를 바로 변경할 수 있다.

① 회전하고 싶은 사진을 선택한 후 메뉴의 [도구 - 회전하기]를 선택한다.

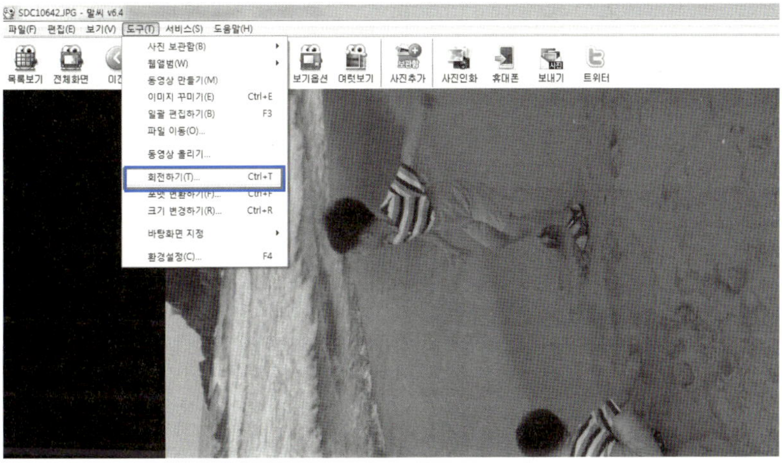

② 이미지 회전창이 뜨면 [회전/반전 - 저장할 경로 - 저장 옵션]을 선택한 후 확인을 선택한다.

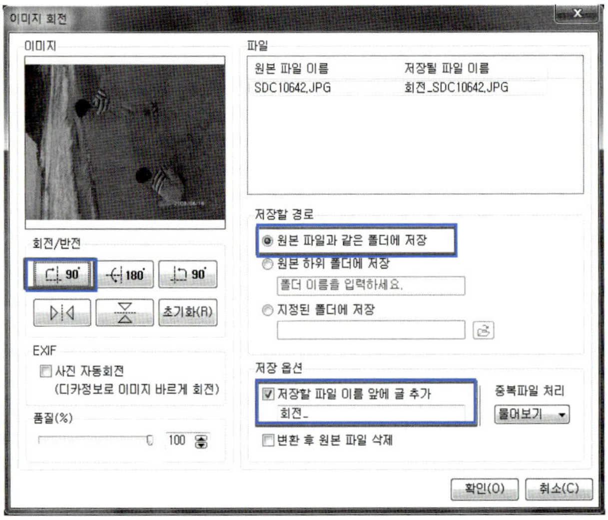

(5) 사진 꾸미기

알씨 사진 꾸미기는 사진 자르기, 크기 변환하기, 색 조절, 글자 넣기, 도장 찍기 등의 기능을 활용하여 사진을 예쁘게 꾸미거나 교구를 제작할 수 있다.

① 자르기

메뉴 [도구 - 자르기]를 실행하거나 꾸미기 탭에서 [자르기] 아이콘을 선택하는 두 가지 방법이 있는데, 본서에서는 꾸미기 기능 중 [자르기]를 이용하였다.

Ⓐ 이미지를 불러온 후 [도구 – 이미지 꾸미기]를 선택한다.

Ⓑ 잠시 후, 알씨 꾸미기 창이 뜨게 되는데, 사진이 아래 왼쪽과 같이 너무 클 경우 [화면맞춤]을 클릭해 주면 사진의 전체가 화면 속으로 들어온다. 자유롭게 조절하고 싶을 경우 화면맞춤의 왼편에 있는 '+, – 조절막대'를 이용하면 된다.

Ⓒ [자르기]를 클릭하면 작업창에 '자르기 조절 버튼' 이 나오는 것을 볼 수 있다.

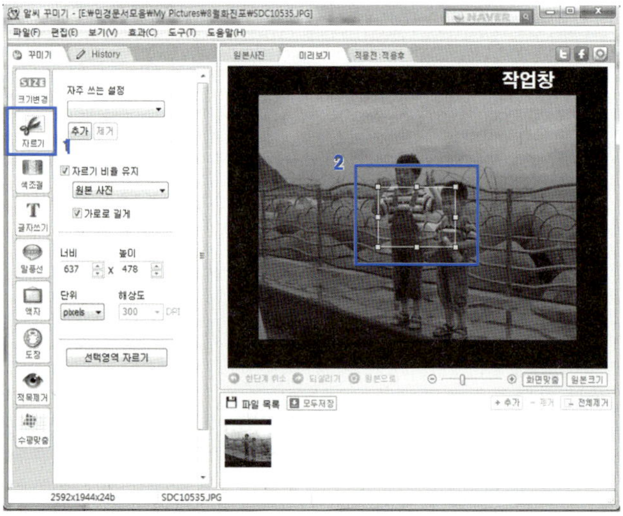

Ⓓ [자르기 비율 유지]의 '∨' 를 해제하고 원하는 비율로 영역을 선택한 후, 선택영역 자르기를 선택한다. 그러나 [자르기 비율 유지]를 해제하지 않으면 일정한 비율로 증/감되므로 유의해야 한다.

② 색조절

Ⓐ 이미지를 불러온 후 [도구 - 이미지 꾸미기]를 선택한다.

Ⓑ [색조절]을 클릭하면 9가지의 색상 변화 옵션이 나오는데 본서에서는 '갈색톤'을 선택하였다. 전 단계로 되돌리고 싶을 때에는 [한 단계 취소]를, 원래대로 되돌리고 싶을 때에는 [원본으로], 저장하고 싶을 때에는 [파일 - 다른 이름으로 저장]을 선택한다.

③ 글자 쓰기

Ⓐ 이미지를 불러온 후 [도구 - 이미지 꾸미기]를 선택한다.

Ⓑ [글자 쓰기]를 클릭한 후 사진에 원하는 텍스트를 입력한다. [글자 쓰기] 옵션 창에는 글자를 입력하거나, 위치 지정, 글꼴 설정, 크기, 색상, 현재 날짜 등을 입력할 수 있다.

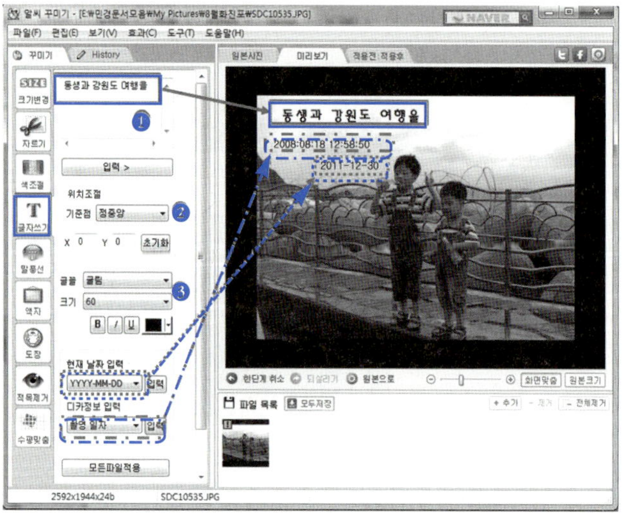

④ 말풍선

Ⓐ 이미지를 불러온 후 [도구 - 이미지 꾸미기]를 선택한다.

Ⓑ [말풍선]을 클릭한 후 풍선 모양, 풍선 꼬리 방향(오른쪽/왼쪽), 텍스트 내용, 글꼴, 크기 등을 설정한 후 [말풍선 추가]를 선택한다.

⑤ 액자

Ⓐ 이미지를 불러온 후 [도구 – 이미지 꾸미기]를 선택한다.

Ⓑ [액자]를 클릭한 후 원하는 액자를 선택한다.

⑥ 도장

Ⓐ 이미지를 불러온 후 [도구 - 이미지 꾸미기]를 선택한다.

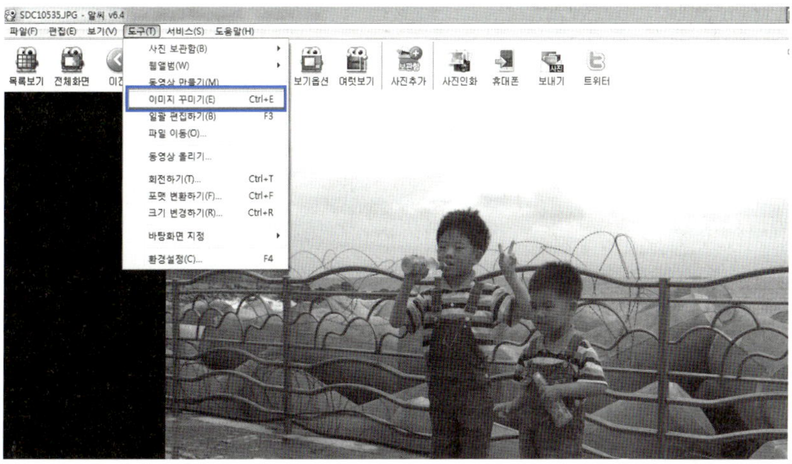

Ⓑ 도장을 삽입하는 방법에는 '클립아트 선택' 하는 방법과 '이미지 파일 직접 선택' 하는 두 가지 방법이 있다.

⑦ 적목 제거

Ⓐ 이미지를 불러온 후 [도구 - 이미지 꾸미기]를 선택한다.

Ⓑ [적목 제거]를 누른 후 조절점을 이용해 눈동자 영역을 설정한다.

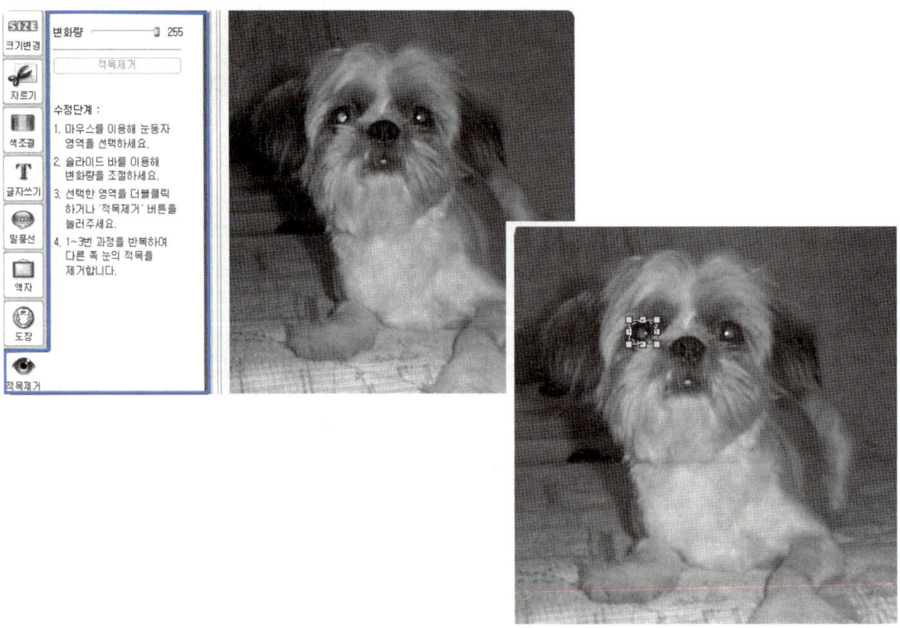

ⓒ 슬라이드바로 변화량을 조절한 후 [적목 제거]를 선택한다. 위의 과정을 반복하여 다른 쪽 눈의 적목을 제거한다.

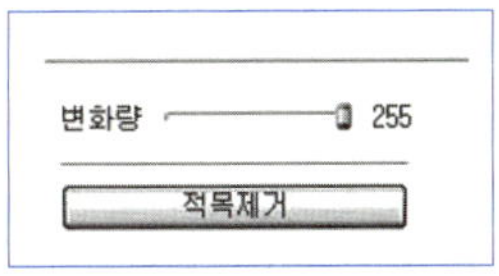

2. 동영상 및 전자앨범 ICT

1) 윈도우 무비메이커

무비메이커는 사용자가 소장하고 있는 사진 파일, 동영상 파일, 음악 파일을 이용해서 비교적 간단하게 동영상을 제작할 수 있는 프로그램이다. 또한 무비메이커는 윈도우 기본 프로그램에 내장되어 있어 윈도우 설치 시 자동으로 함께 설치됨으로 따로 다운 받을 필요가 없다.

윈도우 무비메이커와 윈도우 라이브 무비메이커 비교하기

[윈도우 무비메이커]

- 무비메이커 프로그램은 윈도우즈 XP 프로그램에 포함되어 있으나 윈도우즈 설치 시 설치되지 않는 경우도 있다(최초 설치 시). 다음의 두 사이트에서 검색창에 '무비메이커'를 입력하면 곧바로 다운 받아 사용할 수 있다.

  보물섬(www.bomul.com), 심파일(simfile.chol.com)

- 다운 받은 파일을 클릭하면 설치할 수 있으며 설치가 끝나면 "시작" 단추(시작/프로그램/보조프로그램/엔터테인먼트/Windows Movie Maker)에 등록된다.

  mm2kor.exe

- 본 프로그램 기술 내용의 일부는 저자의 [유구종(2005), 통합유아컴퓨터교육, 창지사]에서 재인용되었다.

[윈도우 라이브 무비메이커]

- 무비메이커 프로그램은 Windows victa, Windows 7 프로그램에 포함되어 있으나 윈도우즈 설치 시 설치되지 않는 경우도 있다(최초 설치 시). 다음의 두 사이트에서 검색창에 '윈도우 라이브' 를 입력하면 곧바로 다운 받아 사용할 수 있다.

  보물섬(www.bomul.com), 심파일(simfile.chol.com)

- 다운 받은 파일을 클릭하면 설치할 수 있으며 설치가 끝나면 '시작' 단추(시작/프로그램/보조프로그램/Windows Live/Windows Live 무미메이커)에 등록된다.

  wlsetup-web.exe

Tip

(1) 윈도우 라이브 무비메이커(Windows vista, Windows 7)

① 윈도우 라이브 무비메이커 소개

다음은 윈도우 라이브 무비메이커의 실행 화면이다.

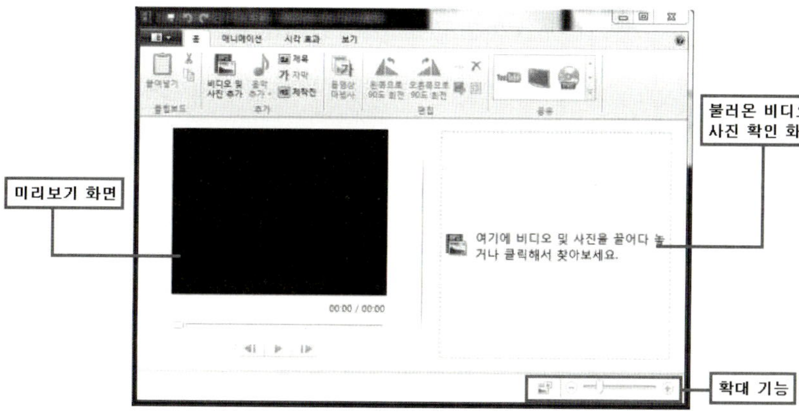

【비디오 도구】

비디오 및 사진을 추가했을 때 나오는 편집 도구이다.

매 사진마다 재생 시간을 설정할 수 있고, 비디오는 볼륨 조절과 길이 편집이 가능하다.

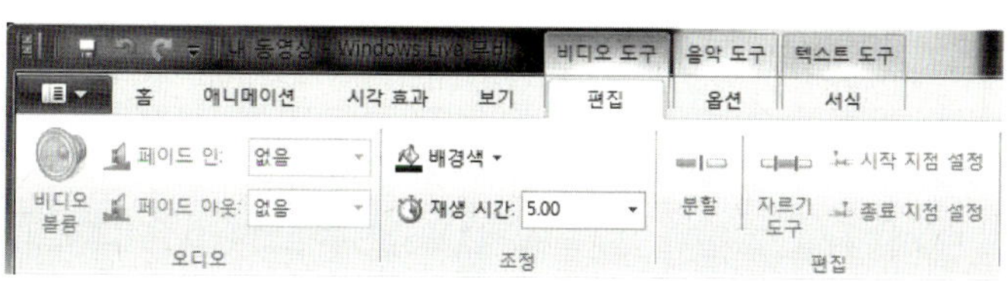

【음악 도구】

음악을 추가했을 때 나오는 편집 도구이다.

음악의 시작 시간, 종료 지점, 페이드 조절, 볼륨 조절 등의 여러 기능이 있다.

【텍스트 도구】

자막이나 제작진, 제목을 추가했을 때 나오는 편집 도구이다.

글꼴을 꾸밀 수 있고 텍스트가 나타나는 효과를 설정할 수 있는 기능이 있다.

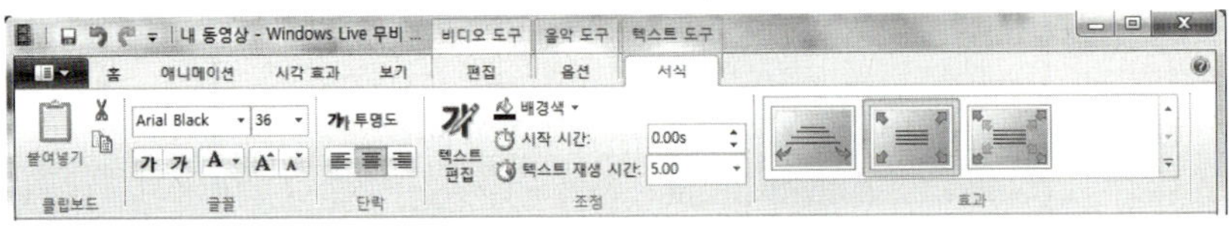

② 사진으로 동영상 편집하기

Ⓐ Windows 7에서 'Windows Live 무비메이커()'를 선택한다. (시작/모든 프로그램/Windows Live/Windows Live 무비메이커)

Ⓑ 파일 불러오기: USB나 다른 저장장치에 파일이 있을 경우에 [장치에서 가져오기]를 이용해 파일을 불러오거나 상단에 있는 [비디오 및 사진 추가]를 이용해서 간단하게 컴퓨터에 있는 사진이나 동영상을 불러온다.

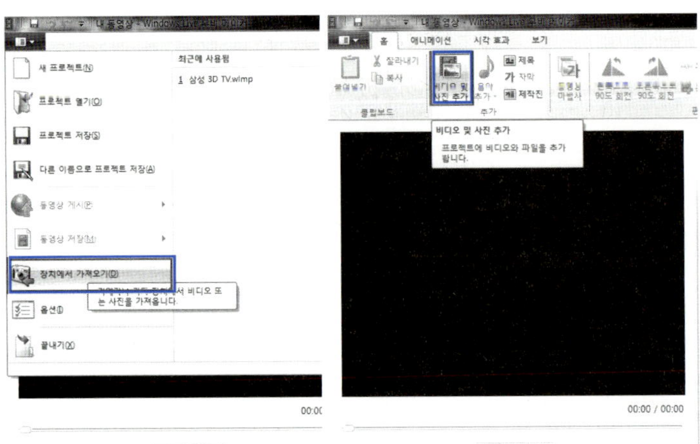

ⓒ 원하는 음악을 [음악 추가]를 눌러 폴더에서 불러오거나, 드래그를 해서 음악을 추가할 수 있다.

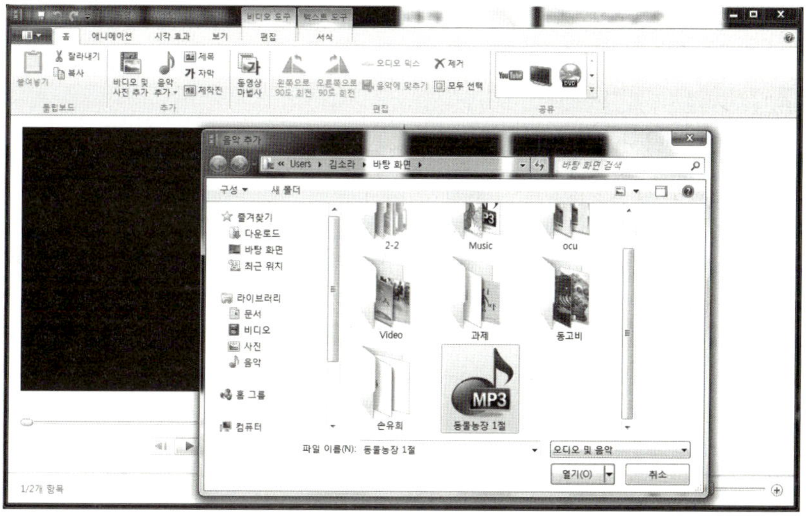

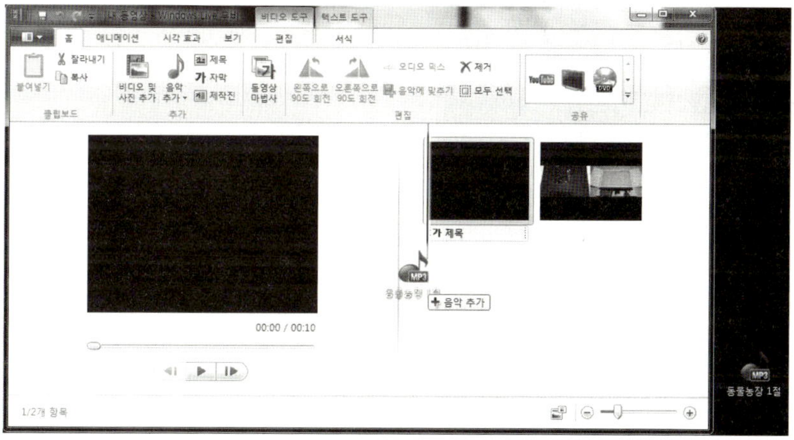

Ⓓ 다른 음악을 부분적으로 추가하고 싶다면, [음악 - 분할]을 눌러 음악을 나눈다. 나눠진 부분에 [현재 지점에서 음악 추가]를 누르면 그 부분부터 추가된 음악이 들어간다.

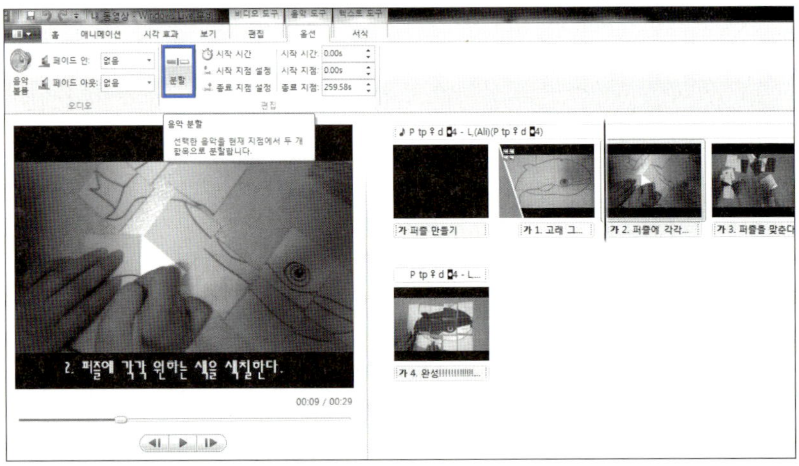

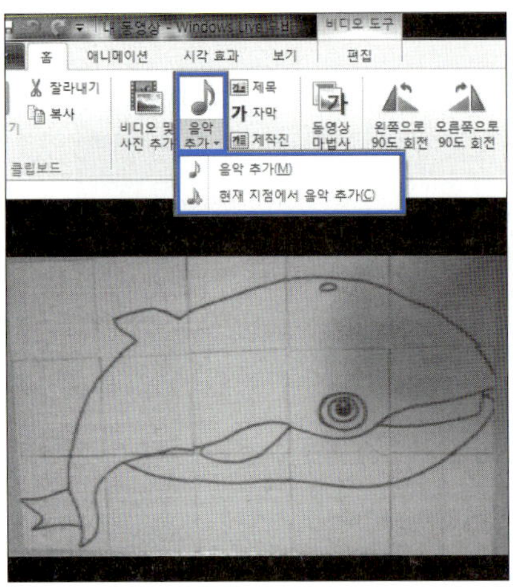

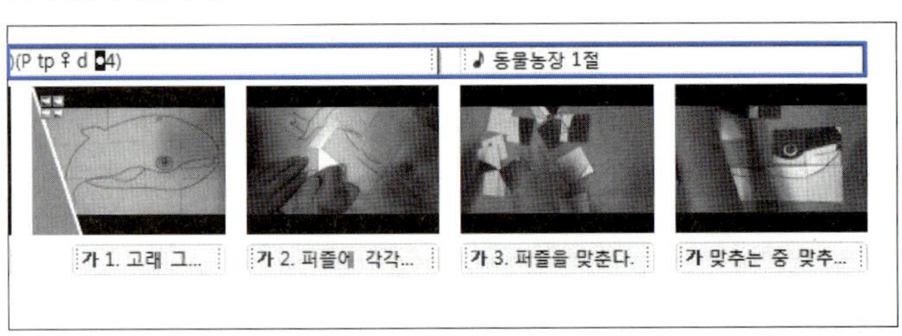

Ⓔ 제목을 추가한다. [홈 - 제목]을 눌러 제목 슬라이드를 추가한다. 원하는 글을 넣고, 글꼴과 크기를 수정한다.

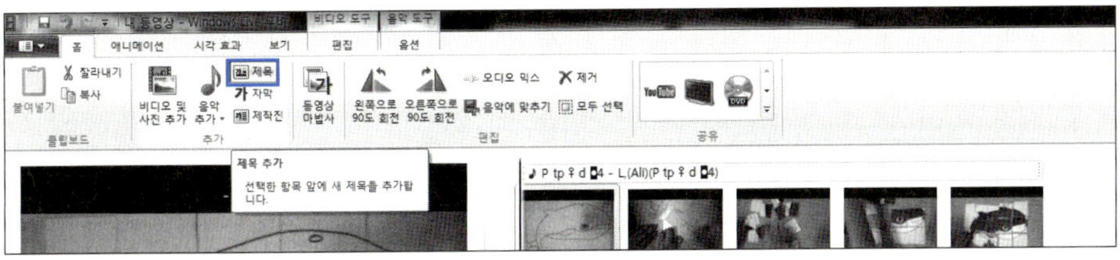

Ⓕ 상단 바의 [텍스트 도구] 탭으로 들어가 오른쪽에 있는 다양한 효과들을 사용해 제목에 적용시킨다. 예로 '퍼즐 만들기' 라는 텍스트를 작성해 보자.

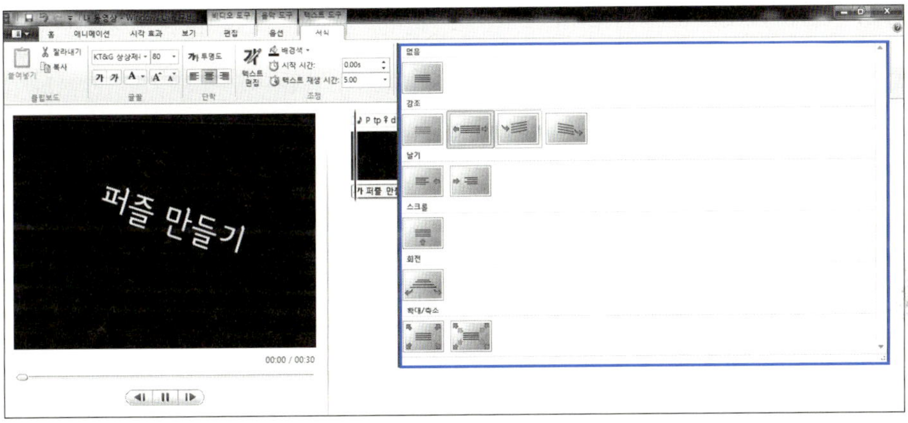

Ⓖ [애니메이션]에서 다음 사진장면을 어떻게 넘길 것인지 [전환]에서 다양한 효과들 중 하나를 선택한다. [전환] 효과는 한 사진에 한 가지 효과만 적용시킬 수 있으며, 옆에 있는 [재생시간]을 이용해서 전환 효과가 몇 초 동안 나올 것인지 설정할 수 있다.

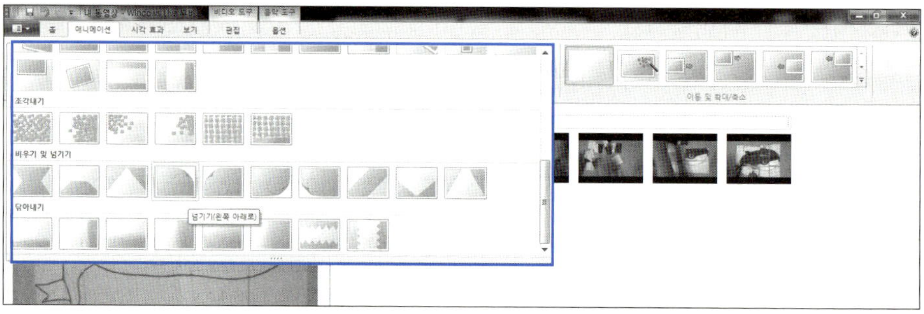

Ⓗ 다음으로 [이동 및 확대/축소]를 이용해서 사진이 보여지는 시간 동안 이동하거나, 커지는 효과 중 하나를 선택한다. 이 효과 또한 한 사진에 한 가지 효과만 사용할 수 있다.

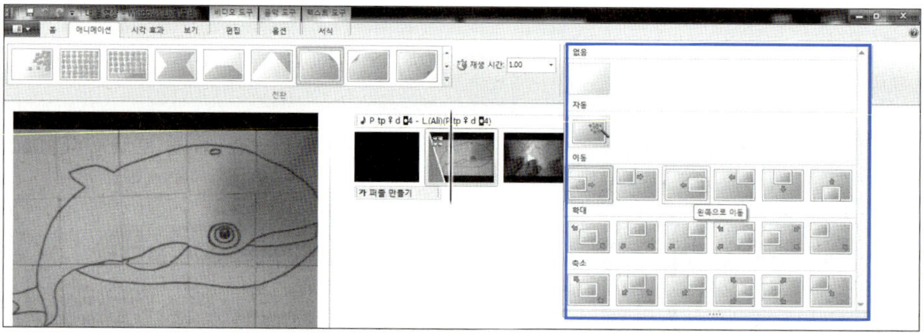

Ⓘ [시각효과]에서 반전, 꾸밈효과 등 다양한 효과를 설정한다. 또 밑에 [다양한 효과]를 누르면 여러 가지 효과를 추가시켜 중복 선택이 가능하다.

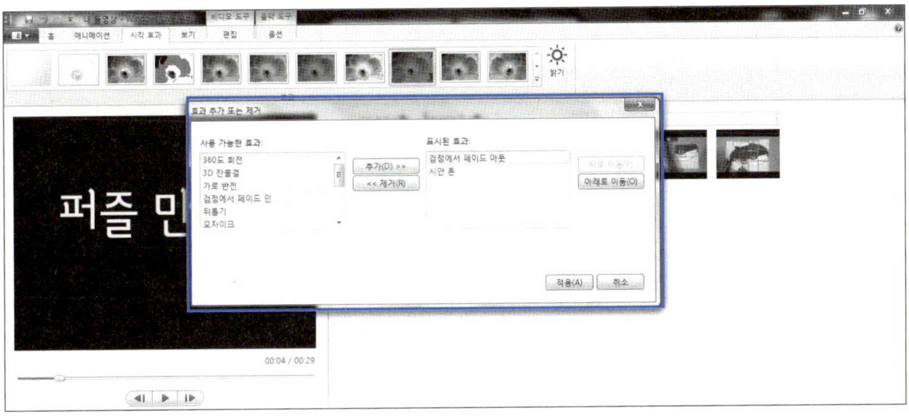

Ⓙ 원하는 사진을 선택한 후, [홈 - 자막]을 눌러 원하는 문구를 작성한다. 글꼴, 크기, 색 등을 선택해 꾸밀 수 있다.

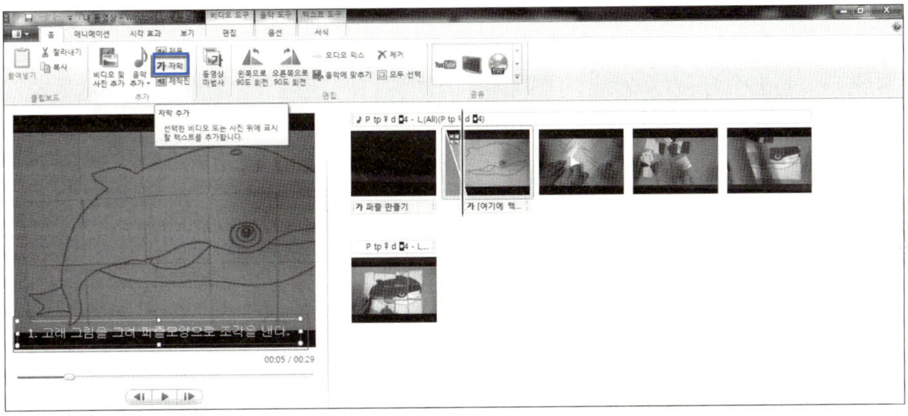

Ⓚ 각 사진이 재생되는 시간은 [비디오 도구 - 재생 시간]에서 다양하게 설정할 수 있다. 텍스트가 재생되는 시간은 [텍스트 도구 - 텍스트 재생 시간]에서 설정하거나 [홈 - 음악에 맞추기]를 선택하면 음악 시간에 맞게 사진들의 재생 시간이 늘어난다. 오른쪽에서 자막에 어울리는 다양한 움직이는 효과들을 설정할 수 있다.

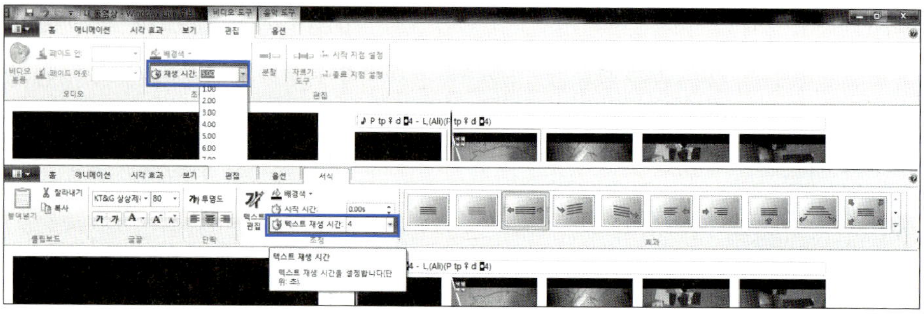

Ⓛ 소리 크기는 [음악 도구 - 음악 볼륨]에서 조정한 후, 음악의 시작과 끝을 자연스럽게 작은 소리에서 지정된 소리까지 오는 속도를 [페이드 인 or 아웃]에서 '느리게, 보통, 빠르게' 중 원하는 속도에 맞게 지정할 수 있다.

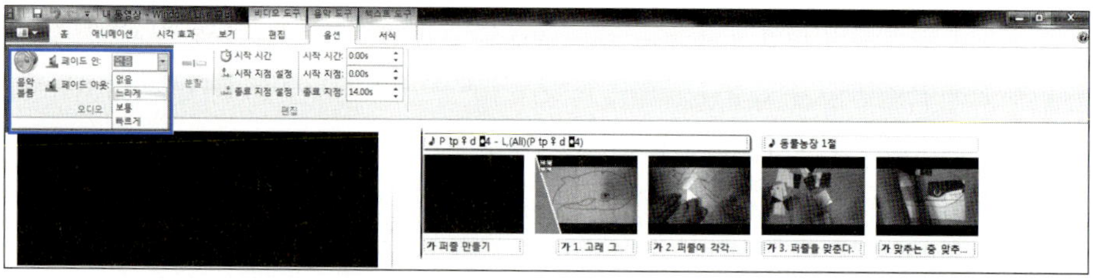

Ⓜ 마지막 화면에 제작진을 넣고 싶을 경우 [홈 - 제작진]을 선택한다. 원하는 문구를 작성한 후 자막과 같이 움직이는 다양한 효과들을 사용할 수 있다.

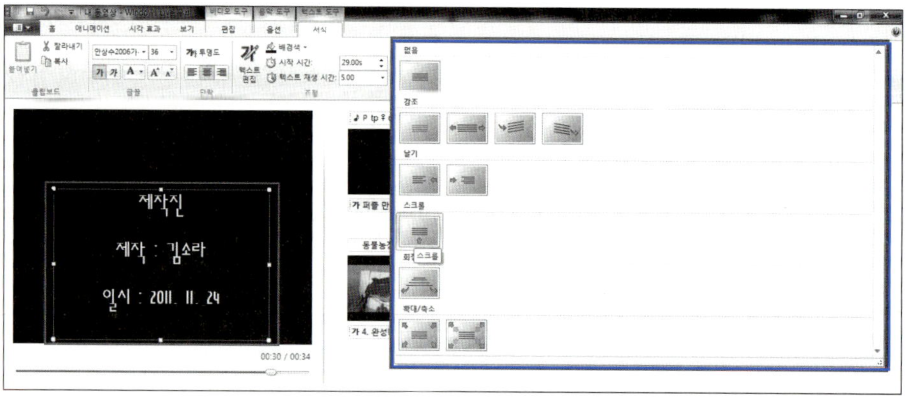

Ⓝ 모든 작업이 어려울 땐 [홈 – 동영상 마법사]를 누르면 제목과 제작진이 삽입되고, 다양한 애니메이션 효과들이 저절로 선택된다. 사진들은 음악의 길이에 맞춰진다.

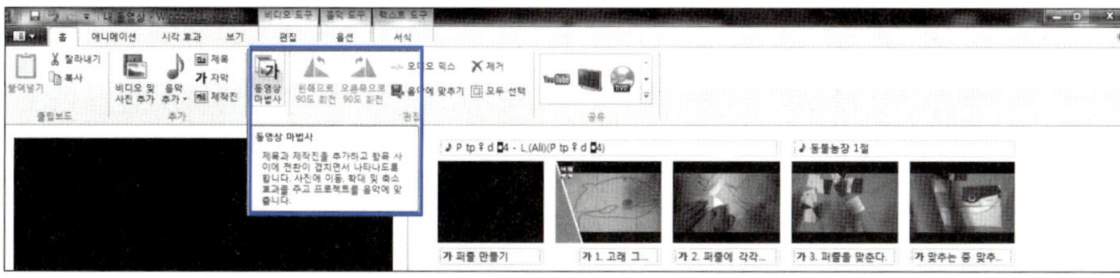

③ 편집된 동영상 저장하기

완성된 동영상을 저장한다. [동영상 저장]을 누르면 [일반 설정]과 [컴퓨터에 동영상을 저장하기 위한 기타 설정] 두 가지로 나눠 저장할 수 있다. 간단하게 상단에 있는 [공유]에서도 저장할 수 있다. 이때, 기본저장은 확장자가 'wmv' 로 저장된다.

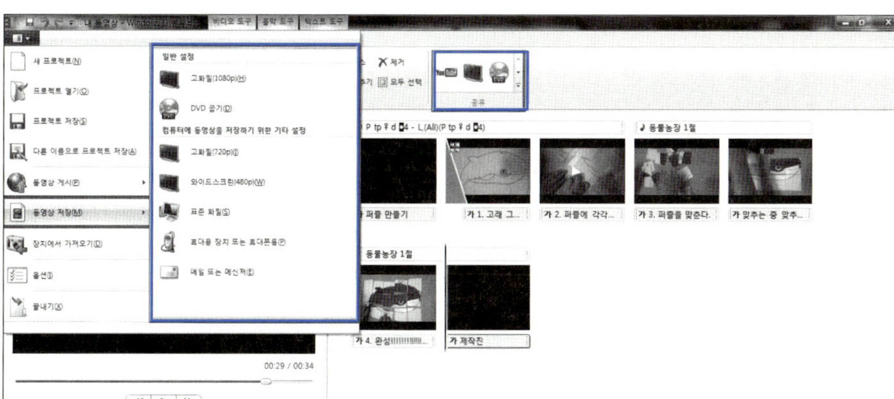

저장 옵션에 따른 차이점

➔ [고화질]과 [휴대용 장치 또는 휴대폰용]으로 저장을 하면 화질과 저장용량에서 차이가 난다.

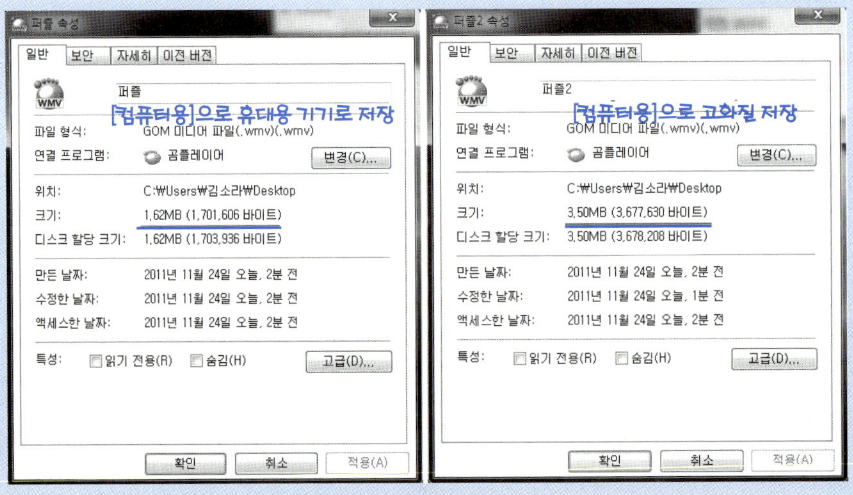

Tip

【DVD로 굽기】

Ⓐ 완성된 동영상을 DVD로 굽고 싶을 경우, 상단 바에서 DVD 아이콘을 선택하거나 [동영상 저장] – [일반 설정]에서 DVD 굽기를 선택한다.

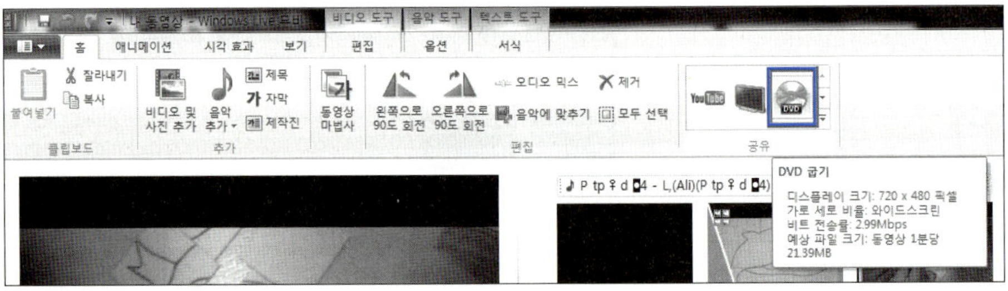

Ⓑ [DVD 굽기]는 완성된 동영상과 사진, 다른 비디오를 추가할 것인지를 선택한 후 [다음]을 선택한다.

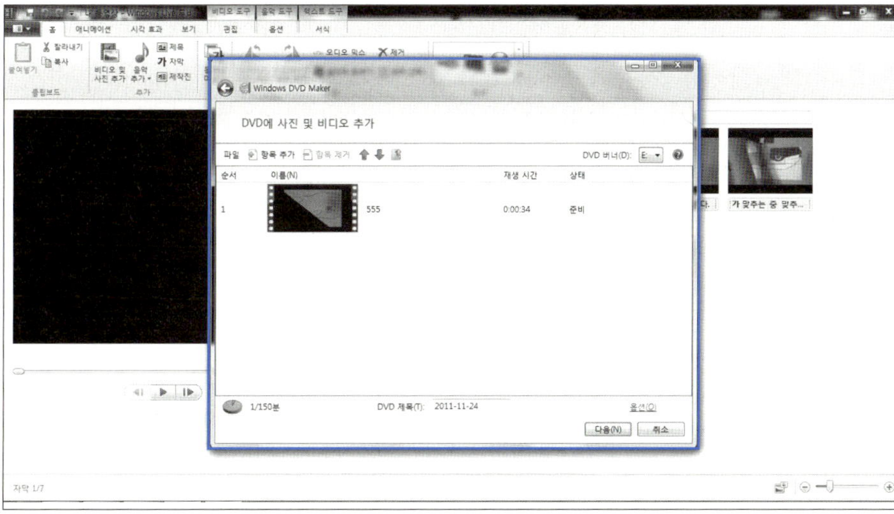

ⓒ [메뉴 형식] 중 마음에 드는 것을 선택한 후, 상단 바에서 '메뉴 텍스트, 메뉴 사용자 지정, 슬라이드 쇼' 를 선택한다.

ⓓ [메뉴 텍스트]를 누르면 글꼴을 설정할 수 있고 DVD 제목과 시작 · 장면 · 메모 단추에 원하는 문구를 입력한다.

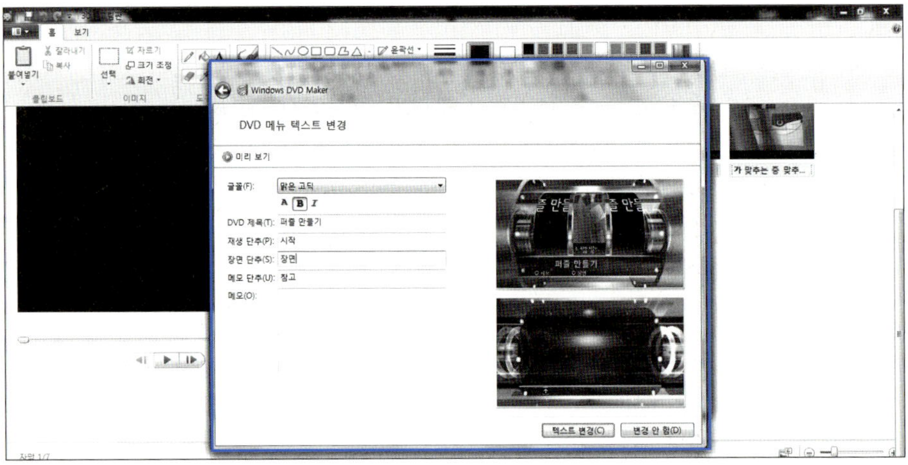

Ⓔ [메뉴 사용자 지정]에서는 마찬가지로 글꼴을 설정할 수 있고 '전경 비디오, 배경 비디오, 메뉴 오디오'를 삽입할 수 있으며, 장면 단추 모양을 바꿀 수 있다.

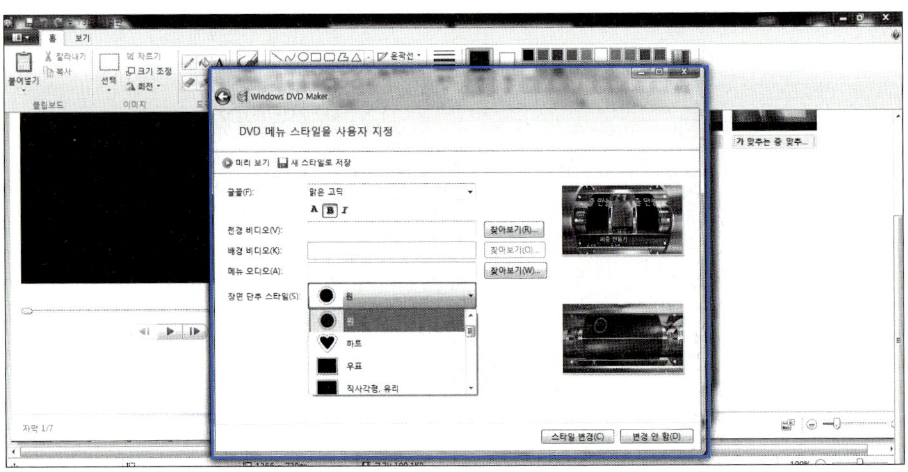

Ⓕ [슬라이드 쇼]는 쇼에 음악을 삽입할 수도 있다.

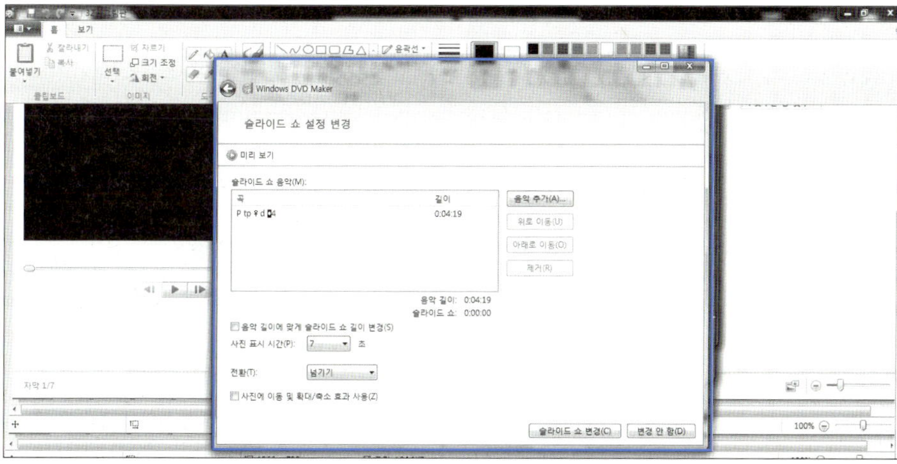

Ⓖ 모든 설정이 끝나면 처음 화면에 있는 [굽기]를 눌러 DVD를 굽는다.

Windows XP용 무비 메이커 비교

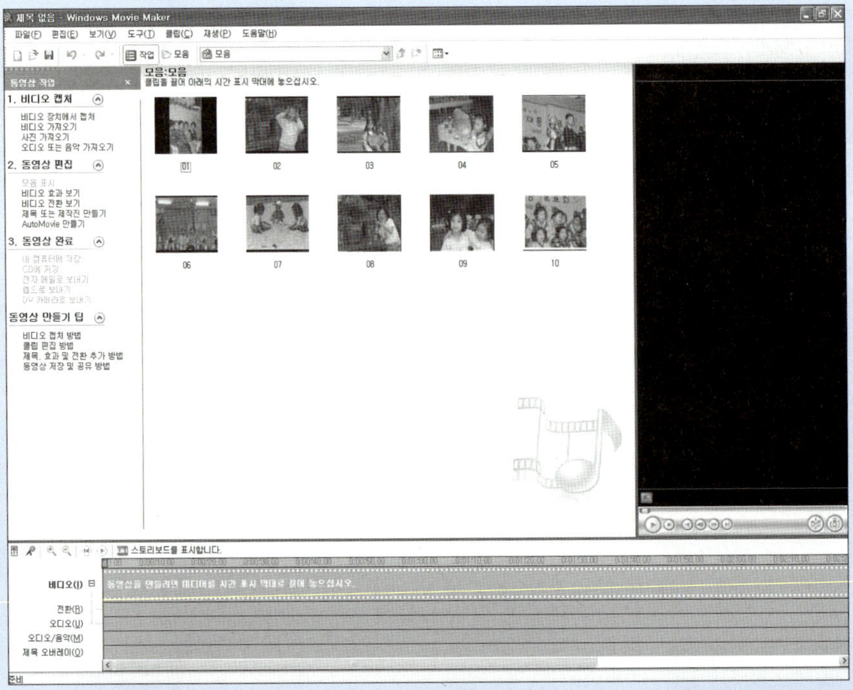

➔ 처음 실행 화면이다. Windows 7에서는 작업바는 상단, 미리보기는 좌측, 사진은 우측에 있고 효과가 적용된 것을 볼 수 있다. Windows XP에서는 작업바가 왼쪽 상단, 미리보기는 우측, 사진은 중앙에 있고, 효과가 적용되는 스토리보드는 하단에 따로 나와 있기 때문에 기능은 비슷하지만 작업에 더 용이하다.

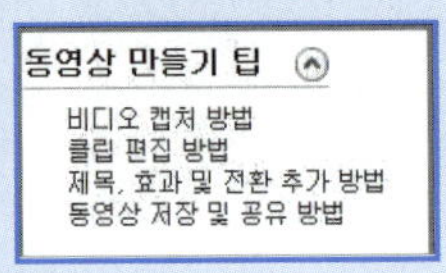

➔ 작업바에 마지막으로는 동영상 만들기 팁이 있어, 어려운 사람들에게 더욱 쉽게 작업을 할 수 있도록 해 준다. 또 비디오 캡쳐 방법이 있는데 Windows 7에서는 없는 기능으로 Video를 불러 원하는 장면을 캡쳐할 수 있다.

Tip

➔ 따로 나와 있는 스토리보드에서는 비디오의 오디오와 삽입한 오디오를 따로 관리할 수 있어 편리하고, 자막도 삽입하면 스토리보드에 추가되기 때문에 보기가 쉽다.

(2) 윈도우 무비메이커(Windows xp)

① 실행하기 – 비디오 캡쳐

Ⓐ Window XP에서 [시작] 바를 눌러 'Windows Movie Maker'를 선택한다. (시작/프로그램/보조프로그램/엔터테인먼트/Windows Movie Maker)

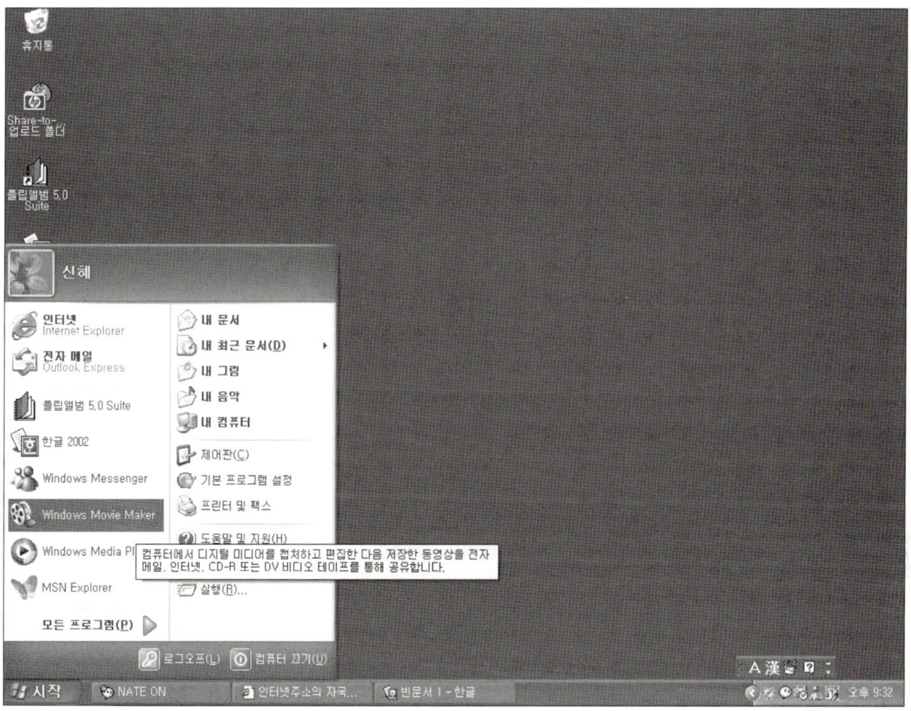

Ⓑ 아래와 같이 Windows Movie Maker 화면이 나타난다. 비디오를 만들기 위해 [1.비디오 캡처]에 있는 [사진 가져오기]나 [비디오 가져오기]를 눌러서 원하는 파일을 삽입한다. 여기서는 [사진 가져오기]를 선택한다.

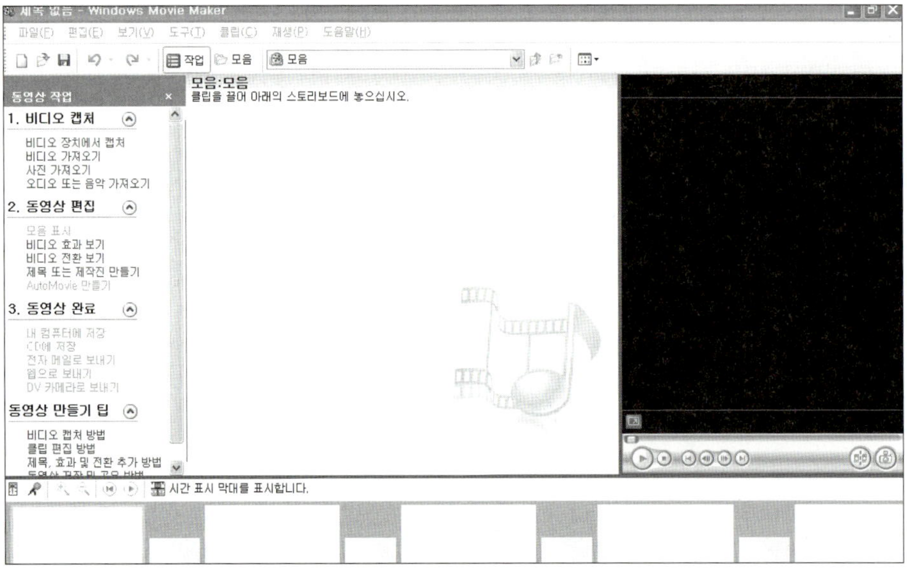

ⓒ 파일 가져오기 대화상자가 나타나면 원하는 사진을 선택하고 '가져오기'를 선택한다. (인터넷에서 검색한 사진이나 디지털카메라로 촬영한 사진을 선택한다.)

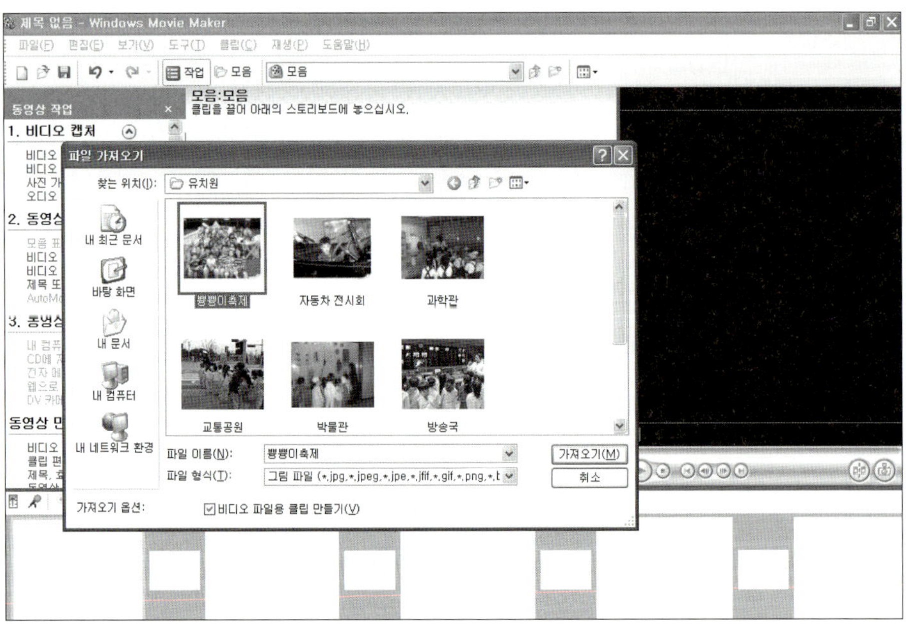

Ⓓ 같은 방법으로 원하는 사진들을 불러온다. 이번에는 제작할 비디오에 들어갈 음악을 삽입해 보자. [오디오 또는 음악 가져오기]를 누른 뒤 아래의 대화 상자가 나타나면 원하는 음악 파일을 선택하여 '가져오기'를 선택한다.

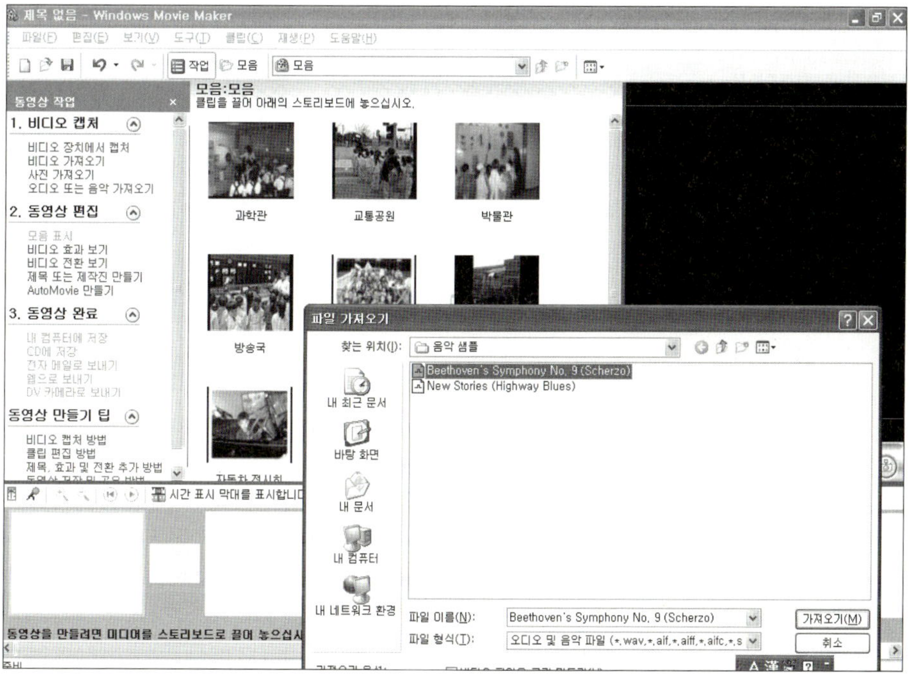

연습용 파일은 이곳에 있어요

➔ 본 절에서 사용한 사진이나 동영상은 각자 다른 것으로 대체하여 활용하면 된다. 예제 사진이나 동영상으로 연습을 하고 싶은 경우 아래의 사이트에서 파일을 다운 받을 수 있다.

smartstudy.or.kr/멀티교사교육/배워볼까요/사진 예제 파일(3번)

smartstudy.or.kr/멀티교사교육/배워볼까요/동영상 예제 파일(2번)

➔ 인터넷에서 검색한 mp3파일을 사용한다. 저작권 관계로 멀티미디어 검색이 되지 않는 경우 [웹 페이지]로 하고 검색하여 음악 파일을 다운 받는다. P2P 프로그램(당나귀, 프루나 등)을 사용할 수도 있다.

Tip

Ⓔ 아래와 같이 음악 파일이 추가된다.

Ⓕ 이번에는 비디오 장치에서 캡쳐하여 동영상을 삽입해 보자.

먼저 비디오와 본체를 아래 사진과 같이 케이블로 연결한다.

1394 케이블로 캠코더와 컴퓨터 본체의 포트 연결하기

Ⓖ 아래와 같이 [비디오 장치에서 캡처]를 선택한다. 대화상자가 나타나면 저장할 파일 이름을 입력하고 '다음'을 선택한다.

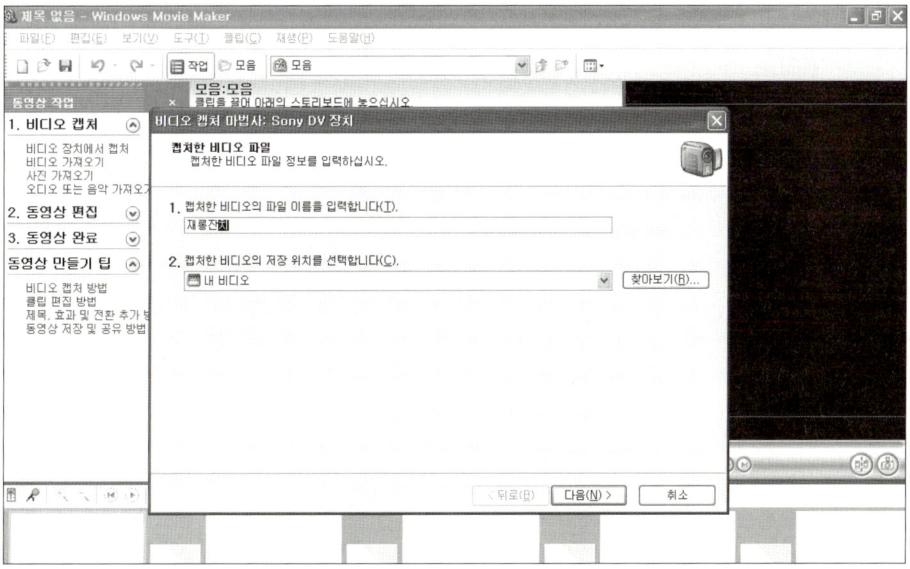

Ⓗ 다음과 같은 대화상자가 나타나면 원하는 설정에 체크하고 '다음'을 선택한다. 여기에서는 [내 컴퓨터에서 최고 품질로 재생]을 선택한다.

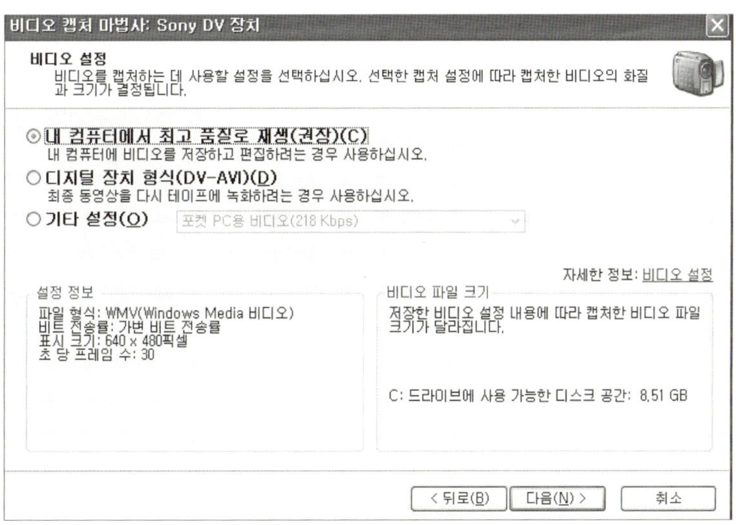

Ⓘ 캡처 방법에 대한 대화상자가 나타나면 자동 또는 수동으로 체크한다. 아래에서는 필요한 부분만 캡처할 수 있는 [수동으로 테이프 일부 캡처]를 선택하였다.

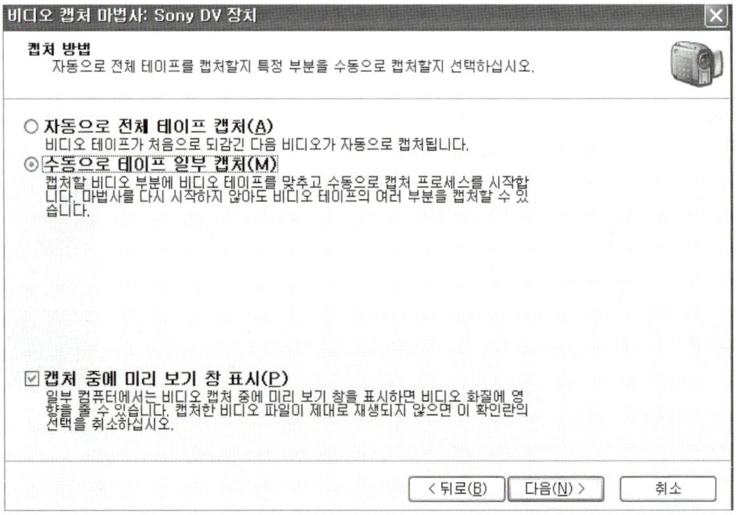

Ⓙ 화면의 [캡처 시작]을 누르면 연결된 비디오 카메라에 저장된 영상이 함께 나타난다.

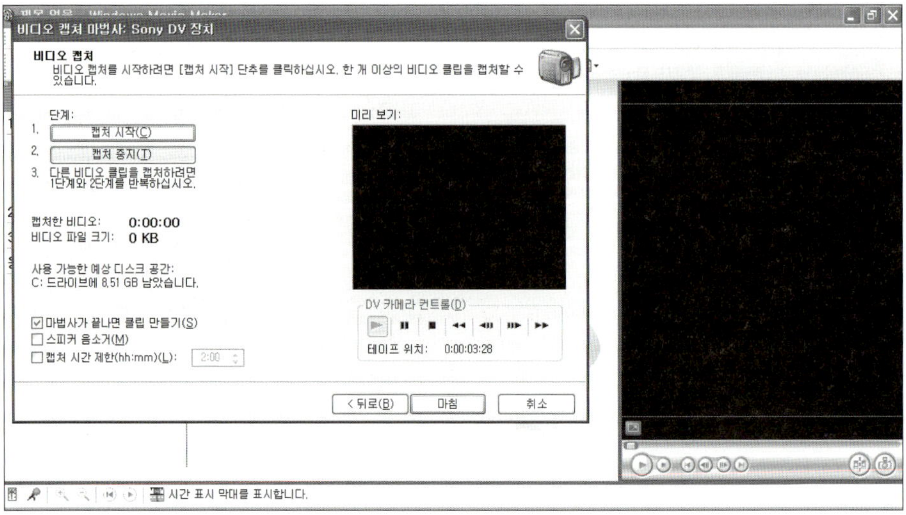

Ⓚ 원하는 곳에서 [캡처 중지]를 누르면 동영상 파일이 자동으로 만들어진다.

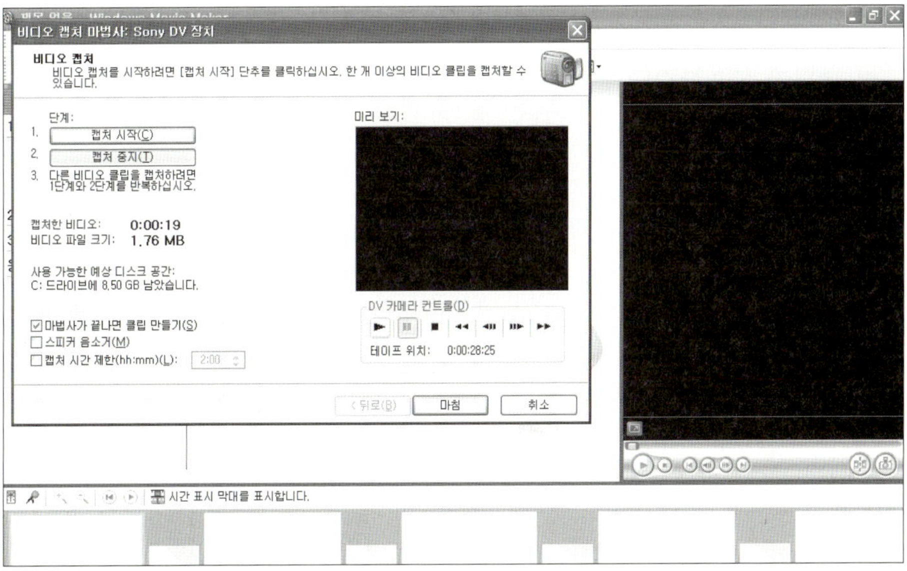

Ⓛ 아래와 같이 캡처한 동영상 파일이 나타난다.

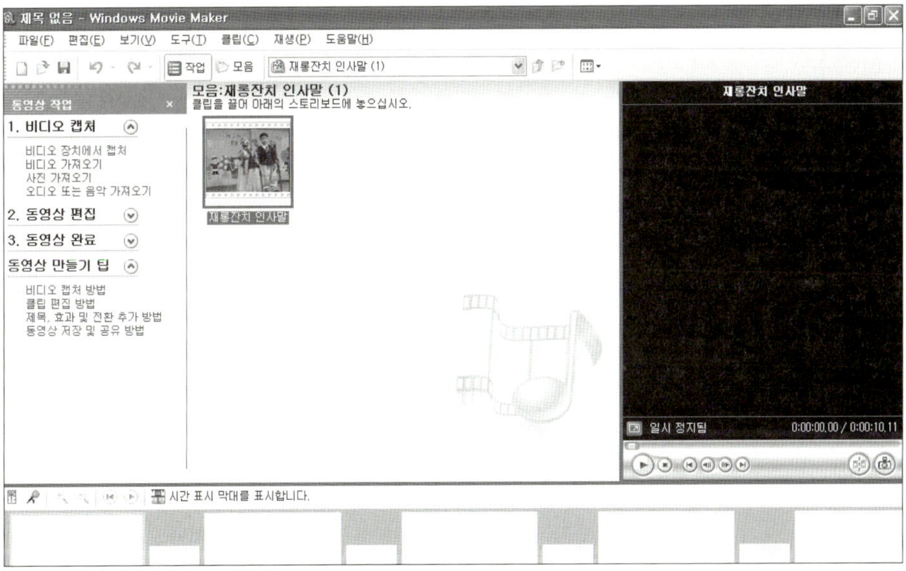

Ⓜ [비디오 가져오기]를 클릭하여 다른 동영상 파일도 불러 보자. [비디오 가져오기]를 눌러서 아래와 같은 대화상자가 나타나면 저장된 위치를 찾아 원하는 파일을 클릭한 후 '가져오기'를 선택한다. (인터넷에서 검색한 동영상 파일을 사용하거나 smartstudy.or.kr 사이트의 '멀티교사교육 - 배워볼까요'에서 다운 받아 사용한다.)

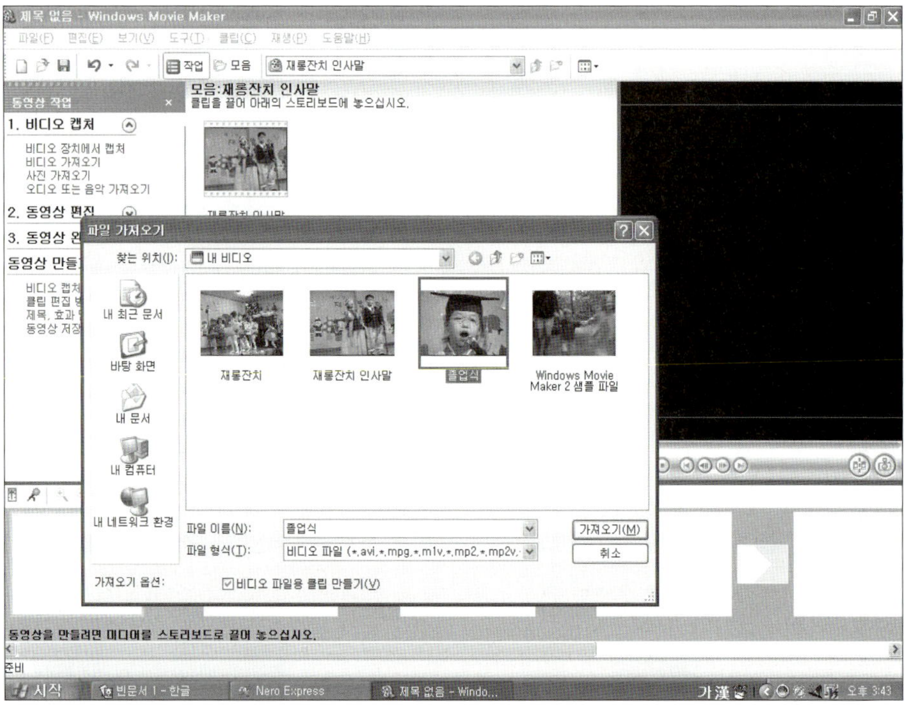

Ⓝ 불러온 여러 장의 사진을 가지고 비디오를 만들어 보자. 먼저 원하는 사진에 마우스를 대고 마우스 오른쪽 버튼을 눌러 [스토리보드에 추가]를 선택한다.

⓪ 또는 사진을 아래의 스토리보드에 드래그하여 추가할 수 있다.

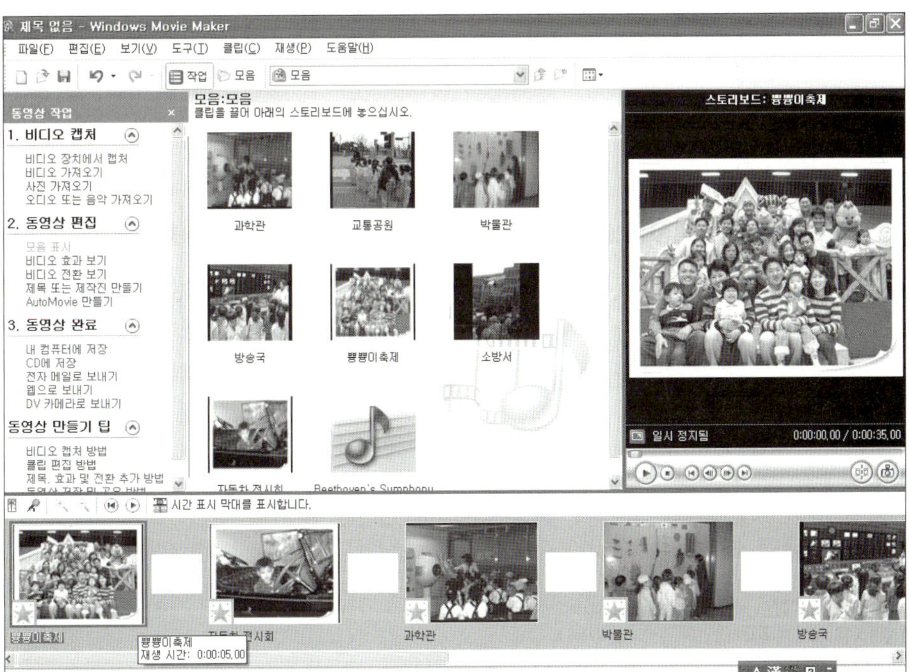

② 동영상 편집

Ⓐ 스토리보드의 파일 하나하나에 비디오 효과를 주어 보자. [2. 동영상 편집]의 [비디오 효과 보기]를 클릭하면 아래와 같이 각각의 효과를 볼 수 있다.

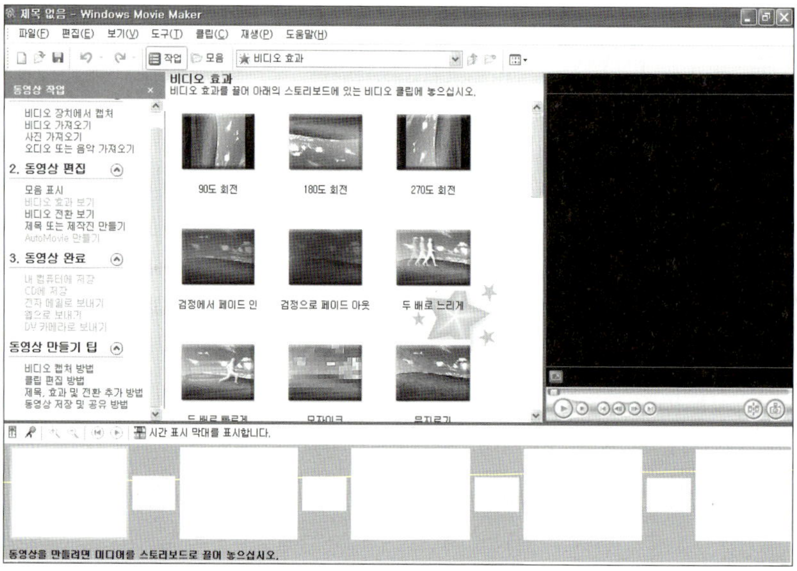

Ⓑ 스토리보드에서 원하는 사진에 마우스를 대고 마우스 오른쪽 버튼을 눌러서 [비디오 효과]를 선택한다.

Ⓒ 아래와 같이 대화상자가 나타나면 원하는 비디오 효과를 클릭하고 [추가]를 누른 뒤 '확인' 을 선택한다.

Ⓓ 비디오 효과를 삽입하면 해당 사진 파일의 왼쪽 아래에 파란색 별이 생기고 마우스를 올려놓으면 비디오 효과의 종류가 나타난다.

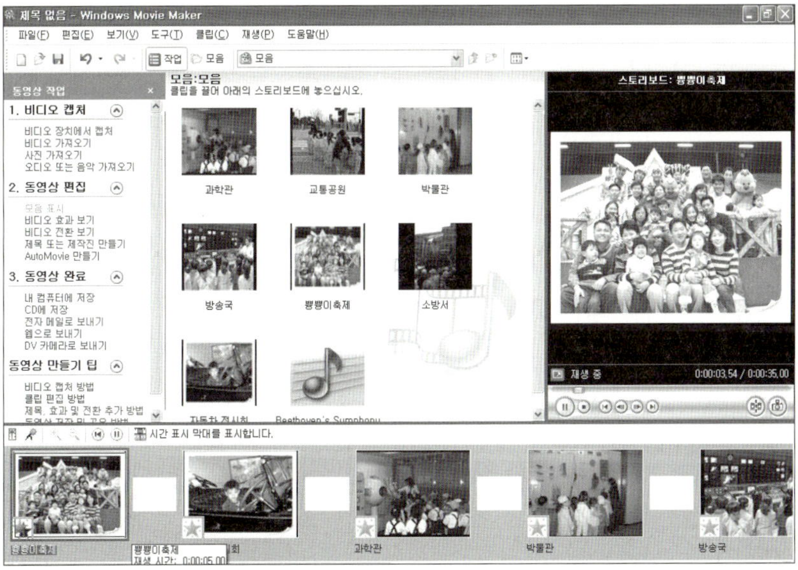

Ⓔ 사진 파일이 전환될 때 비디오 효과를 넣어 보자. 왼쪽의 [동영상 편집 - 비디오 전환 보기]를 클릭하면 아래와 같이 나타난다. 원하는 전환효과를 클릭하면 아래와 같이 각각의 효과를 볼 수 있고 마우스 오른쪽 버튼을 눌러 [스토리보드에 추가]를 클릭하면 아래의 스토리보드에 삽입된다.

Ⓕ 또는 원하는 전환효과를 드래그하여 아래의 두 파일 사이의 클립에 놓으면 비디오 효과가 삽입된다. 오른쪽 화면에서 재생(▶)을 눌러 확인할 수 있다.

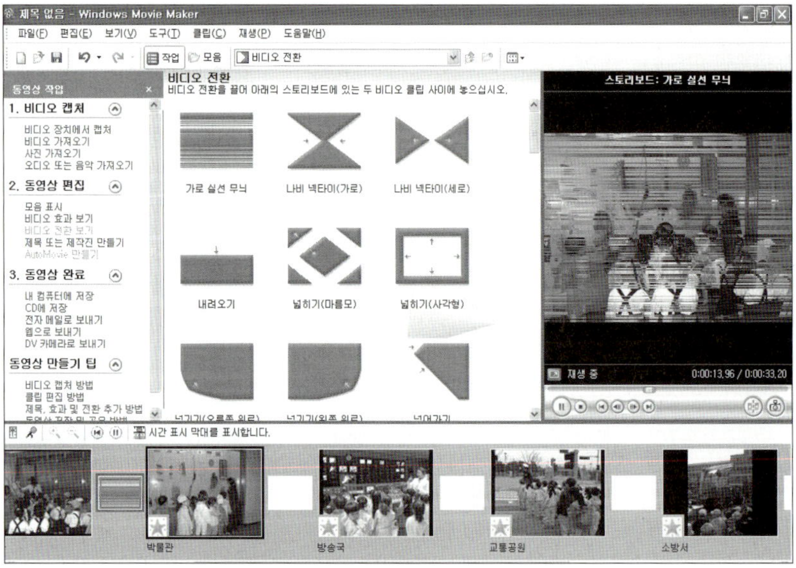

Ⓖ 음악 파일을 동영상에 삽입해 보자. 원하는 음악 파일에 마우스 오른쪽 버튼을 눌러 [스토리보드에 추가]를 선택한다.

Ⓗ 다음과 같이 시간 표시 막대로 바뀌면서 음악 파일이 삽입된다. 또는 음악 파일을 드래그하여 스토리보드에 놓으면 자동으로 음악이 삽입된다.

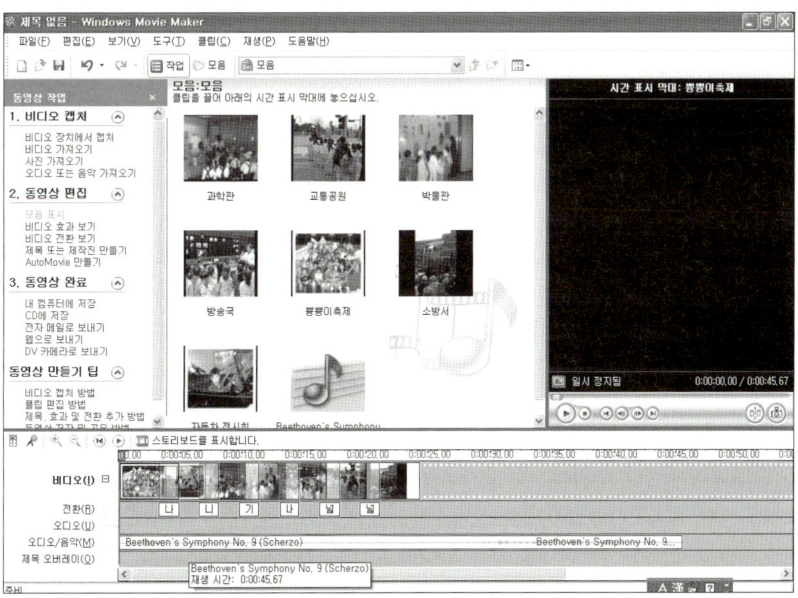

Ⓘ 마우스를 이용해 음악 파일의 시간을 조정해 보자. 음악 파일의 양쪽 중 원하는 곳에 마우스를 클릭하고 원하는 곳까지 드래그하여 시간을 조절한다(사진 파일도 같은 방법으로 시간을 조절할 수 있다).

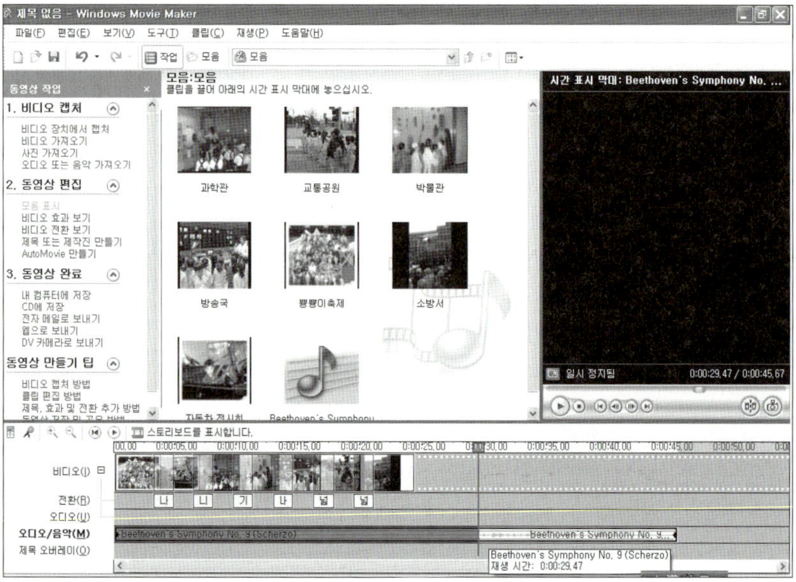

Ⓙ 제목, 제작진을 만들어 보자. [동영상 편집 - 제목 또는 제작진 만들기]를 선택한다.

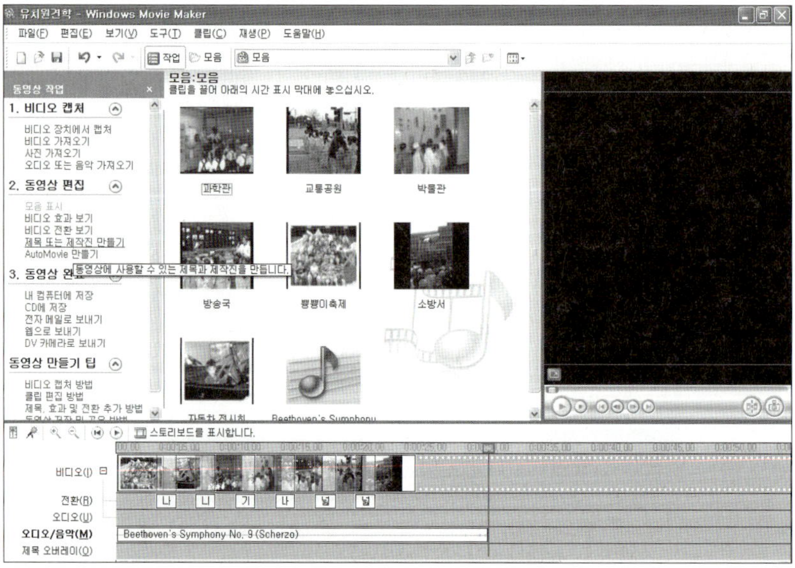

Ⓚ 아래와 같이 화면이 나타나면 제목을 삽입할 위치를 선택한다. 먼저 [맨 앞 부분에 제목]을 클릭해 보자.

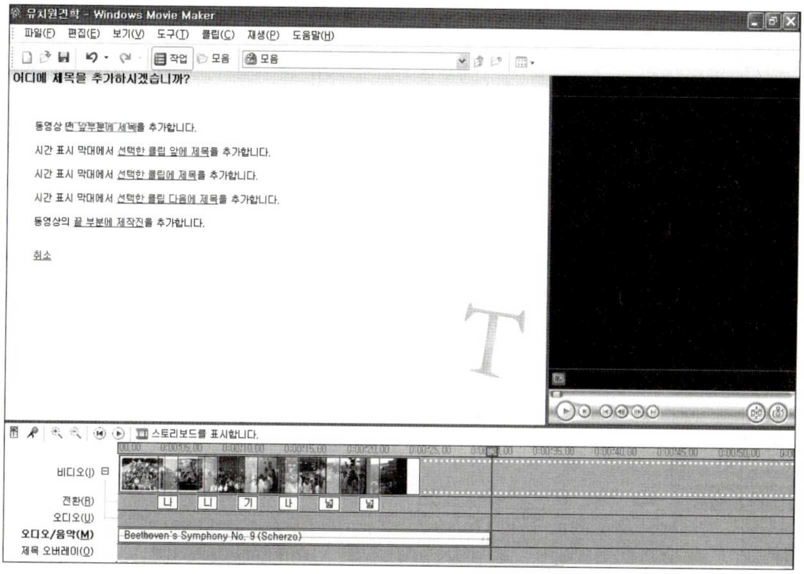

Ⓛ 다음과 같이 글상자가 나타나면 텍스트를 입력한다. 입력한 텍스트를 적절하게 바꾸기 위해 [기타 옵션 - 텍스트 글꼴 및 색 변경]을 눌러 보자.

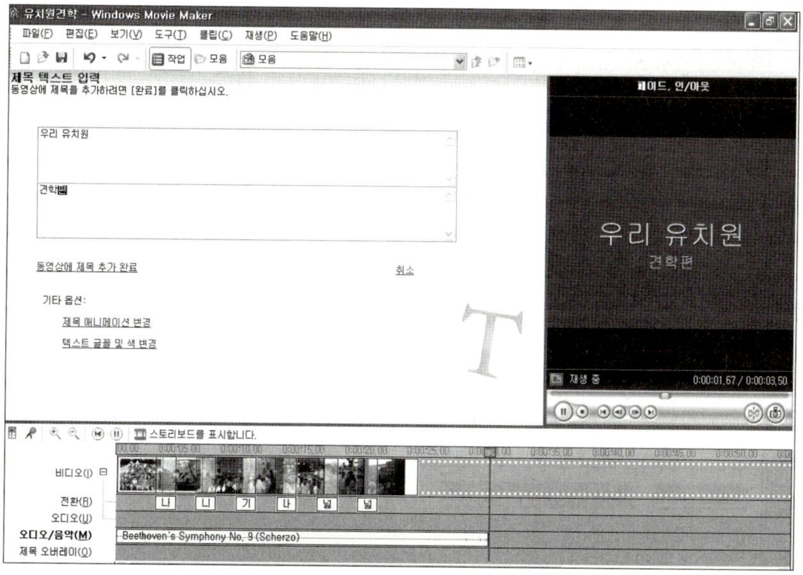

Ⓜ 글꼴, 색, 투명도, 크기, 위치 등을 알맞게 수정한다.

이번에는 제목이 나타나는 효과를 바꿔 보자. [기타 옵션 – 제목 애니메이션 변경]을 선택한다.

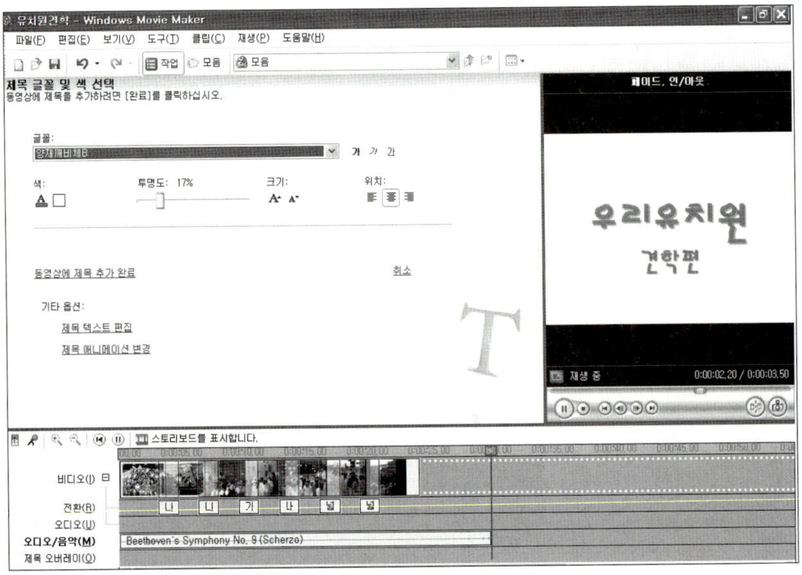

Ⓝ 원하는 애니메이션을 선택하고 [동영상에 제목 추가 완료]를 선택한다. 선택한 애니메이션은 오른쪽 화면의 재생(▶)을 눌러서 확인할 수 있다.

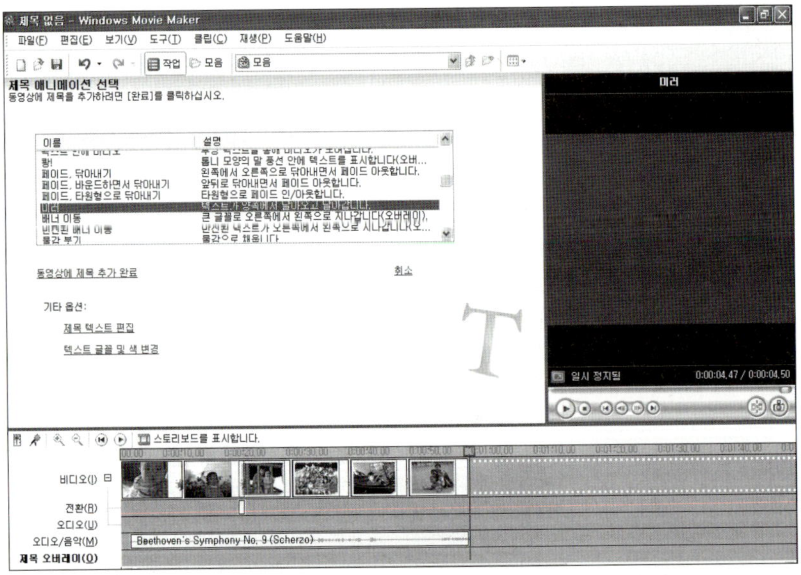

ⓞ 삽입된 제목의 시간을 조절하려면 아래의 시간 표시 막대에서 마우스를 이용하여 크기를 조절한다.

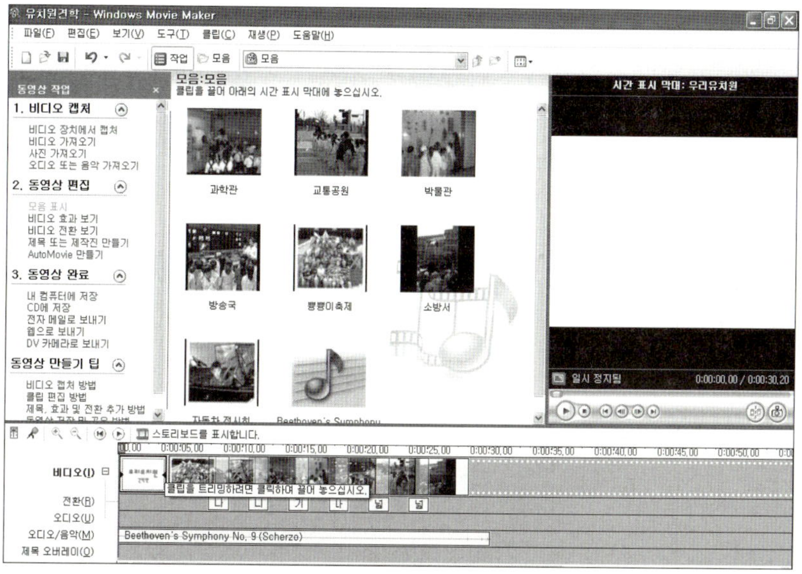

ⓟ 앞표지에 제목이 만들어졌으면 동영상의 클립에도 글을 넣어 보자. [동영상 편집 – 제목 또는 제작진 만들기 – 선택할 클립에 제목]을 선택한다.

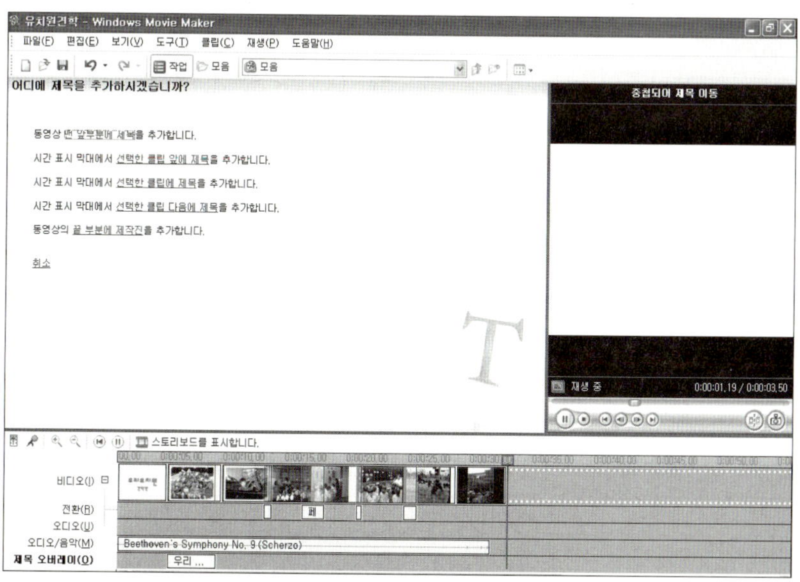

Ⓠ 아래와 같이 글상자가 나타나면 해당 사진에 들어갈 텍스트를 치고 [텍스트 글꼴 및 색 변경]을 눌러서 적절하게 바꾼다.

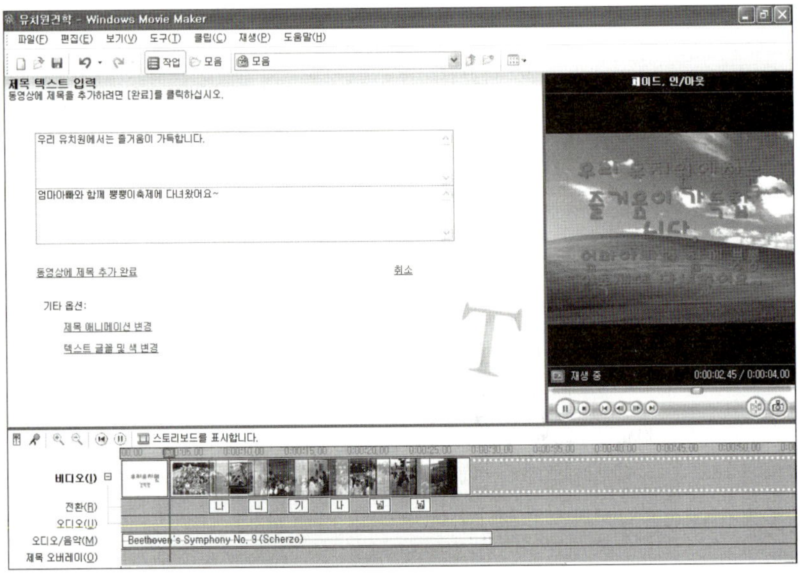

Ⓡ 아래와 같이 텍스트가 바뀌면 [제목 애니메이션]을 변경해 보자.

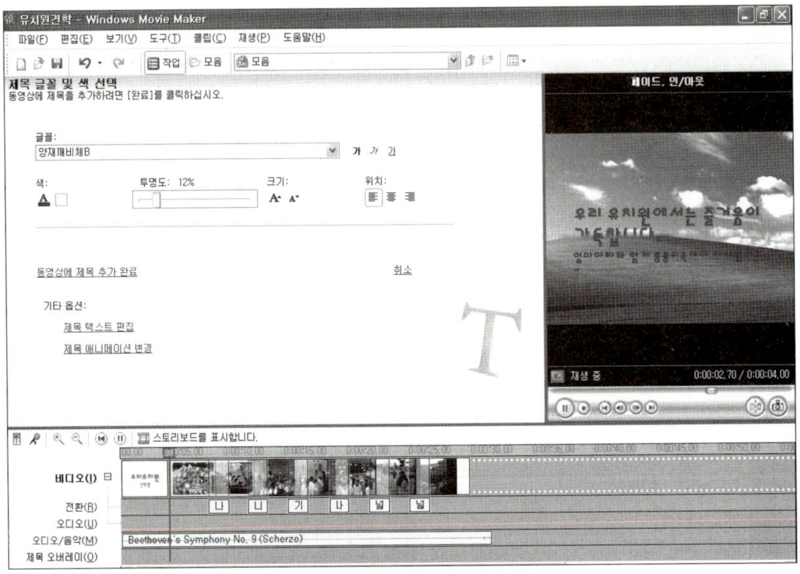

Ⓢ 여러 가지 애니메이션 중에서 원하는 효과를 선택하고 [완료]를 선택한다.

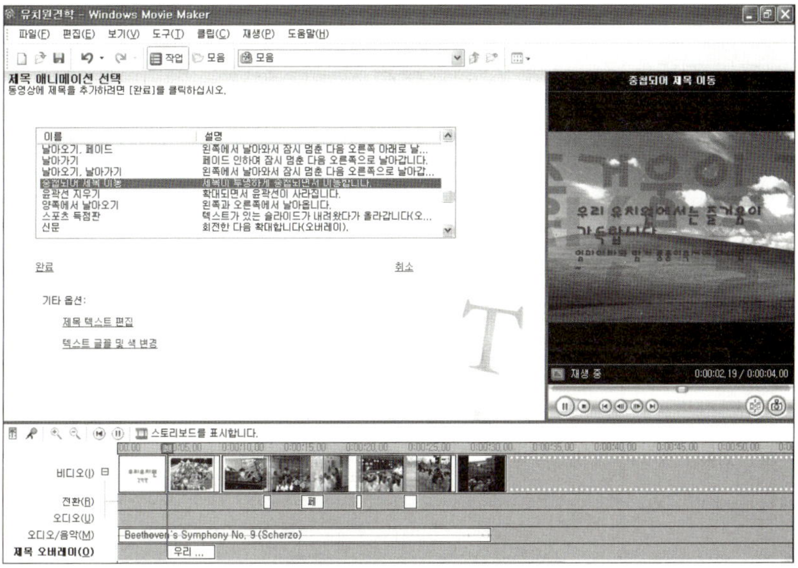

Ⓣ 오른쪽 동영상의 (▶)을 누르면 클립에 제목이 나타나는 것을 확인할 수 있다.

③ 동영상 완료, 저장

Ⓐ 만들어진 동영상을 저장해 보자. [동영상 완료 - 내 컴퓨터에 저장]을 누르면 다음과 같은 대화상자가 나타난다. 파일 이름을 입력하고 [찾아보기]를 눌러서 원하는 위치에 저장하고 '다음'을 선택한다.

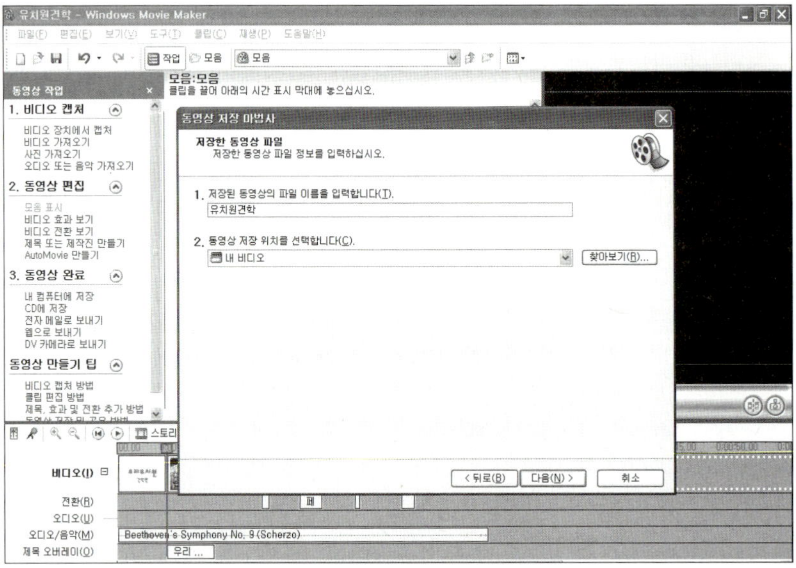

Ⓑ [선택 확장]을 눌러서 동영상을 설정하고 '다음'을 누르면 저장된다. [내 컴퓨터에서 최고 품질로 재생]을 선택하면 최고 품질로 저장할 수 있다.

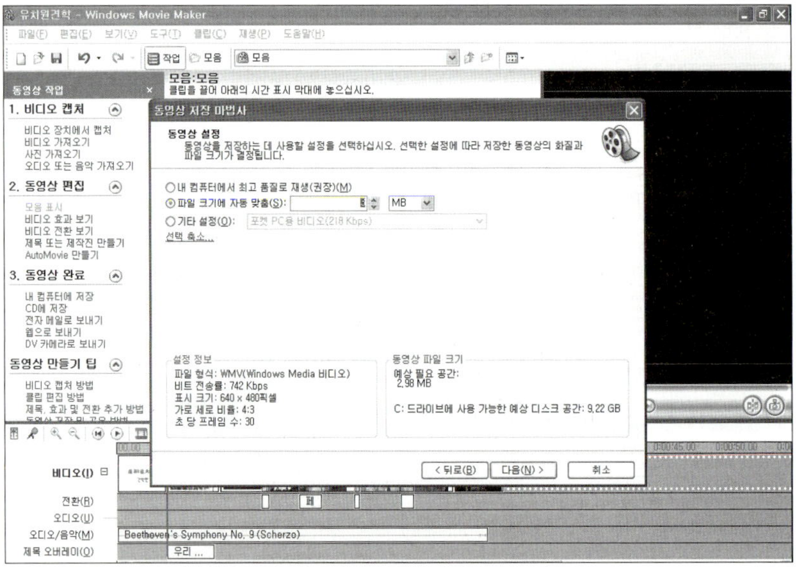

2) 다음 팟인코더

다음 팟인코더는 휴대전화나 게임기, PC 등 타 기종에서 영상을 재생할 수 있도록 동영상을 변환시켜 주는 프로그램이다. 동영상을 간단하게 편집할 수 있으며 편집한 동영상은 유튜브, TV팟, 카페, 블로그로 바로 올릴 수 있다.

(1) 설치하기

① 다음 검색 창에 '다음 팟인코더' (

) 를 적은 후 선택한다.

② 다음과 같은 화면이 나타나면 다음 팟인코더 다운로드를 선택한다.

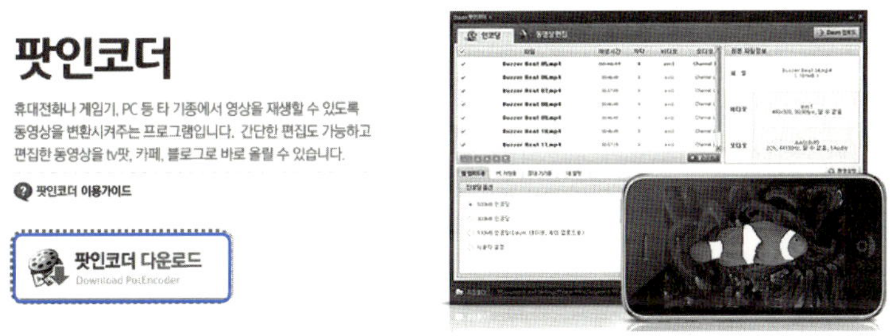

③ 아래의 순서대로 선택한다.

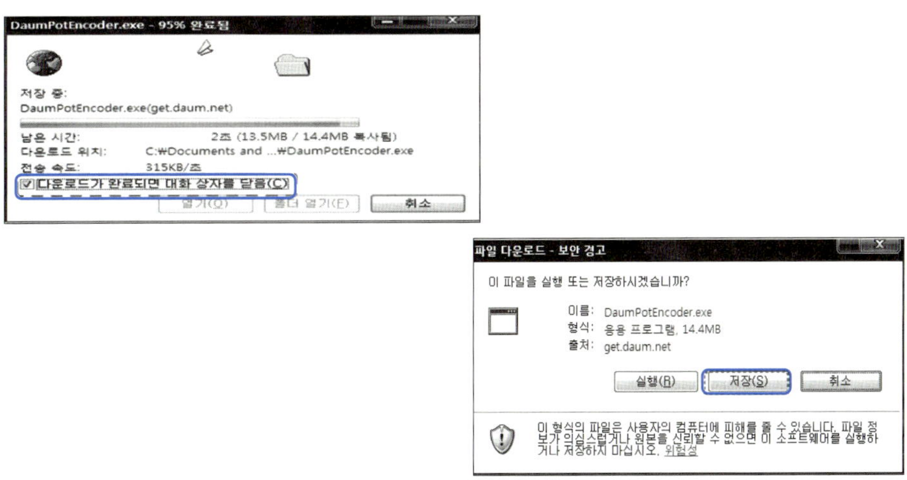

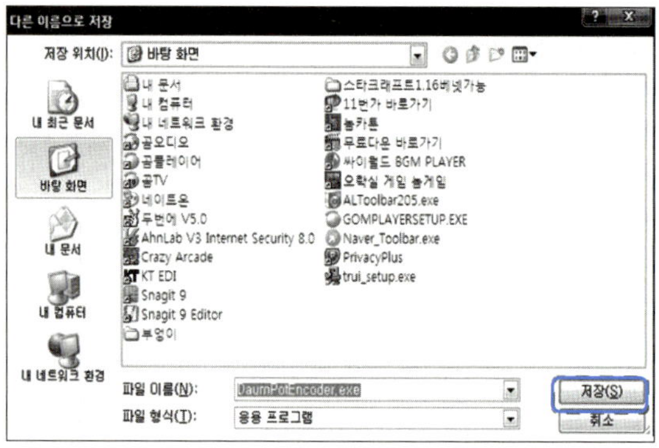

Tip

➔ 폴더를 지정하여 다운로드합니다. 이때, 지정한 폴더를 기억하세요.

(2) 설치하기

① 바탕화면에 있는 다음 팟인코더( )를 더블클릭한 후, 실행창이 뜨면 실행을 선택한다.

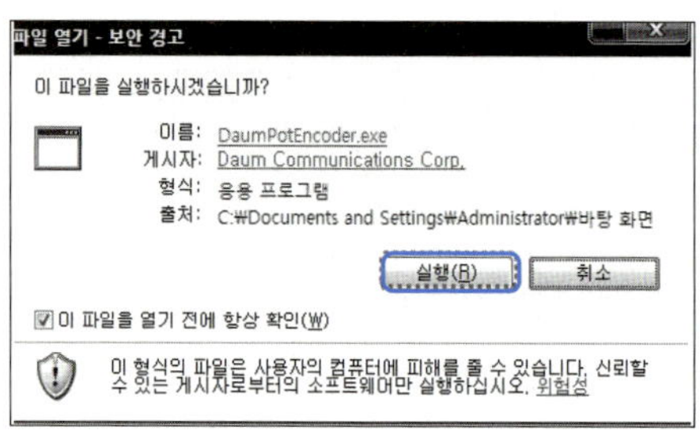

② 실행된 화면에서 파란색 선으로 된 사각형( )을 순서대로 선택한다.

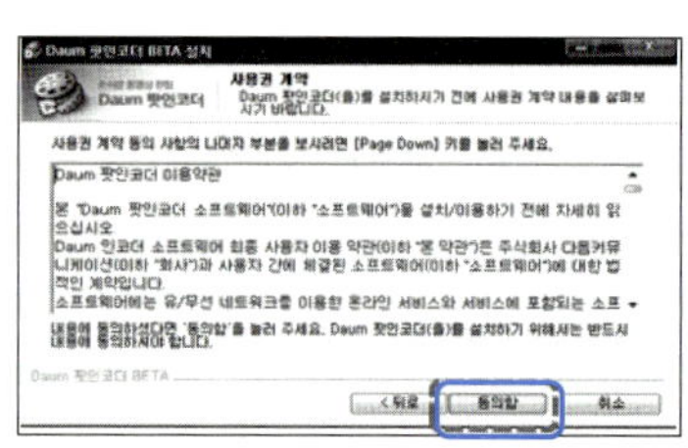

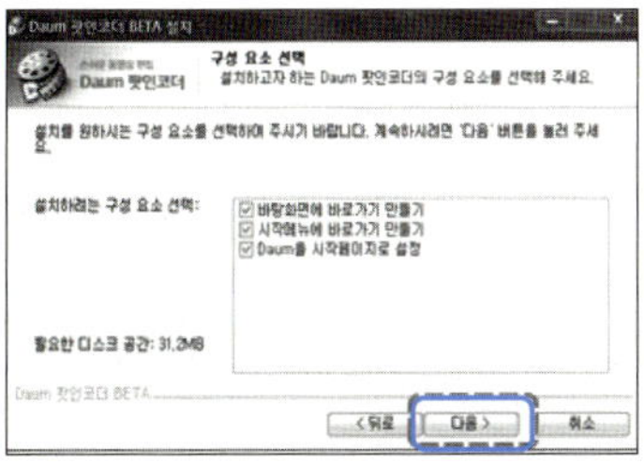

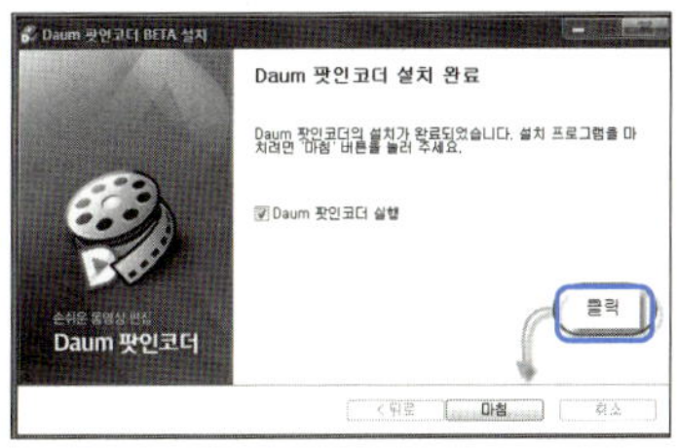

(3) 실행하기

① 바탕화면에 생성된 다음 팟인코더()를 선택한다.

② “다음 팟인코더”를 클릭하여 다음과 같은 창이 뜨면 불러오기를 선택한다.

(4) 동영상 편집하기

① 동영상 편집 버튼을 클릭한다.

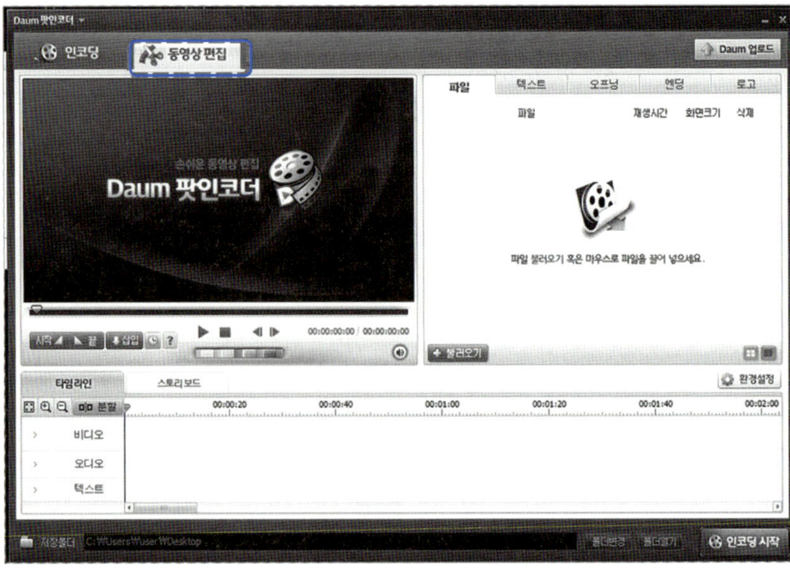

② 동영상 불러오기 버튼을 선택한다.

③ 자신이 원하는 폴더, 즉 파일이 위치한 폴더를 선택하여 해당 동영상 파일을 클릭 후 열기를 선택한다.

출처: SBS. 우리 아이가 달라졌어요

④ 파일을 끌어다 옮긴다.

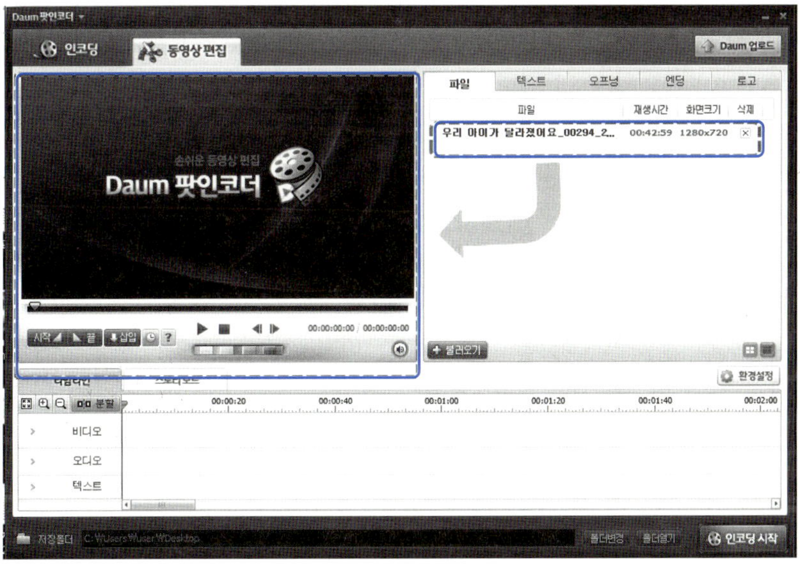

⑤ 동영상을 재생한다.

출처: SBS. 우리 아이가 달라졌어요

⑥ 편집하고 싶은 곳에 시작과 끝을 클릭하며 표시한다.

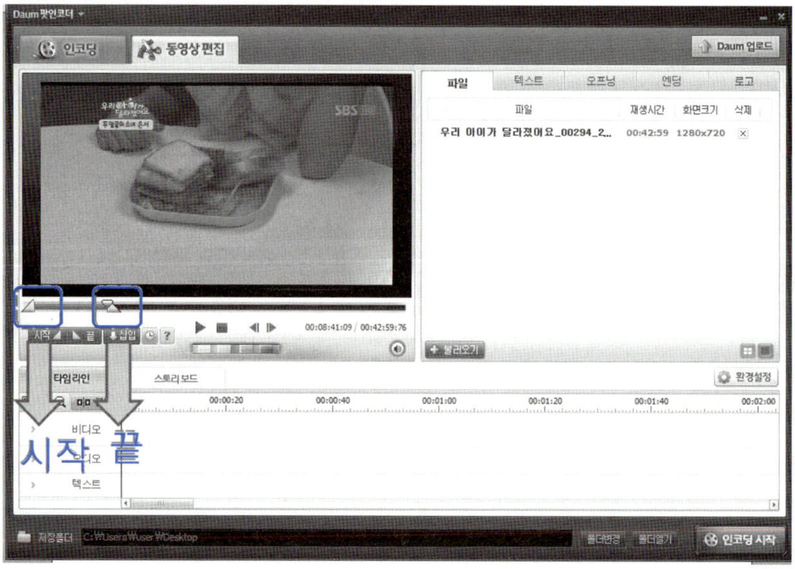

⑦ 삽입을 선택한다.

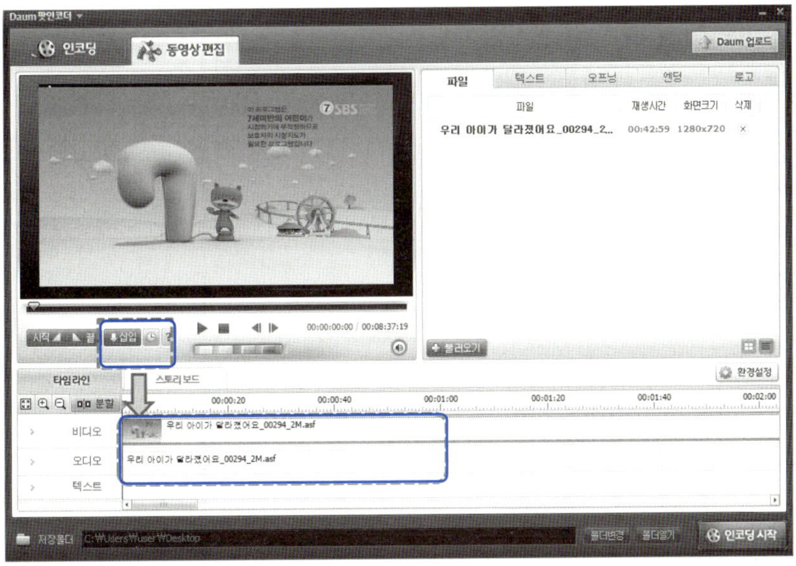

⑧ 저장 폴더를 지정한 후, 인코딩 시작을 클릭하면 된다.

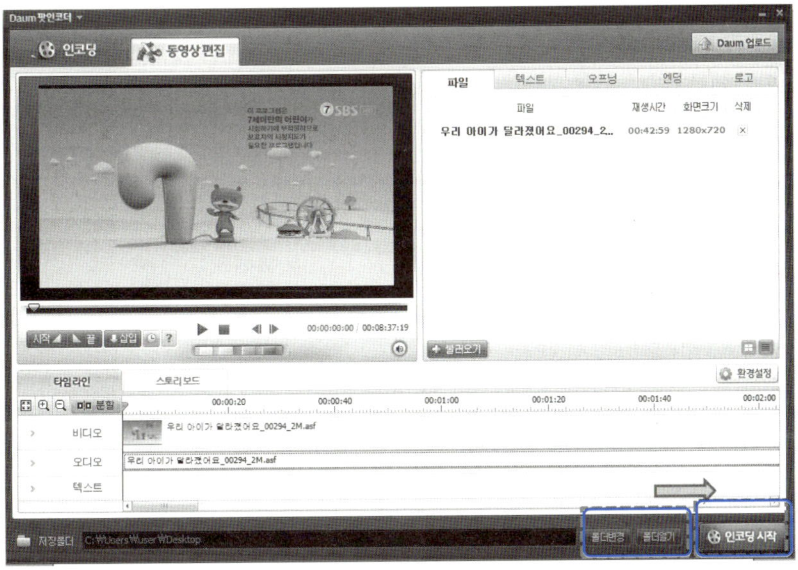

⑨ 다음은 인코딩되는 과정을 나타내는 화면이다.

⑩ 동영상 저장이 완료되었다는 창이 뜨면 닫기를 선택한다.

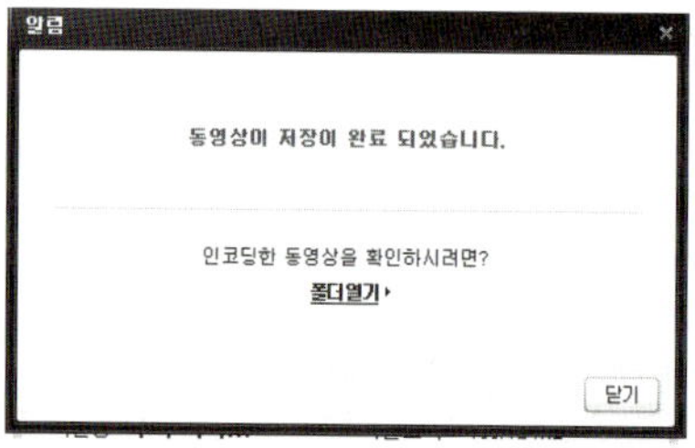

(5) 동영상 오디오 파일 추출하기

① 오디오 부분의 파일에 오른쪽 마우스로 선택한다.

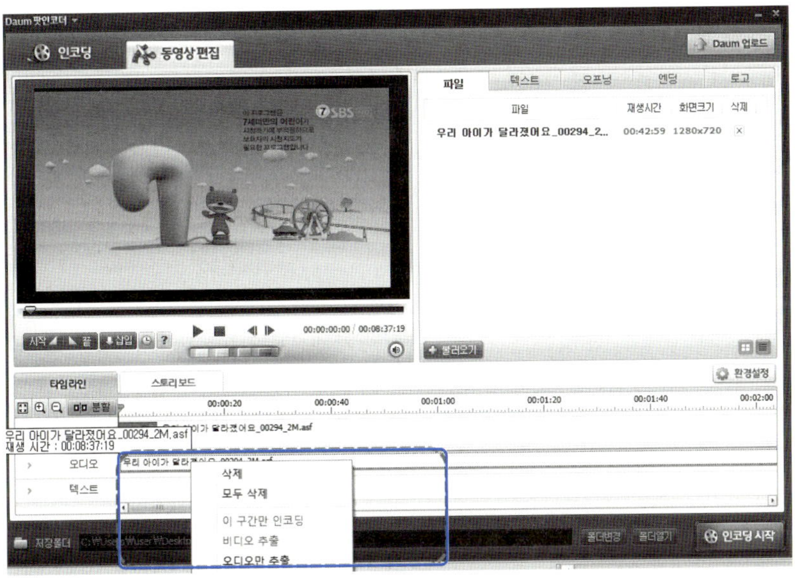

② 오디오 추출을 선택한다.

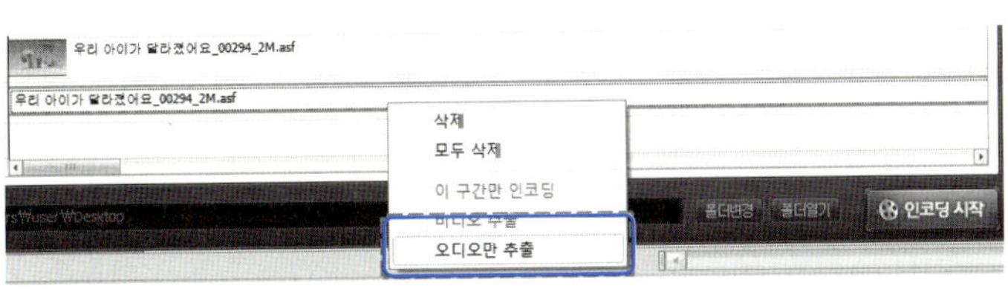

③ 파일을 지정 후 인코딩한다.

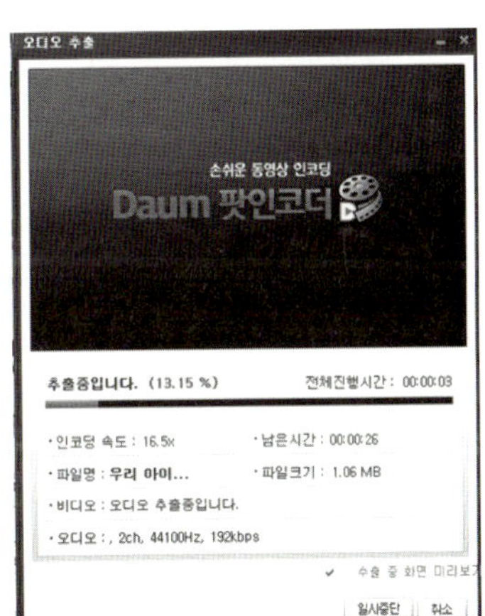

④ 음성 인코딩 완료된 것을 볼 수 있다.

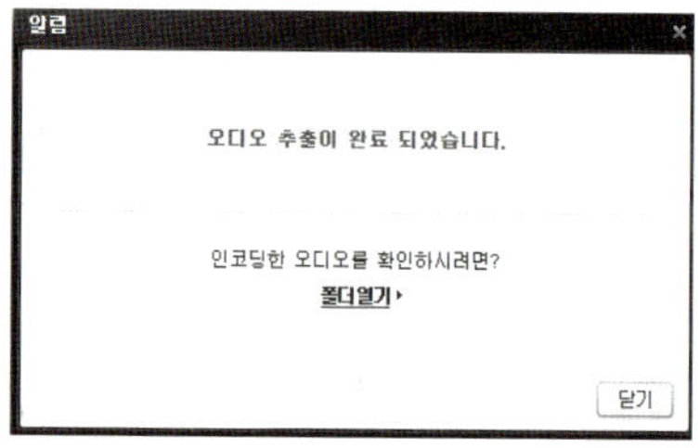

➔ 다음 팟인코더는 다음과 같이 옵션별로 추출하는 방법이 있다.

▣ 비디오만 추출하는 방법

① 비디오 부분의 파일에 오른쪽 마우스로 선택한다.

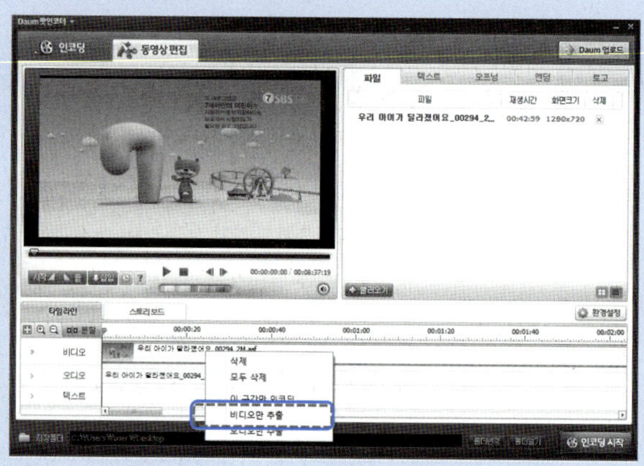

② 비디오 추출을 클릭한다.

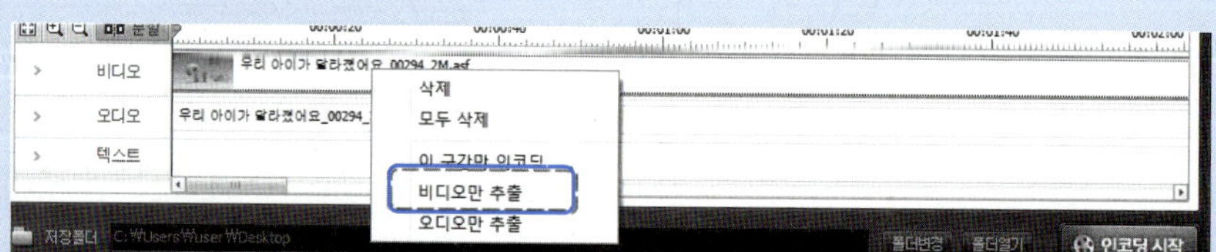

Tip

※ 인코딩하는 것과 완료 화면은 오디오와 동일하다.

■ 텍스트 삽입 방법

① 텍스트를 선택한다.

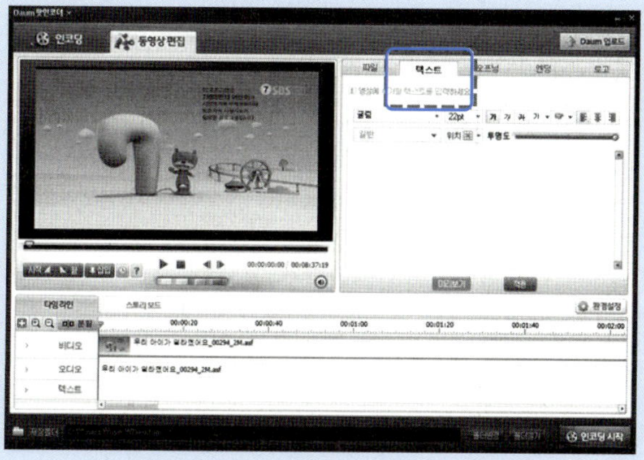

② 글씨 모양 – 글자 크기 – 정렬 방식 – 입력 – 적용

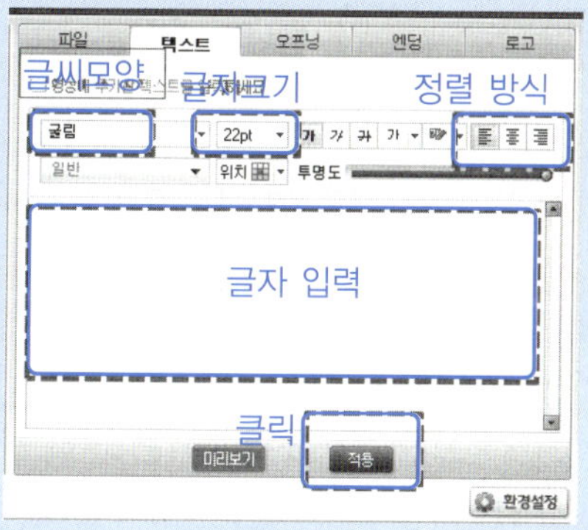

③ 적용하고 동영상 재생을 눌러 본다.

Tip

■ 오프닝 만들기

① 오프닝을 선택한다.

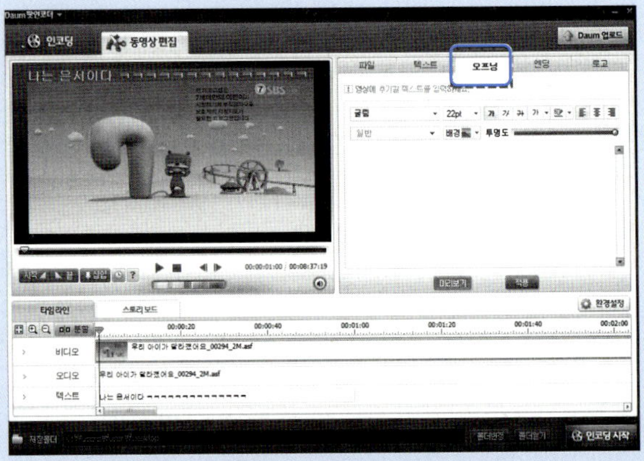

② 글씨 모양 – 글자 크기 – 정렬 방식 – 배경 – 입력 – 적용

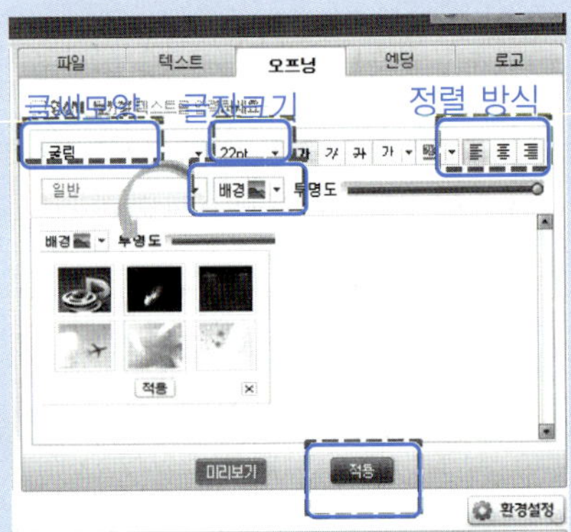

③ 적용 후 동영상 재생을 눌러 본다.

Tip

▣ 엔딩 만드는 방법

① 엔딩을 선택한다.

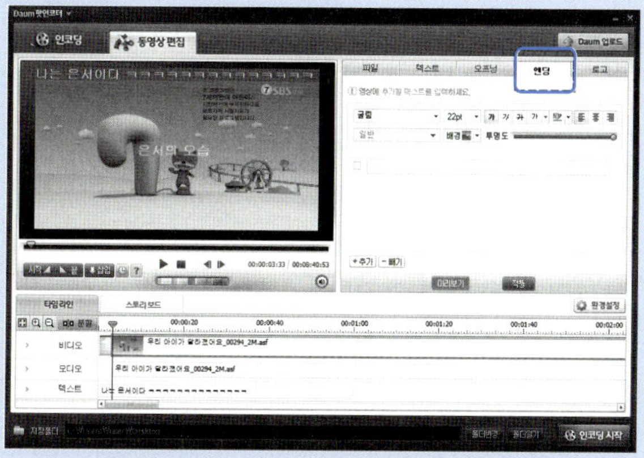

② 글자 모양 – 글자 크기 – 정렬 방식 – 입력 – 적용

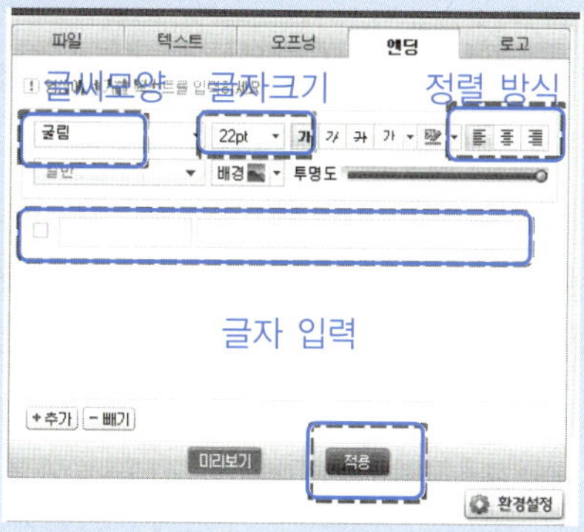

③ 적용 후 동영상 끝부분을 확인해 본다.

Tip

▣ 로고 만들기

① 로고를 선택한다.

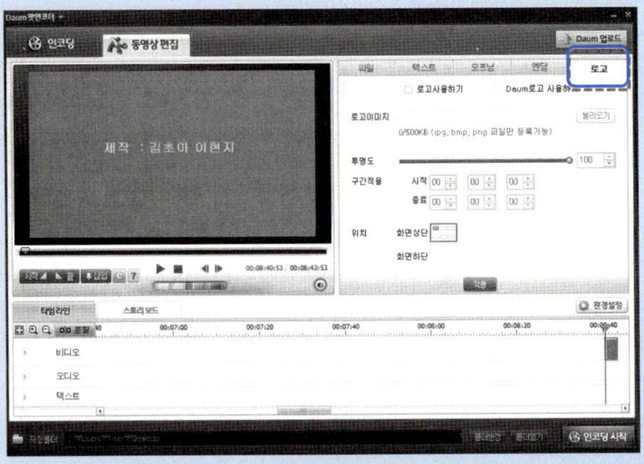

② 1번~5번까지 순서대로 적용한다.

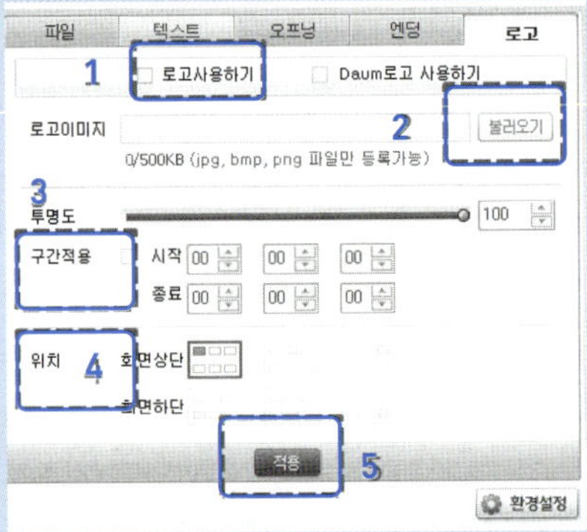

③ 적용 후 동영상을 재생시킨다.

Tip

▣ 동영상 인코딩하기

① 자신 원하는 동영상을 찾는다.

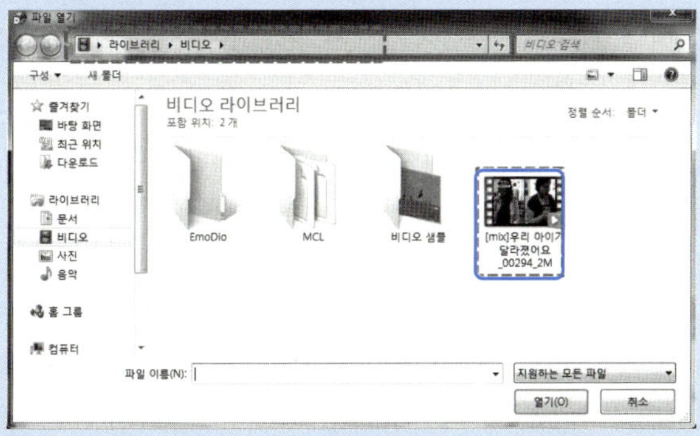

② 열기를 선택한다.

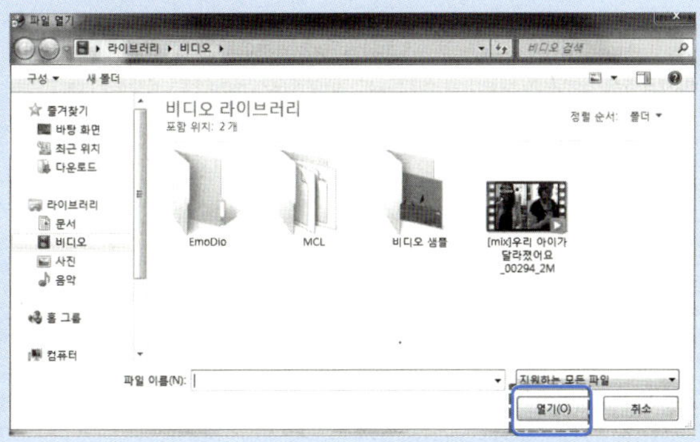

③ 아래는 동영상이 적용된 모습이다.

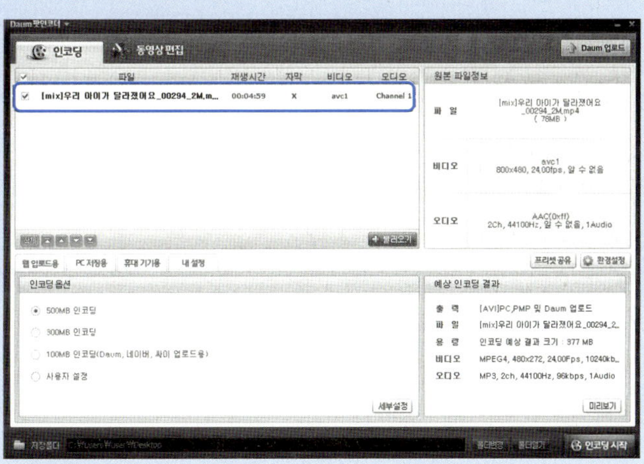

▣ 코딩 옵션 설명

● 웹 업로드용

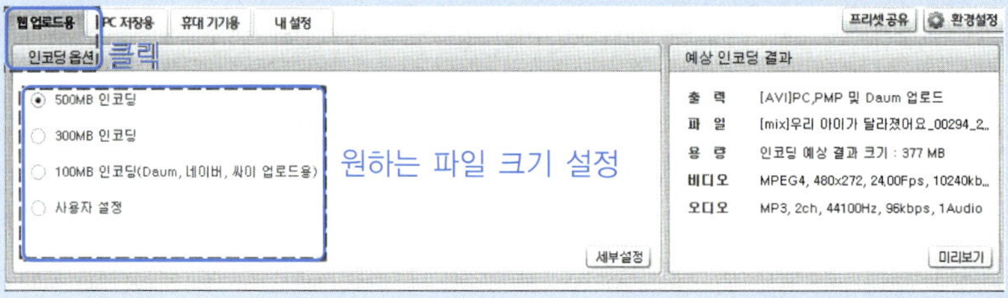

● PC 저장용

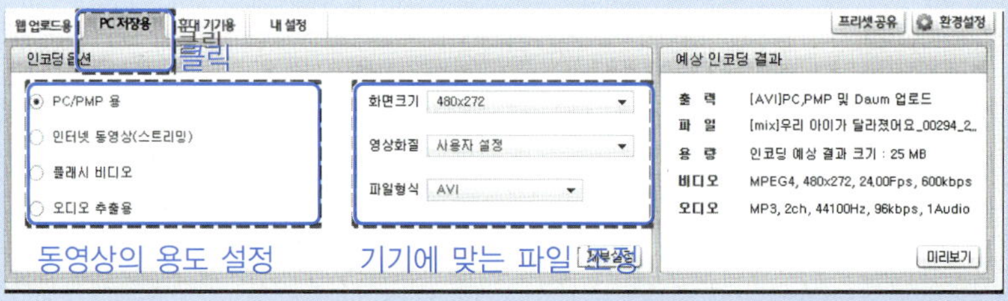

● 휴대 기기용

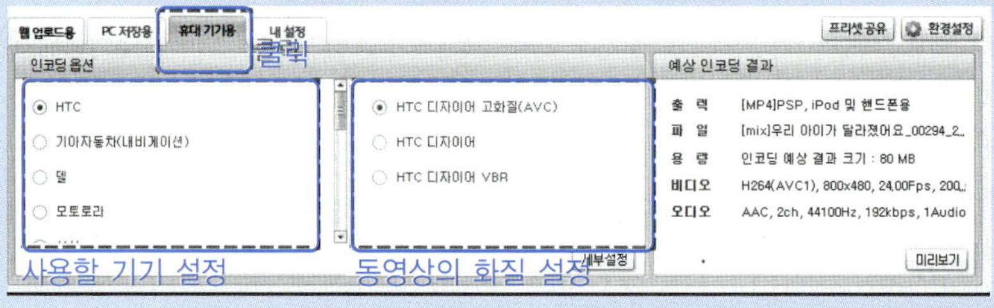

● 내 설정

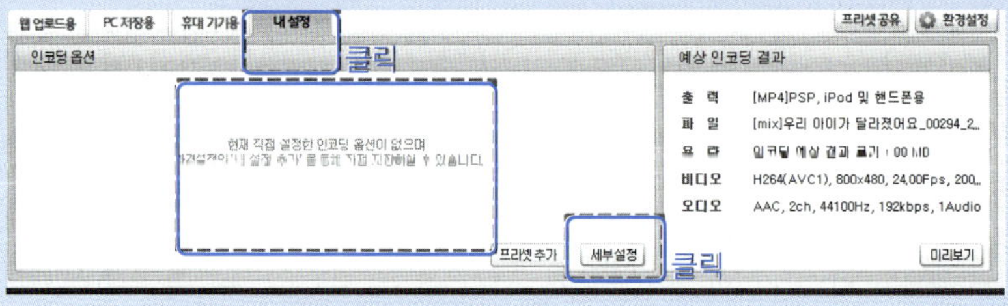

Tip

- 원하는 크기와 형태로 지정 후 확인을 선택한다.

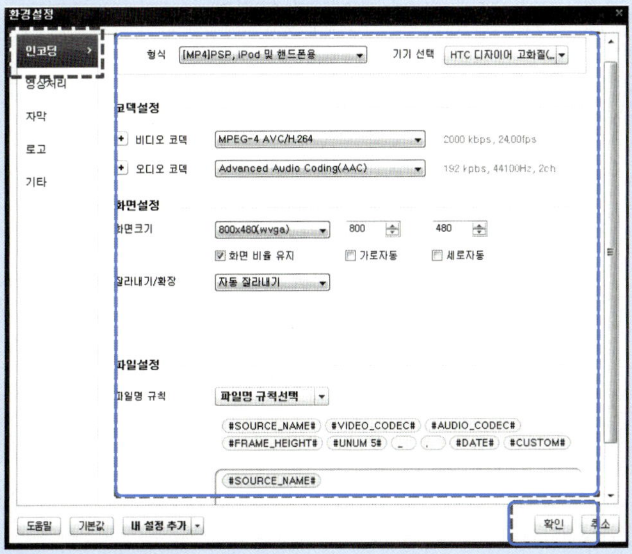

● 영상 처리 방법(1~3번 순서로 진행한다.)

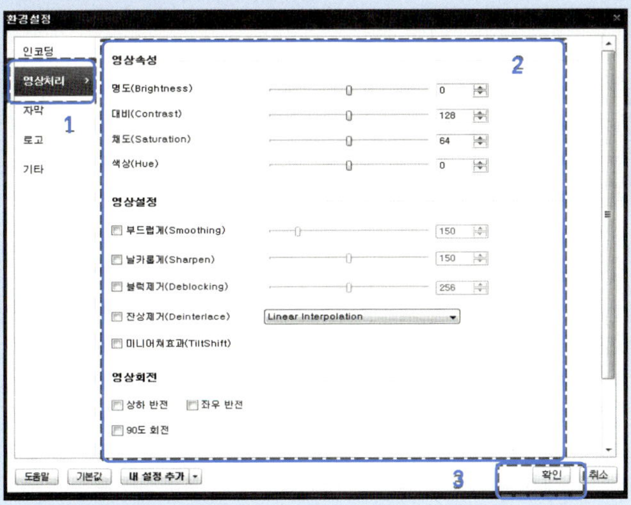

- 자막(1~3번 순서로 진행한다.)

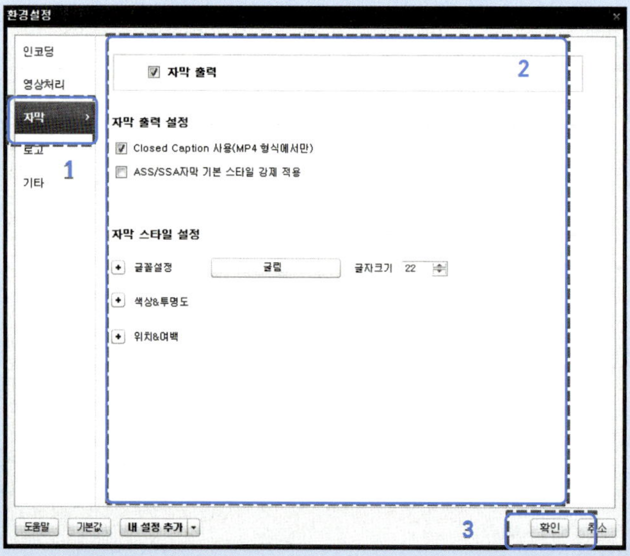

- 기타(1~3번 순서로 진행한다.)

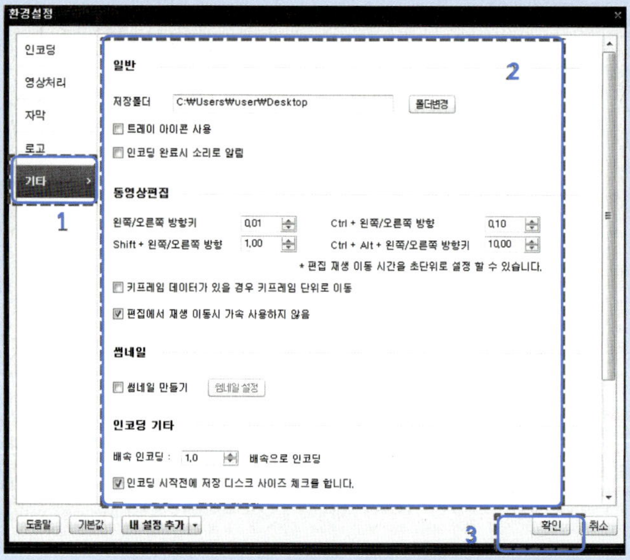

Tip

④ 위의 옵션들을 적용한 후 저장할 폴더를 지정한 후 인코딩하기를 선택한다.

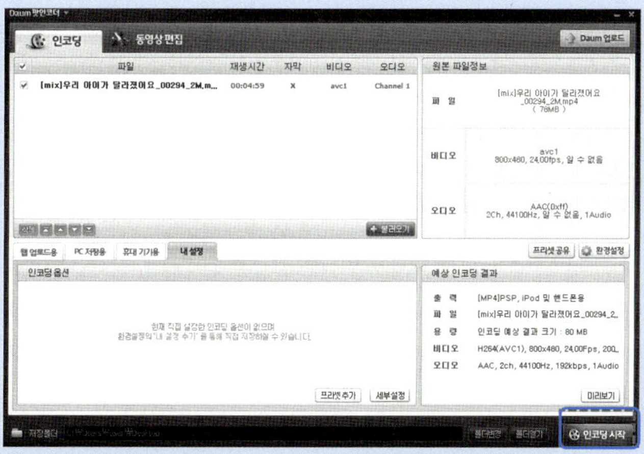

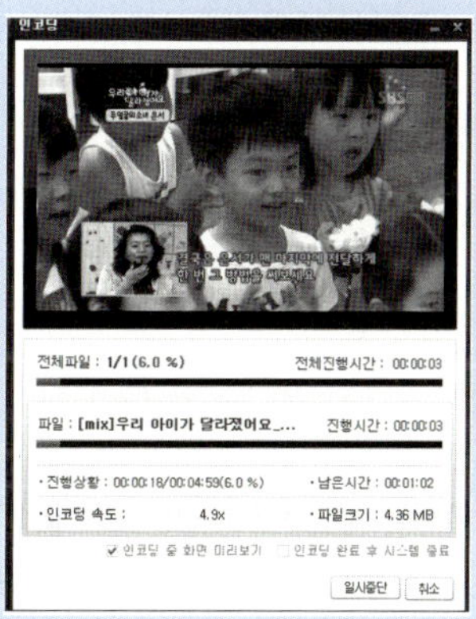

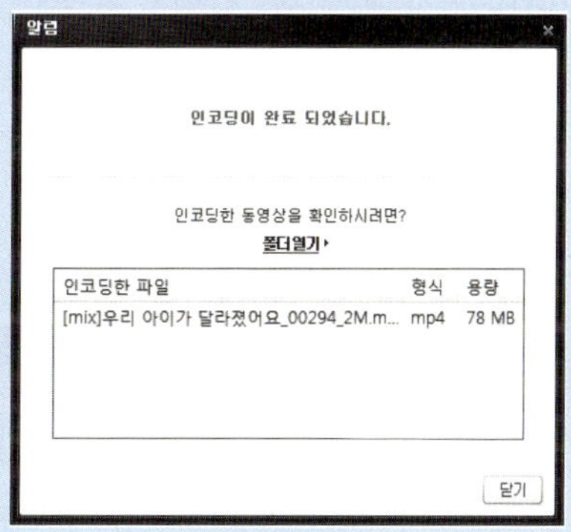

사용법을 자세히 알고 싶어요!

프로그램의 우측 상단 도움말을 클릭하면 사용자 설명서가 있으니 참고하세요.

Tip

3. 오디오 ICT

1) 곰 녹음기

곰 녹음기는 컴퓨터에서 나는 모든 소리를 WAV, MP3, OGG 파일로 저장할 수 있게 만들어 주며, 완벽한 한글을 지원하는 국산 녹음 프로그램으로 손쉬운 사용법과 인터페이스를 가진 것이 특징이다. 뿐만 아니라, 마이크로 자신의 목소리나 노래를 녹음할 수 있으며, 인터넷 음악방송이나 강좌 녹음, 그리고 카세트테이프와 같은 외부 입력장치의 소리도 녹음할 수 있다.

(1) 설치하기

인터넷을 실행한 뒤, 검색창에 곰 녹음기를 치고 자료실이나 사이트로 들어가서 아래의 곰 녹음기 다운로드 파일을 받아 설치한다.

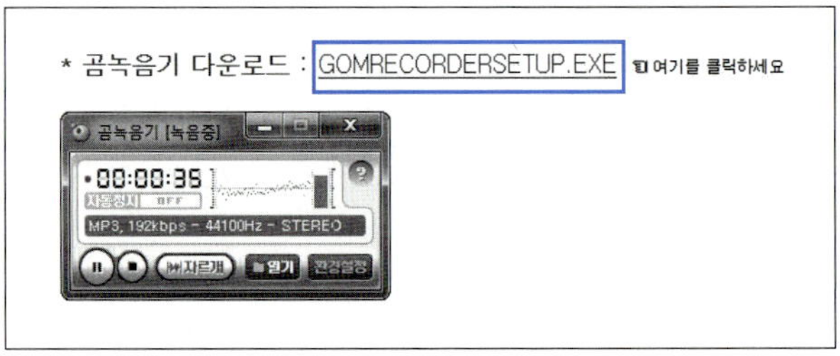

(2) 실행 및 기능 소개

① 바탕화면에 다운 받은 곰 녹음기()를 더블 클릭하여 실행한다

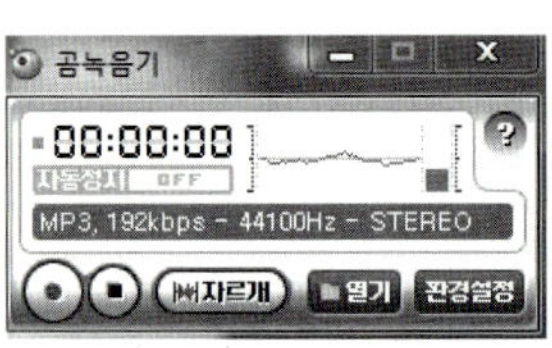

② 곰 녹음기 기능이다.

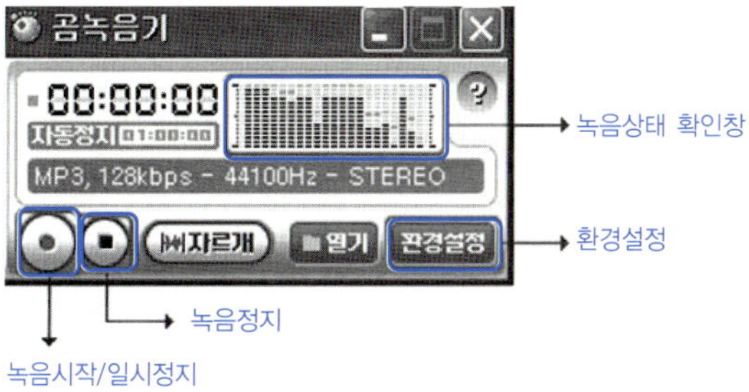

③ 곰 오디오 자르개 기능이다.

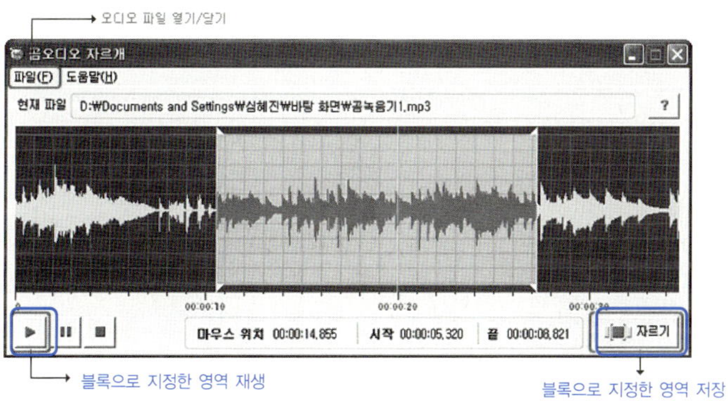

(3) 다양한 활용법

① 녹음하기

Ⓐ 녹음하기 전에 마이크를 사용하여 녹음할 것인지, PC상에서 나오는 소리를 녹음할 것인지 결정한다. 결정하면, [환경설정 - 볼륨 설정 - 볼륨 설정 마법사 - 녹음 장치 선택]에서 마이크 녹음 시 [마이크 - 마스터 볼륨]을, PC상에서의 녹음은 [스테레오 믹스 마스터 볼륨]을 선택한다. (예: PC상에의 녹음)

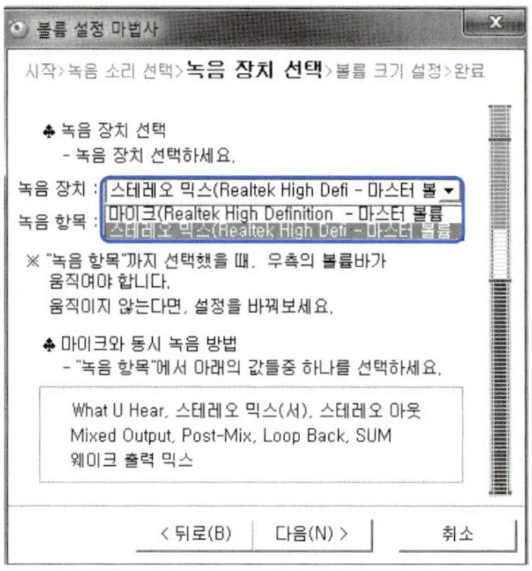

Ⓑ [환경설정 - 파일 설정]에서 원하는 출력 설정을 하고 저장 위치를 정한 뒤, 확인을 선택한다.

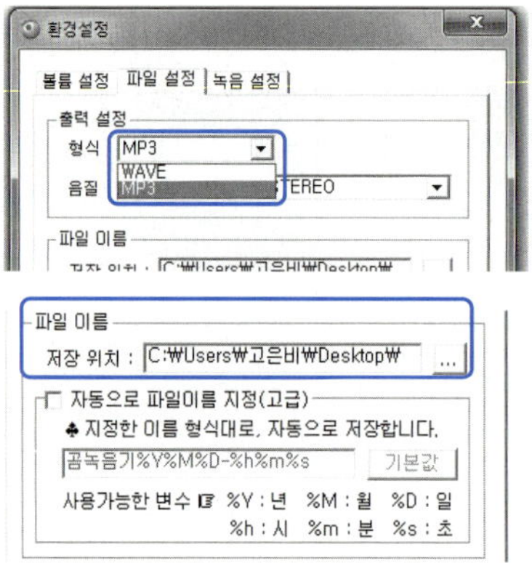

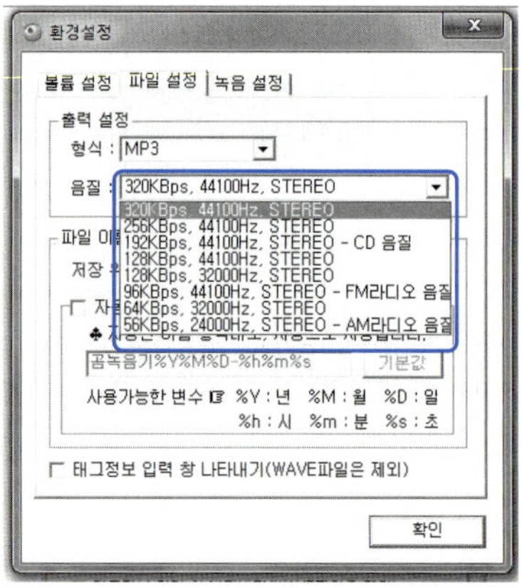

Ⓒ 설정을 마친 뒤 녹음 버튼을 클릭하고, 파일 이름을 지정한 뒤 저장 버튼을 클릭하면 녹음이 시작된다.

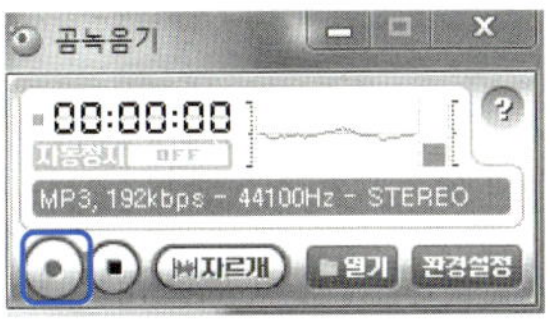

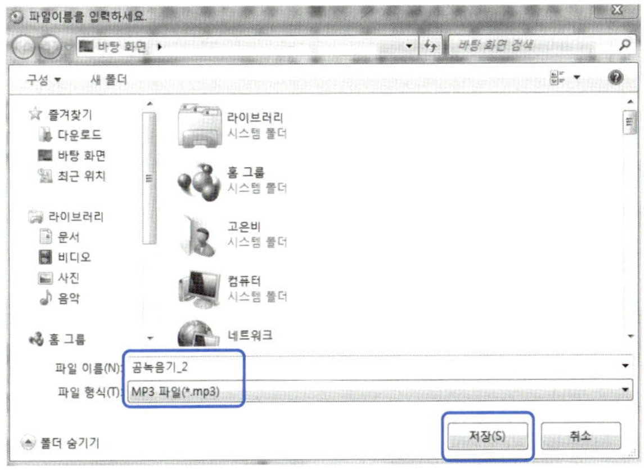

Ⓓ 녹음이 끝나면 정지 버튼을 선택한다.

Ⓔ 저장된 파일을 곰 오디오를 통해 감상한다.

(마이크 녹음도 위와 같은 녹음 과정을 거쳐 녹음하면 된다.)

② 오디오 자르기

자신이 녹음한 파일뿐만 아니라 오디오 파일(mp3)도 자를 수 있다.

Ⓐ 곰 녹음기에서 '자르개' 를 선택한다.

Ⓑ [파일 - 파일 열기]를 선택한다.

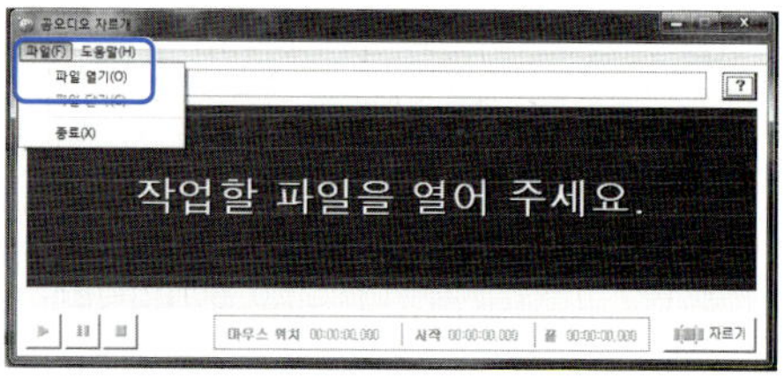

Ⓒ 편집할 파일을 선택한 후, 열기를 선택한다.

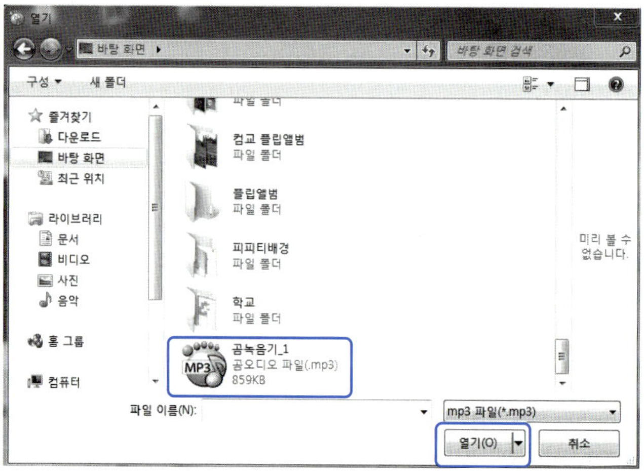

Ⓓ 필요한 부분을 드래그하여 설정한 후, 자르기를 선택한다.

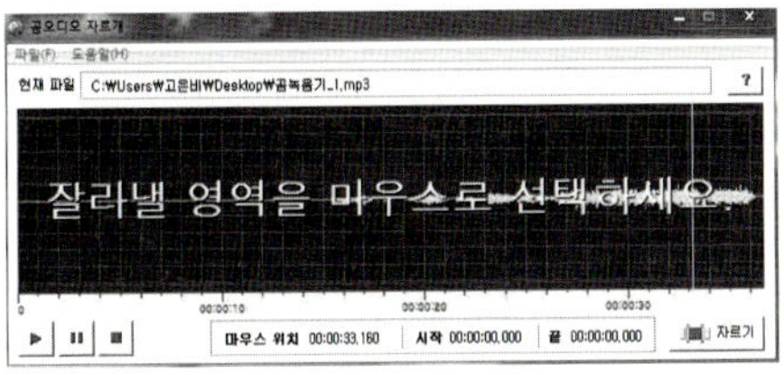

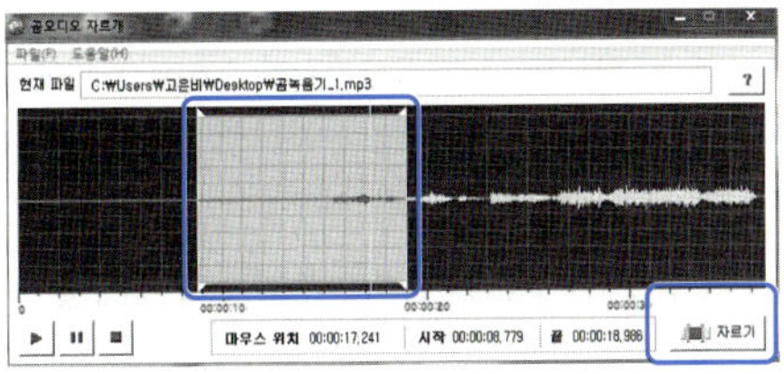

Ⓔ 잘라낸 파일의 저장 위치와 파일 이름을 설정한 뒤, 저장한다.

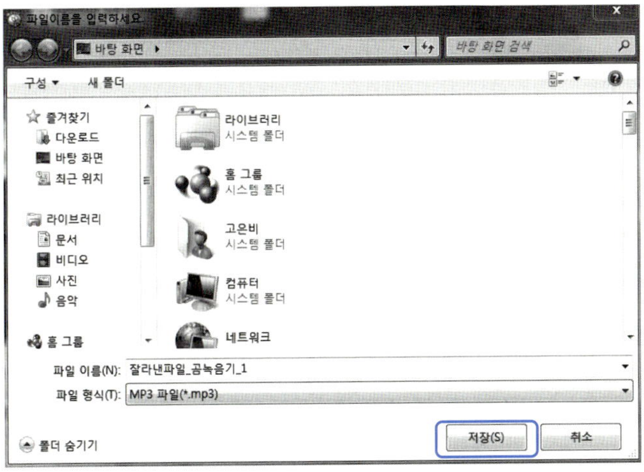

Ⓕ 저장한 편집된 파일()을 곰 오디오로 감상한다.

➔ 곰 플레이어나 다른 오디오 실행 파일로 감상할 수도 있어요.

Tip

③ 기타 기능 활용법

Ⓐ [환경설정 - 녹음 설정]에서 자동으로 녹음을 정지할 시간 등을 정할 수 있다.

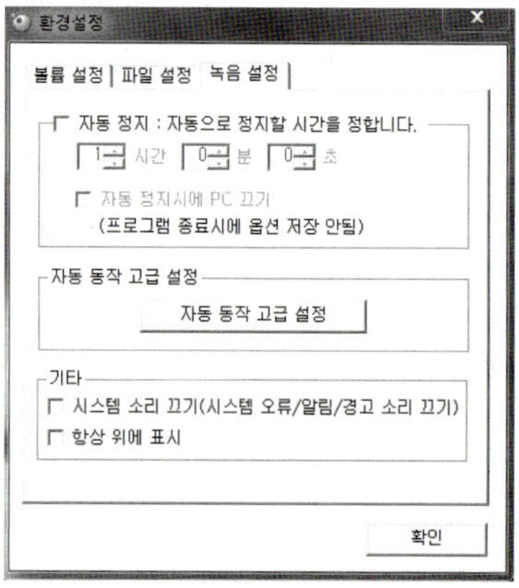

Ⓑ [환경설정 - 녹음 설정 - 자동 동작 고급 설정]에서 다양한 녹음 설정을 지정할 수 있다.

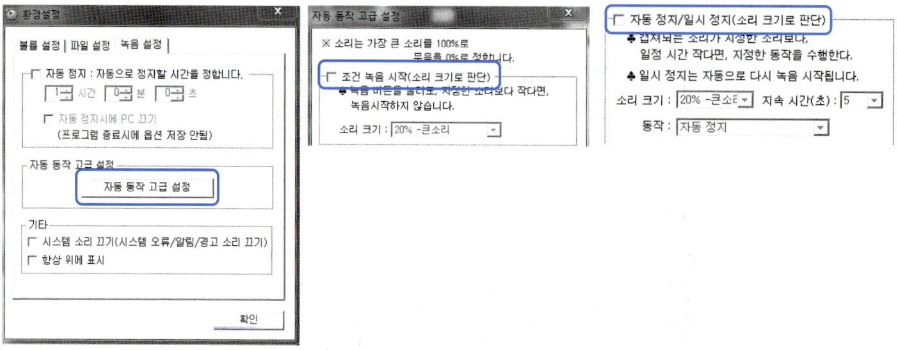

4. 기타 ICT

1) 알툴바(Altool Bar)

알툴바는 교육 현장에서 필요한 다양한 교육 콘텐츠(예: 이미지, 플래쉬 애니메이션, 동영상 등)를 얻는 데 유용한 프로그램이다.

(1) 설치하기

① 네이버 검색란에 '알툴즈' (NAVER 알툴즈 검색)를 검색하거나 http://www.altools.co.kr/로 들어간다.

② 다음과 같은 화면이 나타나면 알툴바 를 선택한다.

> Tip
> ➔ 툴바(ALToolbar)는 다른 프로그램들과 동일하게 지시하는 방법대로 클릭하면 설치되는 프로그램이다. 단, 어느 폴더에(자신의 PC) 다운 받는지 꼭 기억해야 한다.

(3) 그림 다운 받기

인터넷에는 영유아교사가 교재나 수업 자료를 제작하기 위해 필요한 이미지가 수없이 많이 있다. 그러나 최근에는 마우스의 오른쪽 버튼을 이용한 이미지 저장하기를 막아 놓은 곳이 많아 곤란한 경우가 많은데 이럴 때 유용한 것이 알툴바의 이미지 캡쳐이다. 뿐만 아니라 이미지 캡쳐 후 그림판이나 알씨 꾸미기, 포토샵 등과 같은 이미지 편집 프로그램과 연동되어 편집할 수도 있다.

인터넷 검색 중 원하는 이미지가 검색되면 '알툴바' 의 [캡쳐] 버튼을 클릭하여 다음에 제시되는 다양한 옵션을 이용하여 이미지를 다운 받는다.

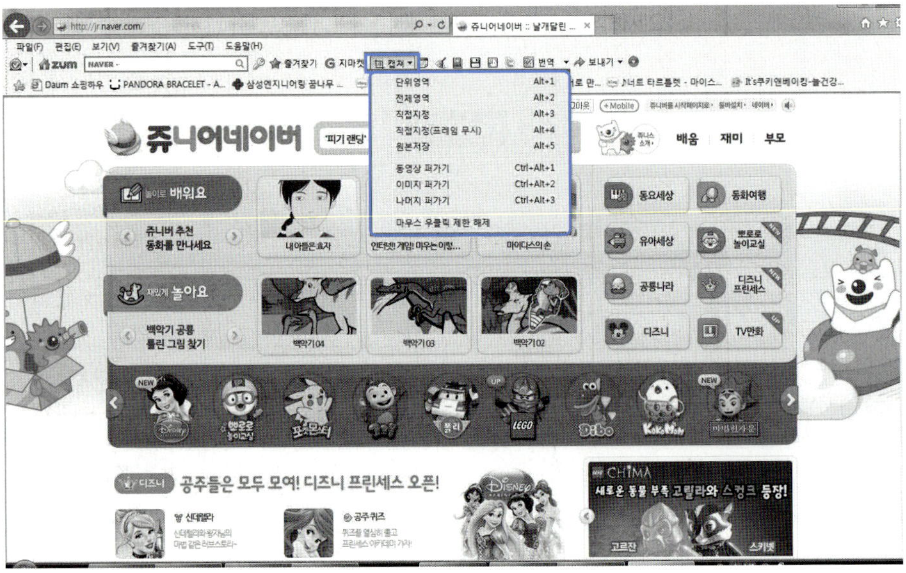

① 단위영역

웹사이트에서 제시된 영역의 이미지를 캡쳐하는 기능이다.

Ⓐ 알툴바의 [캡쳐 – 단위영역]을 선택하면 원하는 위치에 마우스를 갖다 대었을 경우 붉은 라인의 사각형 박스가 생긴다.

Ⓑ 원하는 그림이 붉은 라인의 사각형 박스 안에 들어오게 되면 왼쪽 마우스 버튼을 선택한다.

이후 알툴바 캡쳐 미리보기 창이 뜨는데 '저장'은 PC에 저장을 '복사하기'는 한글이나 파워포인트 같은 문서에 바로 붙여넣기할 수 있고 '편집하기'는 그림판이나 알씨 꾸미기 등 기타 다양한 편집 프로그램에 연동할 수 있다.

Tip

➔ 편집하기를 클릭할 경우 다음과 같이 연동되는 것을 볼 수 있다.

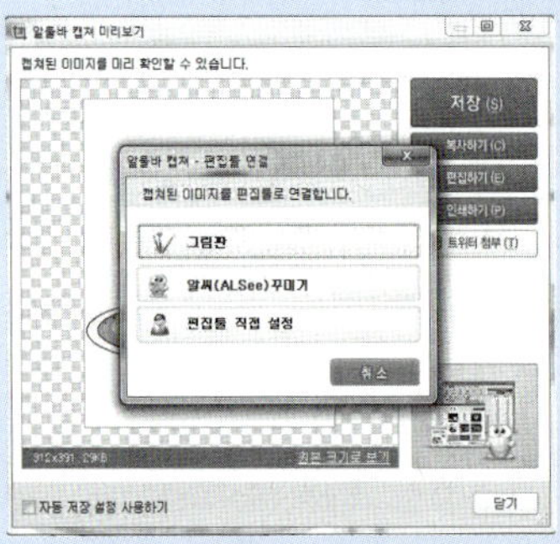

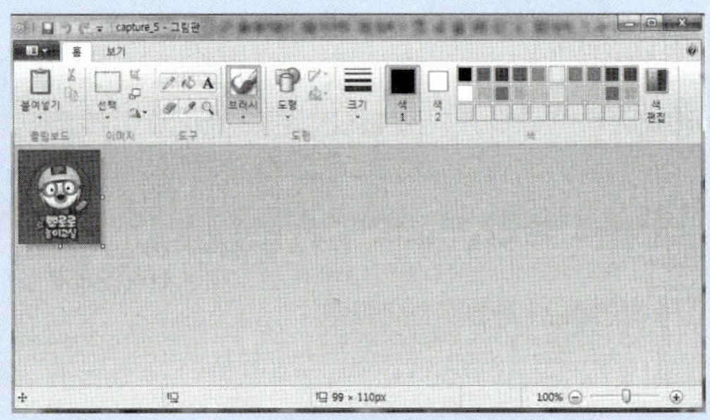

[그림판]

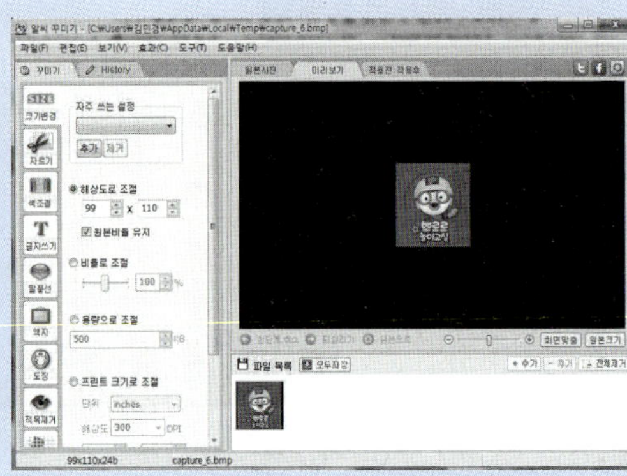

[알씨(AlSee) 꾸미기]

② 전체영역

웹페이지 전체를 캡쳐하는 기능으로 스크롤을 이용해 볼 수 있는 긴 화면도 전체 화면 캡쳐가 가능하다.

Ⓐ 알툴바의 [캡쳐 – 전체영역]을 선택한다.

Ⓑ 막대바가 잠깐 생기면서 캡쳐 미리보기 창이 뜬다. 이후 저장, 복사하기, 편집하기, 인쇄하기 원하는 것을 선택하면 된다.

③ 직접지정

사용자가 직접 웹페이지의 특정 영역을 임의로 지정하여 캡쳐할 수 있는 기능이다.

Ⓐ 알툴바의 [캡쳐 - 직접지정]을 선택하면 '+' 모양의 조절 포인트가 생긴다.

Ⓑ 캡쳐할 영역의 시작 지점에서 마우스 왼쪽으로 클릭한 채 드래그를 한 후 캡쳐한다.

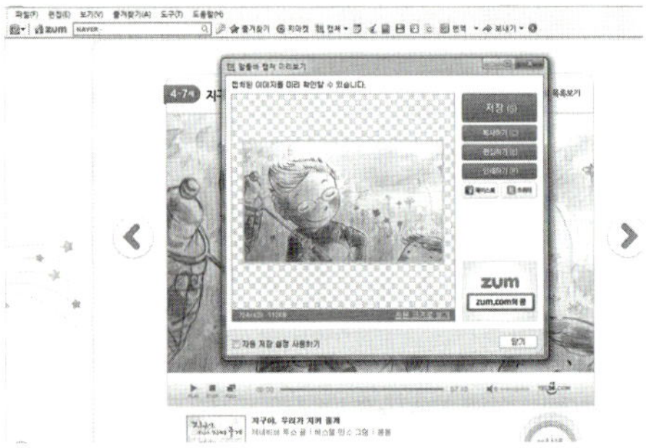

④ 원본저장

마우스의 커서가 움직이는 위치에 따라 저장할 수 있는 그림과 저장할 수 없는 것을 표시해 준다. 원본 그림이 저장 가능할 때는 그림의 라인이 파란색으로 바뀌고 그림이 아닐 경우 ⊘ 표시가 뜨는 것을 볼 수 있다.

Ⓐ [캡쳐 - 원본으로 저장]을 클릭한 후 원하는 사진이 파란색으로 바뀌었을 때 마우스 왼쪽 버튼을 선택한다.

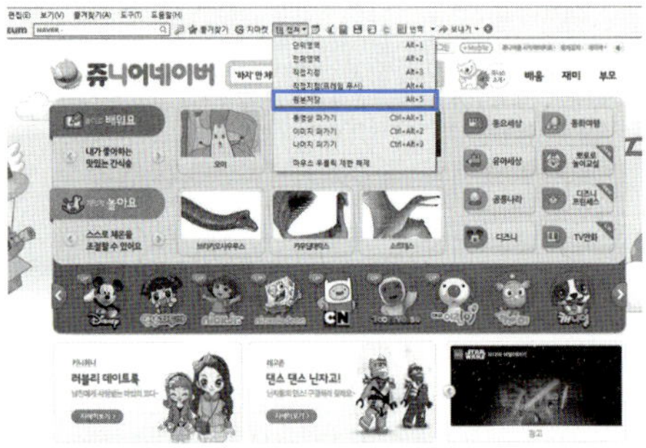

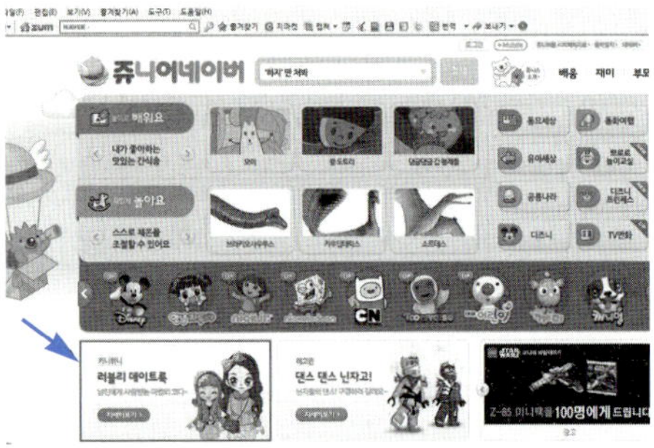

Ⓑ 다음과 같은 원본 저장 창이 뜨면 파일 이름과 저장 경로를 지정한 후 다운로드를 클릭하면 된다.

⑤ 이미지 퍼가기

현재 열려 있는 웹페이지에 있는 모든 이미지를 한 번에 다운로드할 수 있다.

Ⓐ [캡쳐 - 이미지 퍼가기]를 클릭하면, 현재 웹페이지에 있는 모든 이미지를 선택할 수 있는 창이 뜨는 것을 볼 수 있다.

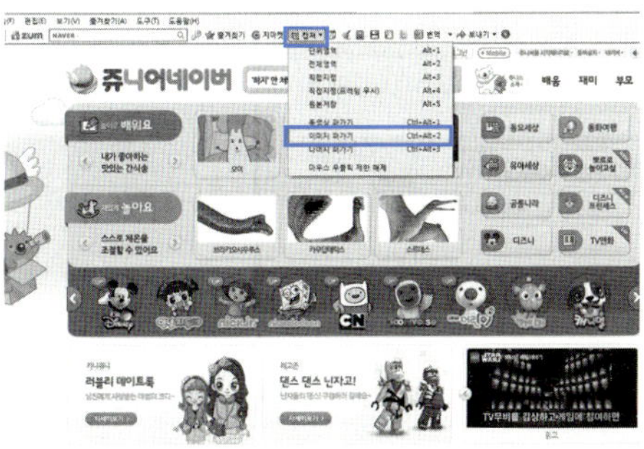

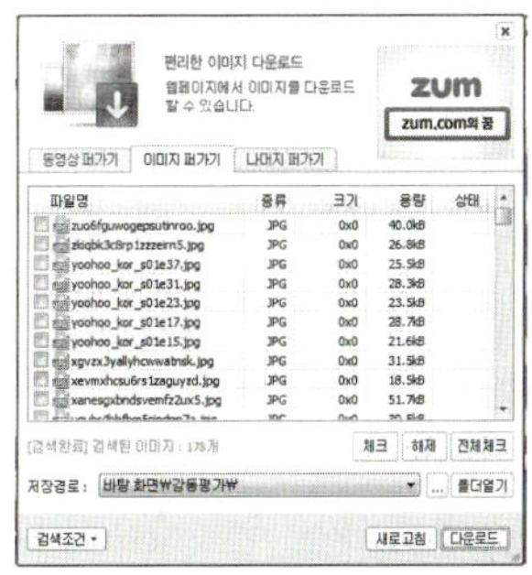

Ⓑ 원하는 이미지를 선택한 후 [다운로드]를 클릭하면 되지만, 원하는 경로에 저장하고 싶을 경우 ... 를 선택한다. 폴더 창이 뜨면 원하는 폴더를 지정하거나, 새폴더를 만들어 이름을 적은 후 확인을 클릭하면 저장경로가 바뀌게 된다.

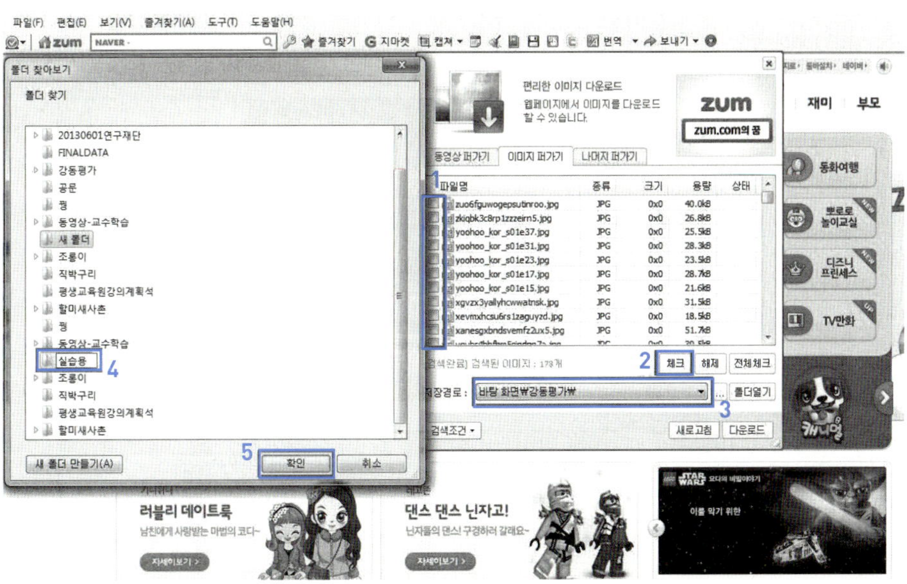

ⓒ [폴더 열기]를 클릭하면 다운 받은 그림들을 볼 수 있다.

(4) 동영상 다운 받기

인터넷 블로그, 카페 등에는 영유아교육기관에서 교수 자료로 사용할 다양한 동영상이 수록되어 있다. 이러한 동영상은 즐겨찾기를 이용해 다시 볼 수 있으나 이보다 더 권장하는 방법은 사용자의 PC에 다운 받아 놓는 것이다. 본 장에서는 알툴바를 이용해 다운 받는 법을 설명하고자 한다.

① 네이버 검색창에 '개미' 라고 적은 후 동영상 검색을 선택한다. 이후 '지식채널e)개미의 왕국 이야기' 를 선택한다.

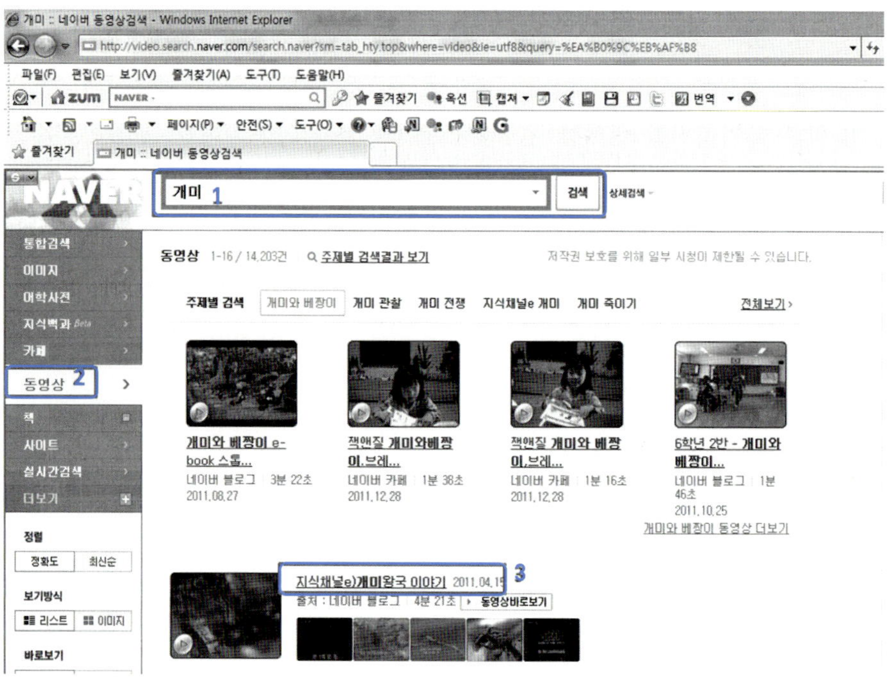

출처: 네이버 검색 화면

② 알툴바의 [캡처 - 동영상 퍼가기]를 클릭하면 동영상 다운로드 창이 생기는 것을 볼 수 있다.

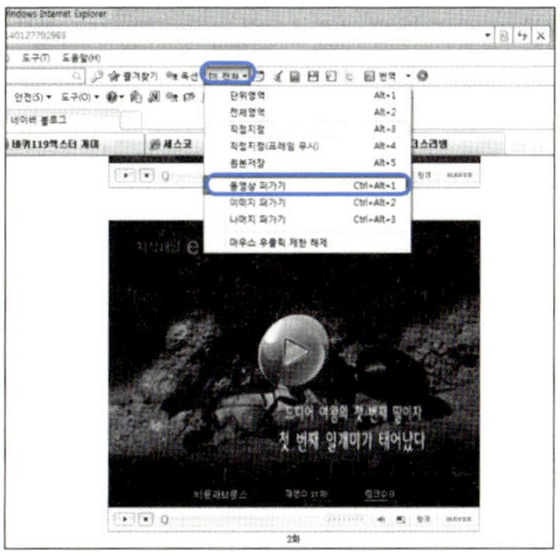

③ 원하는 동영상을 선택한 후 [다운로드]를 클릭하면 되지만, 원하는 경로에 저장하고 싶을 경우 [...]를 선택한다. 폴더 창이 뜨면 원하는 폴더를 지정하거나, 새폴더를 만들어 이름을 적은 후 확인을 클릭하면 저장경로가 바뀌게 된다.

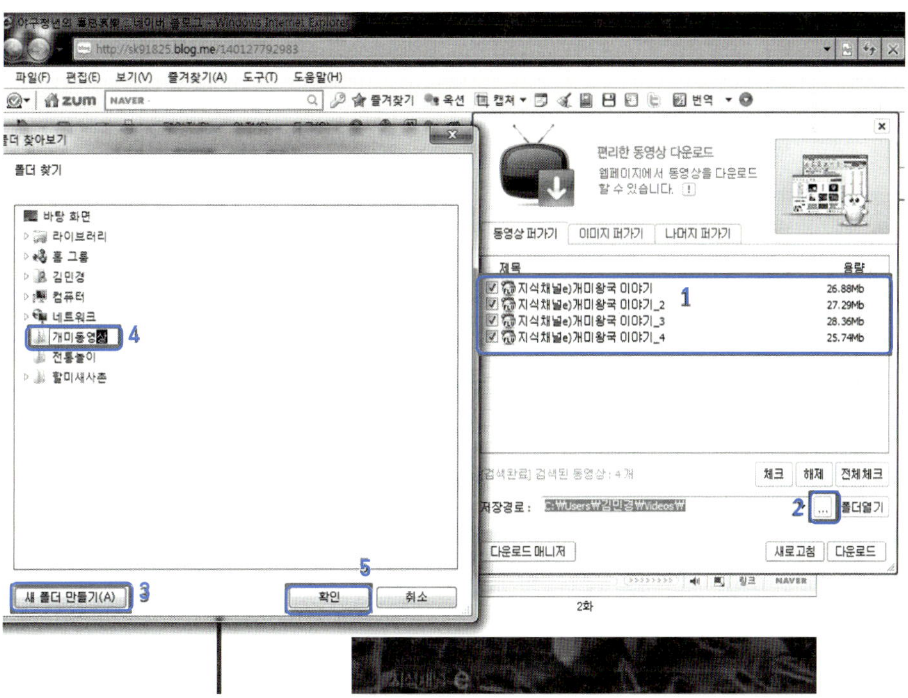

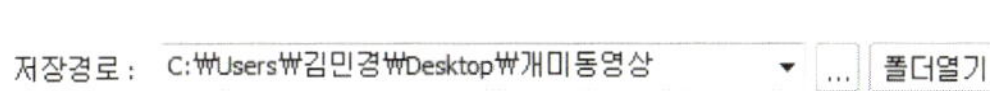

④ [다운로드]를 클릭하면 다음과 같은 진행창이 뜨는데 다운로드가 끝나면 원하는 동영상을 선택한 후 [열기] 혹은 [폴더열기]를 선택한다.

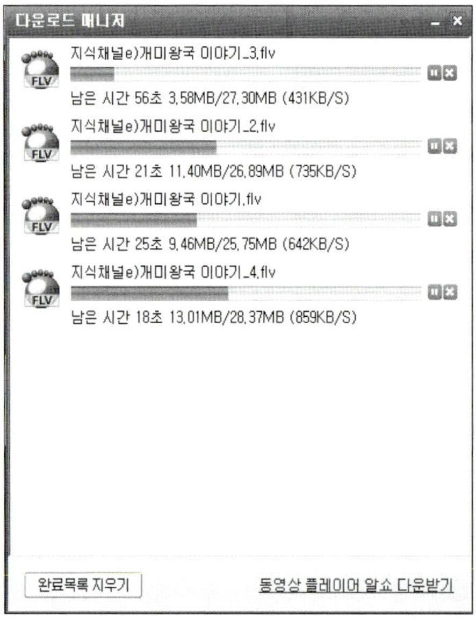

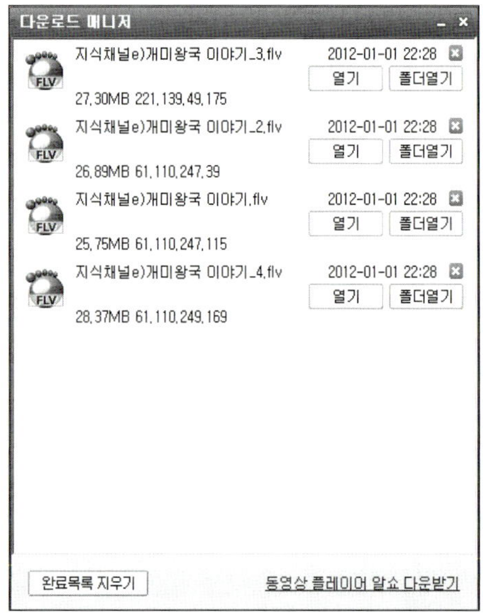

Tip

아이콘을 이용하여 퍼가기

웹페이지에서 다운로드가 가능한 동영상 오른쪽 위에 마우스를 올리면 [다운로드] 아이콘이 나타나는데 해당 아이콘을 클릭하면 다운로드가 가능하다.

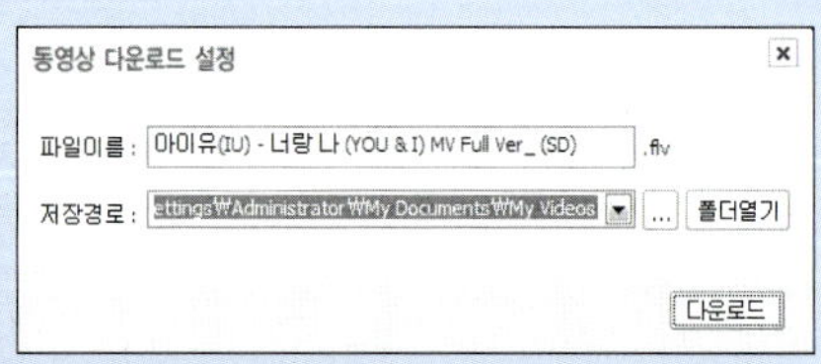

(5) 플래시 다운 받기

어린이 포털사이트인 '쥬니어네이버', '다음 키즈짱', '야후 꾸러기' 등에서는 영유아를 위한 동요와 동화들이 준비되어 있는 것을 볼 수 있다. 이러한 동요와 동화들은 영유아교육기관에서 많이 활용되기도 하는데 시간, 장소, 네트워트의 지장을 받지 않기 위해서 사용자의 PC에 다운로드 받아 놓으면 유용하게 사용할 수 있다. 본서에서는 알툴바를 이용해 플래시를 다운 받는 방법을 제시하고자 한다.

출처: 쥬니어네이버

① 쥬니어네이버에 있는 동화 중 '저승사자에게 잡혀간 호랑이'를 선택하면 해당 플래시 화면으로 바뀌게 된다.

② 선택한 동화의 화면이 나오면 알툴바의 [캡처 - 나머지 펴가기]를 선택하면

동영상 다운로드 창이 생기는 것을 볼 수 있다.

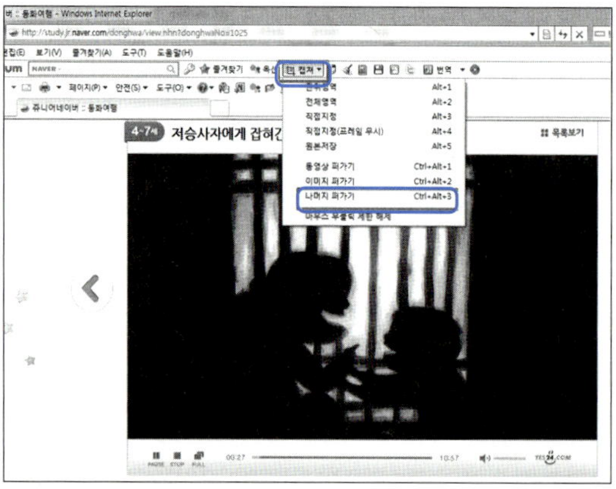

③ 다운로드하고 싶은 플래시에 'V' 하고, 저장 경로를 지정한 후 다운로드를 클릭하면 다운로드 매니저 창이 다운로드 진행 사항을 알려준다. 다운로드가 완료되면 [열기] 혹은 [폴더열기]를 통해 파일을 확인할 수 있다.

다운 받은 플래시가 보이지 않을 경우

swf의 확장자를 가지고 있는 파일들의 경우 해당 프로그램이 설치되어 있어야 볼 수가 있다. 만약 다운 받은 플래시가 보이지 않을 경우 아래의 사이트에서 '곰플레이어'를 설치하면 문제가 해결된다.

http://gom.gomtv.com/

Tip

4장

유아 인터넷 활용과 과몰입 예방

유아교육에서의

스마트 기기 · 로봇 활용과 과몰입 예방

1. 유아와 인터넷

1) 유아 인터넷 환경

(1) 정보화 사회의 특징

21세기 현대사회는 3C(Computer, Communication, Contents)가 강조되는 지식정보화사회이다. 3C란 자신에게 필요한 정보를 수집하고 적절히 활용하는 컴퓨터 리터러시(Computer literacy) 능력, 정보화 매체를 기반으로 세상과 소통(Communication)하는 능력과 콘텐츠(Contents)를 다루는 능력을 말하며, 3C에 따라 개인과 사회의 경쟁력이 좌우된다(고명미, 2004).

- 컴퓨터 리터러시(Computer literacy) : 자신에게 필요한 정보를 수집하고 적절히 활용
- 소통(Communication) : 정보화 매체를 기반으로 세상과 소통
- 콘텐츠(Contents) : 정보화 매체를 통한 내용

이러한 시대적 요구에 발맞추어 우리나라에서는 지식정보화사회의 기반을 구축하기 위하여 정보 인프라 구축과 정보화 교육에 많은 노력을 기울여 오고 있다. 현재 유아교육 현장과 가정에서 유아들의 컴퓨터 사용은 매년 증대되고 있고(김승옥, 이경옥, 2005; 방송통신위원회, 한국인터넷진흥원, 2009), 만 3세~5세의 유아들의 인터넷 이용률도 2008년 58.7%, 2009년 61.8%(84만 명)로 지속적으로 증가하였으며, 2010년에는 63%로 과반수 이상의 유아가 인터넷을 사용하는 것으로 조사되었다(한국인터넷진흥원, 2010). 이제 인터넷은 성인뿐만 아니라 유아들의 생활에서도 매우 친숙하고 없어서는 안 될 중요한 도구가 되었다.

인터넷의 어제와 오늘

✠ 인터넷의 어제

초기의 인터넷은 특정 주제를 중심으로 운영자가 커뮤니티를 만들고 회원들이 참여하는 방식이었다. 대부분의 인터넷이 콘텐츠를 만들어 내는 운영자(생산자)와 콘텐츠를 이용하는 이용자(소비자)로 구분되었기 때문에 이용자는 정보를 제공하는 인터넷 사이트를 찾아다니면서 필요한 정보를 얻기만 할 수 있는 수동적인 방식이었다. 그래서 처음의 인터넷 서비스는 정보 검색이나 이메일 보내기 정도였다고 볼 수 있다.

✠ 인터넷의 오늘

지금의 인터넷은 기술 발전으로 한 차원 업그레이드된 환경이 되었다. 일반 가정의 컴퓨터와 주변 기기, 그리고 인터넷의 기본 기능으로 영상 콘텐츠 제작과 배급 기능이 가능해졌다. 따라서 지금은 인터넷을 이용하는 모든 사람이 생산자이면서 동시에 소비자가 되어 상호작용을 하면서 사회적 네트워크를 형성해 나가고 있다. 즉, 콘텐츠에 대한 참여, 공유, 개방을 통해 자발적인 활동(UCC 동영상, 미니홈피, 블로그)이 이루어진다고 볼 수 있다.

출처: 함께 만들고 나누는 인터넷 미디어. 한국인터넷진흥원(2011), pp. 12-13

(2) 유아의 인터넷 이용 실태 및 특징

초고속 인터넷 망의 연결로 가정에서의 인터넷 이용이 늘어나면서 인터넷을 시작하는 연령이 점차 낮아지고 있고 유아의 인터넷 이용은 증가하고 있다.

〈표 4-1〉 만 3~5세 유아의 인터넷 이용 현황

(단위: %, 천 명)

	만 3세 이상	만 3~5세	만 6세 이상
인터넷 이용률	77.8	63.0	78.3
인터넷 이용자 수	37,010	840	36,180

출처: 한국인터넷진흥원(2010)

김영주(2009)의 연구를 토대로 만 3~5세 유아의 인터넷 이용 실태를 연령별로 살펴보면, 만 5세 유아의 84.5%가 컴퓨터 작동이 가능한 반면, 만 3~4세 유아는 58.1%로 조사되었다. 컴퓨터 작동법 학습 경로는 만 5세 유아의 경우, 가족에게 배웠다는 응답이 94.9%를 차지한 반면, 유아교육기관에서 배웠다는 응답은 1.9%에 불과하였다. 그러나 만 3~4세 유아는 20%의 유아가 유아교육기관에서 배웠다고 응답하였으며, 가족으로부터의 학습 비율은 73.3%로 만 5세에 비해 다소 낮게 나타났다.

인터넷 접속 내용을 보면, 만 3~4세 유아는 주로 한글 및 영어 등의 학습 내용과 게임을 하였으며, 만 5세 유아는 게임을 가장 많이 이용하고 있었다. 특히 인터넷 게임을 할 수 있다는 응답이 만 3~4세 유아는 48.4%인 반면, 만 5세 유아는 86.1%로 매우 높은 비율을 보였다. 이러한 결과를 볼 때, 유아기는 컴퓨터와 인터넷을 처음 시작하는 시기로 성인이 되어서도 성숙한 인터넷 이용자가 되기 위해서는 유아기에 체계적인 교육이 필요하다(김영주, 2009). 특히 가정에서 부모는 자녀의 인터넷 사용 특징을 알고 그에 따른 적절한 지도 방법을 통해 컴퓨터와 인터넷 이용을 안전하게 할 수 있도록 교육할 필요가 있다.

(3) 유아 인터넷 환경 특징

① 유아교육기관의 인터넷 환경

유아교육기관에서의 인터넷 환경에 대한 한국인터넷진흥원(2007)의 조사를 살펴보면, 유아교육기관의 80.2%가 기관에서 컴퓨터 활동을 실시하고 있었다. 유아교육기관에서 컴퓨터 시작 시기는 만 4세(55.2%)였으며, 일주일에 1~2회 정도(56.2%), 약 15분(69.0%) 정도 활동하였다. 주로 자유선택활동 시간(69.5%)에 컴퓨터 활동을 하였으며, 유아가 도움을 청할 때만 교사가 도움을 제공(77.3%)하였다. 유아교육기관에서의 컴퓨터 교육은 교사(89.1%)에 의해 제공되고 있었으며, 사전활동(59.6%)이나 사후활동(71.4%)이 제공되지 않고 특별한 계획안이나 지도안은 마련되지 않고 있다(73.9%). 유아교육기관에서 컴퓨터 활동 계획안이나 지도안이 마련되어 있지는 않지만 컴퓨터 활동이 활발하게 이루어지고 있어 교사는 일과 내 컴퓨터 활동 시 생활주제와 연계된 활동계획안 및 지도안을 준비하여 체계적인 컴퓨터 교육을 할 필요가 있다.

② 가정에서의 인터넷 환경

2010년 5월 현재 가구의 컴퓨터 보급률은 81.8%로 2009년 대비 0.4%p 증가하였으며, 2000년(71.0%) 이후 10년 동안 10.8%p 증가하였다. 인터넷 접속률은 2010년 5월 현재 81.6%로 전년 대비 0.4%p 증가하였으며, 2000년(49.8%) 이후 10년 동안 31.8%p 증가한 것으로 조사되었다. 가정에서의 인터넷 사용에 대해 살펴보면, 유아들은 거실과 같은 가족 공동 공간에서 30분~1시간 이내로 게임을 사용하고 있으며, 인터넷을 사용할 때 주로 다른 형제자매(28.6%)와 사용하고 있었다. 부모는 유아가 도움을 요청할 때 정보만 제공(43.6%)하였다. 대부분의 가정(89.5%)에서 유아의 인터넷 사용에 관한 규칙이 있었으며, 사용 규칙이 대체로 잘 지켜지고 있었다(87.3%). 이는 가정에서 부모가 유아들의 인터넷 이용에 대한 올바른 습관 형성에 관심을 가지고 있음을 알 수 있다(한국정보화진흥원, 2010). 따라서 인터넷 사용에 관한 규칙을 유아와 가족이 함께 만들고 그 규칙을 잘 지킬 수 있도록 격려하여 올바른 인터넷 사용 습관을 형성하는 것이 요구된다.

(4) 유아 인터넷 사용에 따른 영향

① 긍정적인 영향

인터넷 사용은 유아의 신체, 인지, 사회, 정서 발달에 긍정적인 영향을 미친다. 인터넷은 컴퓨터를 경험한 유아의 손과 눈의 협응력 발달에 필요한 조작 능력, 공간 이해력 등을 향상시켜 준다(권희경, 1993; Getman, 1983). 실제로 컴퓨터 교육을 받은 집단이 소근육 운동과 시각적 지각 능력에 있어 더 높은 점수를 보이는 것으로 나타났으며(권희경, 1993), 컴퓨터 활동은 유아의 창의적 사고, 추론 능력, 문제해결력에 영향을 주며, 언어발달, 수학적 능력, 비판적 사고력, 결정력, 창의성, 언어적 기술, 지식, 정보 종합 능력, 사회적 기술, 자존감 등에 도움을 준다(임송미, 2000; Haugland, 2000).

인터넷 게임은 언어발달 수학적 능력 발달에 효과적이고 테크놀로지에 친숙하게 해주고 독립적인 사고와 문제해결력을 키워 주며(유구종, 2005; Becker, 2005), 주의력 획득, 학습 기대, 기억 회상, 선택적 지각, 정보 저장, 기호와 수행에 대한 동기 유발, 자극에 대한 회상, 일반화 등의 학습 공간으로 기능과 가치를 지니며 다중지능을 촉진시키므로 아동에게 필수적인 매체라 할 수 있다(김승옥, 이경옥, 2007).

다양한 인터넷 활동은 유아에게 자기존중감과 학습동기를 부여해 주며(Holister, Peart, 1983), 유아들은 컴퓨터 활동을 할 때 더 긍정적 정서와 흥미를 보이고, 혼자보다는 또래와 사용하기를 선호한다(Shade, 1994). 또한 또래와의 상호작용, 내적 통제, 호기심, 안정감에 효과적이었으며(박경숙, 2004), 자기존중감과 교우관계, 사회성 발달을 촉진하고(송원임, 2001; 한국청소년상담원, 2000), 아동에게 자기존중감과 학습동기를 부여해 주고 긴장 완화와 휴식, 모험, 오락, 교육적 기능을 수행하고 인터넷을 하는 동안에 자신의 행동에 대해 통찰력을 발달시킬 수 있다. 유아에게 긍정적 효과를 줄 수 있는 다양한 인터넷 콘텐츠는 〈부록 2 - 인터넷 콘텐츠를 활용한 활동 실제〉에 소개하였다.

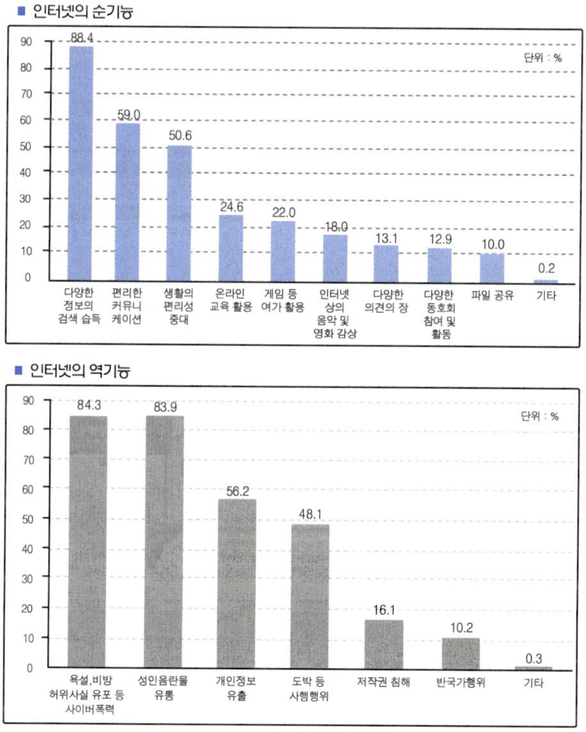

[그림 4-1] 인터넷의 순기능과 역기능

출처: 통계 속의 재미있는 세상 이야기(개정보증판), 통계청(2008)

② 부정적인 영향

장시간 인터넷을 사용하는 유아들은 신체적으로 무리를 받게 되어 목, 어깨, 팔꿈치, 손목, 손가락 등에 통증과 저림이 나타나고(VDT), 눈이 충혈되거나 안구 건조증, 수면장애, 시력저하를 유발시키며(강신영, 2003), 반복성 스트레스 손상 증후군(RSI), 척추 굽음 등의 증상이 나타날 우려가 있다(고정화, 2009; 이경옥, 김승옥, 이정수, 류진순, 2007; 주영주, 이광희, 2001).

인터넷은 유아들에게 가상공간이나 현실공간을 혼동한 폭력적 행동을 유발시키고 자기조절력 상실로 인해 일상생활에서 부적응 문제나 일탈행동을 일으키게 된다(이경옥 외, 2007). 부적절한 콘텐츠의 사용이나 과도한 인터넷의 사용은 학습상의 장애를 불러일으킬 수도 있으며, 취학 후 학교에 적응을 못하고 상습적인 결석으로 이어지게 된다(정아란, 2007; 한국정보화진흥원, 2007).

인터넷을 장시간 사용한 아이들은 무의식적인 자제력이 없어지며, 신체적 스트레스를 증가시켜서 산만함, 대인관계 문제, 공격성과 폭력성, 충동성이 증가하게 되며 건강한 정서 발달과 성격 형성에 치명적인 악영향을 초래하게 된다(강신영, 2006; 곽노의, 2002; 정아란, 2007). 인터넷 게임을 오래 경험할수록 강박적으로 행동에 집착하게 되고 다른 활동에 대한 흥미가 감소되며(김교헌, 2001; 이소영, 2000; 이정화, 2001), 이러한 유아들은 인터넷 게임 과몰입의 가능성을 증가시키고 또래관계, 부모자녀관계, 학습, 적응 등의 문제를 유발하게 된다(한국정보화진흥원, 2010). 또한 과도한 인터넷 사용은 인터넷 중독, 개인정보 유출, 저작권 침해, 바이러스 등의 역기능을 초래하기도 한다. 특히 인터넷 중독의 경우 발달적으로 중요한 시기에 있는 유아가 가족관계나 또래관계 등 일상생활의 부적응 문제를 발생시키는 주된 요인이 되고 있으며, 불안감, 우울감, 충동성 등 신체적 · 정신적으로 어려움을 겪게 된다.

VDT 증후군(VDT Syndrome)

✠ VDT 증후군이란?

컴퓨터 작업으로 인해 발생하는 목, 어깨의 결림 등과 같은 증상과 눈의 피로, 피부 증상, 정신 신경계 증상 등을 포함하여 컴퓨터 사용과 관련된 건강상의 문제들을 총칭하는 용어이다.

✠ VDT 증후군의 대표적인 증상

- 눈이 뻑뻑해지고 쉽게 피로해지며, 눈에 이물감이 느껴진다.
- 머리가 자주 아프다.
- 손과 손목, 팔꿈치, 어깨에 통증이 있으며, 손가락이 저리기도 한다.
- 컴퓨터 모니터를 볼 때 등이 굽어지고 목이 앞으로 점점 빠지는 것 같다.
- 목과 어깨가 뻣뻣해지고 통증이 있다.

2) 유아의 인터넷 인식 및 행동

(1) 인터넷에 대한 유아의 인식

인터넷은 거대한 통신망의 집합체로 인터넷에서 e-mail, 파일 전송, 정보 검색, 커뮤니케이션, 게임 등의 이용이 가능하다. 인터넷이라는 것은 비록 탐색은 가능하지만 보이지 않고 직접 만질 수 없기 때문에 인위적으로 만들어진 복잡한 시스템으로 인터넷을 올바르게 이해하는 것은 연령이 늦을수록 가능하다(Yan, 2005).

① 인터넷에 대한 이해

Luckin, Rimmer와 Lloyd(2001)의 21명의 유아를 대상으로 취학 전과 취학 후 인터넷 이해에 대한 연구에 의하면, 취학 전 유아들의 65%가 인터넷을 단순한 컴퓨터로 이해하였고 35%가 두 대의 컴퓨터를 단순히 연결한 것으로 이해하였으며, 두 대 이상의 컴퓨터를 복잡하게 연결한 것으로 이해하는 유아들은 없었다. 그러나 취학 후에는 62%가 인터넷을 단순한 컴퓨터로 이해하였고, 28%가 두 대의 컴퓨터를 단순히 연결한 것으로 이해하였으며, 10%가 두 대 이상의 컴퓨터를 복잡하게 연결한 것으로 이해하였다. 이처럼 연령이 증가할수록 인터넷을 여러 대의 컴퓨터가 연결된 복잡한 시스템으로 이해하는 것으로 나타났다.

박지영, 이정수, 이경옥(2006)의 만 5세 유아 97명을 대상으로 한 유아의 인터넷 인식에 관한 연구에 의하면, 만 5세의 유아의 80%가 인터넷을 사용해 본 경험이 있으며 73.2%가 인터넷이 무엇인지 안다고 응답하였으나 '인터넷이 무엇인가?' 라는 인터넷 개념에 대한 개방형 질문에 대해 인터넷 콘텐츠를 밝히면서 설명하는 유아가 30.9%, 바탕화면 내용이나 컴퓨터 자체를 인터넷으로 생각하는 유아가 29.9%, 인터넷의 기능적인 면을 이야기한 유아는 12.4%였다. 이는 인터넷 경험이 유아들에게 전반적으로 보편화돼 있는 반면 인터넷에 대한 정확한 개념을 지니고 있지 못함을 의미하며, Yan(2005)의 연구 결과와 마찬가지로 유아의 인터넷 사용은 활발하게 이루어지고 있는 반면 인터넷에 대한 올바른 이해는 쉽지 않음을 알 수 있다.

인터넷에서의 활동

✠ 이메일(E-Mail)

인터넷상에서 주고받는 전자우편을 말한다.

✠ 파일 전송

컴퓨터 시스템, 단말 장치 간에 필요한 데이터를 파일 단위로 전송하는 것을 말한다.

✠ 정보 검색

원하는 정보를 수집, 분류하여 필요할 때 사용하는 것을 말한다.

✠ 커뮤니케이션

- 게시판

홈페이지나 인터넷 커뮤니티(Community)에서 많이 볼 수 있으며, 한 사람이 아닌 회원 전체를 대상으로 자료를 올릴 수 있다.

- 대화방(채팅)

인터넷 공간에 만들어진 대화방을 통해 서로 대화를 하는 것을 말한다.

- 메신저

인터넷에서 바로바로 메시지와 정보를 주고받을 수 있기 때문에 많은 사람들이 즐겨 사용한다.

- 온라인 게임

게임은 재미와 즐거움을 주면서 다른 사람을 알아가는 기회를 주기도 한다.

출처: 여기는 지구마을, 모두가 친구예요. 한국인터넷진흥원(2011), p. 12

② 인터넷 예절

네티켓(Netiquette)이란 인터넷(Internet)과 에티켓(Etiquette)의 합성어로 인터넷 사용자들이 지키고 갖추어야 할 예의범절을 말한다. 즉, 인터넷을 통하여 e-mail을 보내거나 게시판에 글을 올릴 때, 채팅이나 게임 등을 할 때 지켜야 할 상식적인 예절을 통틀어 네티켓이라고 한다(한국정보화진흥원, 2006). 박지영, 이정수, 이경옥(2006)의 연구를 토대로 인터넷 예절에 대해 살펴보면 다음과 같다. 인터넷을 사용할 때 평소 우리가 사용하는 말과 다른 말이 사용되고 있는지에 대한 질문에 사용한다고 응답한 유아가 33.0%였고, 구체적인 인터넷 용어로는 '반갑다'를 '방가방가'로 사용하거나 말을 길게 안 쓰거나 'ㅋㅋ' 혹은 'ㄱㅅ', '컴퓨터'를 '컴'이라고 하는 등의 낱말이나 문장의 약자가 사용된다고 응답한 유아가 14.4%였으며, 미국말이나 '하이'라고 인사하는 등의 영어가 사용된다고 응답한 유아는 9.3%로 나타났다. 반면 인터넷 용어를 사용하지 않는다고 응답한 유아는 30.9%였으며, 모른다고 하거나 응답하지 않은 유아는 36.1%로 나타났다. 이는 한글을 익히기 시작하는 유아기에 잘못된 인터넷 용어 사용 때문에 올바른 언어 습득에 대한 피해가 생길 수 있음을 의미한다.

또한 인터넷을 할 때 지켜야 할 예절에 대해 '너무 많이 하면 안 돼요', '약속한 시간만 해요', '친구들과 함께 해요', '나쁜 말을 하면 안 돼요' 등의 '규칙 지키기' 라고 응답한 유아가 24.7%, '컴퓨터와 마우스와 키보드를 조심해서 써요', '아무거나 누르면 안 돼요', '전기를 아껴야 해요', '소리를 크게 틀지 않아요' 등의 '컴퓨터 소중히 다루기' 라고 응답한 유아가 23.7%로 나타났다. 그러나 인터넷을 할 때 지켜야 할 예절에 대해 모른다고 하거나 응답하지 않은 유아가 51.6%이나 되어 인터넷 사용 시 지켜야 할 예절에 대해 잘못된 인식을 하고 있거나 인터넷 사용 예절에 대한 인식이 저조한 것을 알 수 있다.

✠ 사이버 공간에서의 예절

학교, 집, 도서관, 지하철 등의 현실 공간은 함께 하는 공간이기 때문에 꼭 지켜야 할 예절들이 있다. 만약 우리가 예절을 지키지 않으면 다른 사람들에게 피해를 주거나 언짢은 기분이 들게 할 수도 있기 때문에 많은 사람이 그것을 지키기 위해 노력한다.

인터넷을 통해 만들어진 사이버 공간도 눈에 보이지는 않지만 많은 사람이 만나고 생활하는 곳이다. 물리적인 공간상의 제약을 극복할 수 있기 때문에 세계 각지의 사람들과 만나 이야기를 나눌 수 있다. 따라서 사이버 공간에서도 현실과 마찬가지로 꼭 지켜야 할 예절과 약속이 있다.

✠ 인터넷에서 다른 사람과 대화하기

얼굴이 보이지 않는다고 해서 욕을 하거나, 다른 사람의 기분을 상하게 하는 말을 사용해서는 안 된다. 그것은 인터넷을 통해서 서로 마주 보고 대화하는 것과 같기 때문이다.

✠ 서로를 기분 좋게 해주는 인터넷 언어 사용하기

현실에서 친구들과 이야기를 나누는 것과 마찬가지로 인터넷에서도 서로를 기쁘고 행복하게 만드는 언어를 사용해야 한다. 인터넷에서 사용하는 바른 언어가 인터넷을 건강하고 행복이 가득한 곳으로 가꾸어 준다.

출처: 건강한 인터넷, 노래로 전해요. 한국인터넷진흥원(2011), p. 13

③ 유해 사이트

유아들은 인터넷으로 다양한 활동을 하기 위해 여러 사이트에 방문하면서 유해 사이트에 노출될 가능성이 있다. 인터넷이 유아에게 미치는 영향에 대해 인터넷이 항상 좋은 것만 준다고 대답한 유아가 32.0%나 되어 유아가 인터넷의 잘못된 정보를 무조건적으로 신뢰할 수 있는 위험이 있음을 알 수 있다. 유아들은 인터넷으로 다양한 활동들을 많이 할 수 있기 때문에 인터넷이 우리에게 좋은 것을 많이 준다고 인식하고 있어 유해 사이트에 노출되기가 더 쉽다. 실제로 유해 사이트에 접해 본 유아들도 상당수 있었으나 유해 사이트를 피하는 방법에 대해 66%가 모른다고 응답하여 나쁜 정보에 대해 무방비로 노출될 가능성이 매우 큰 것으로 나타났다. 또한 좋은 사이트와 나쁜 사이트가 무엇인지 모르는 유아가 각각 59.8%, 60.8%로 나타났는데 이는 좋은 사이트와 나쁜 사이트를 구분하는 기준이 모호하고 어렵기 때문에 유해 사이트와 관련된 문제의 심각성이 제기된다 (박지영, 이정수, 이경옥, 2006).

✠ 아름다운 인터넷 세상

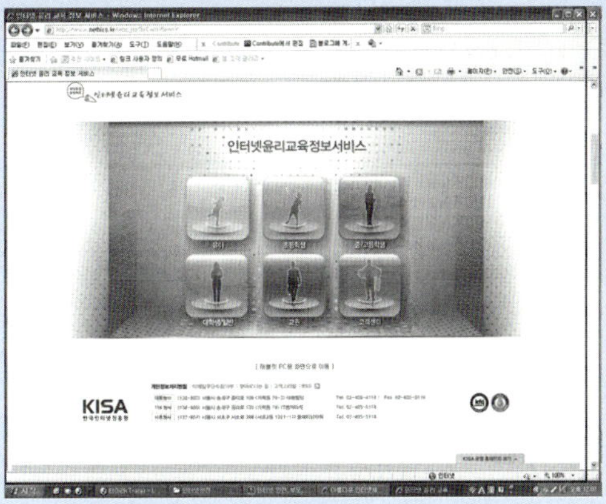

아름다운 인터넷 세상 홈페이지(www.nethics.kr)

사이버 언어와 네티켓, 유해정보 등 인터넷 윤리에 관한 다양한 교육 자료를 대상별(유아, 초등, 중고등, 성인 등)로 제공하고 있어 인터넷 생활에 도움을 준다.

출처: 행복한 인터넷, 고운 말로 가꾸어요. 한국인터넷진흥원(2011), p. 42

④ 인터넷 과몰입

유아의 인터넷 게임 과몰입이란 유아가 인터넷 게임을 하는 시간 통제의 어려움과 함께 인터넷 게임 때문에 일상의 생활이 제대로 이루어지지 않는 상태를 의미한다(정아란, 2007).

인터넷 과몰입의 의미에 대해 유아의 약 18% 정도만이 인터넷 과몰입의 의미를 알고 있는 것으로 보고되었다. 과몰입 현상을 방지하기 위한 인터넷 사용법에 대해 '시간을 정해서 해야 한다' 라고 응답한 유아가 36.1%, '부모님과 약속을 정해서 한다' 가 25.8%, '공부만 한다' 는 7.2%, '컴퓨터를 사용하지 않는다' 7.2% 순으로 나타났다. '모른다' 와 무응답 유아들도 23.7%로 나타나 올바른 인터넷 사용법 인식의 필요성이 요구된다(박지영, 이정수, 이경옥, 2006).

⑤ 개인정보의 중요성

개인정보란 살아 있는 개인에 관한 정보로서 성명, 주민등록번호 및 영상 등을 통하여 개인을 알아볼 수 있는 정보를 말한다. 유아들은 인터넷상에서 본인의 개인 정보를 알려줘도 된다가 13.4%, 모른다 43.3%로 응답하여 개인정보의 소중함에 대한 인식이 부족함을 나타냈다. 개인정보를 알려주면 안 된다에 33.1%의 유아들이 응답했는데 그 이유에 대해 내 주소와 전화번호로 사람들이 무엇을 사먹는다, 친구들이 사용해서 내 캐릭터를 바꿔 쓴다, 나중에 누군가가 베껴 쓴다 등의 '정보 이용 위험' 이 9.3%, 다른 사람들이 내 전화번호로 전화를 한다, 다른 사람들이 우리 집에 그냥 찾아온다, 집에 도둑이 든다 등의 '피해 위험' 이 8.3%, 알려주면 안 되는 건 알고 있지만 이유는 모른다가 15.5%로 나타난 것을 볼 때 유아들에게 인터넷에서 개인정보의 중요성에 대해 자세하게 설명해 줄 필요가 있다(박지영, 이정수, 이경옥, 2006).

이와 같이 인터넷은 유아들에게 매우 친숙하며 인터넷 사용이 활발하게 이루어지는 반면 인터넷에 대한 개념 및 인터넷 안전에 대한 인식(인터넷 예절, 언어 사용, 유해 사이트, 과몰입 등)은 전반적으로 부족한 것을 알 수 있다. 유아의 안전하고 올바른 인터넷 사용을 위해 인터넷 안전에 대한 교육을 통하여 인터넷 안전에 대한 인식을 높여야 할 것이다. 또한 유아의 인터넷 안전의식을 측정할 수 있는 도구 개발의 필요성이 제기된다.

✤ 개인정보 보호하기

- 아이디나 비밀번호를 절대로 다른 사람에게 알려주지 않는다.
- 공용 컴퓨터에는 아이디와 비밀번호를 저장해 놓지 않는다.
- 웹 사이트를 빠져 나올 때에는 반드시 '로그아웃' 버튼을 클릭하고 나온다.
- 비밀 번호는 일정 기간 사용한 후에는 다른 번호로 바꾸도록 한다.
- 회원 가입 시 주민등록번호를 대신하는 아이핀(i-PIN)을 이용한다.

✤ i-PIN(아이핀)을 사용하기

인터넷상에서 주민등록번호 대신 사용할 수 있는 개인 확인 방식으로 i-PIN이 있다. 개인의 정보를 다른 방식으로 저장하기 때문에, 더 안전하게 나의 정보를 지킬 수 있다.

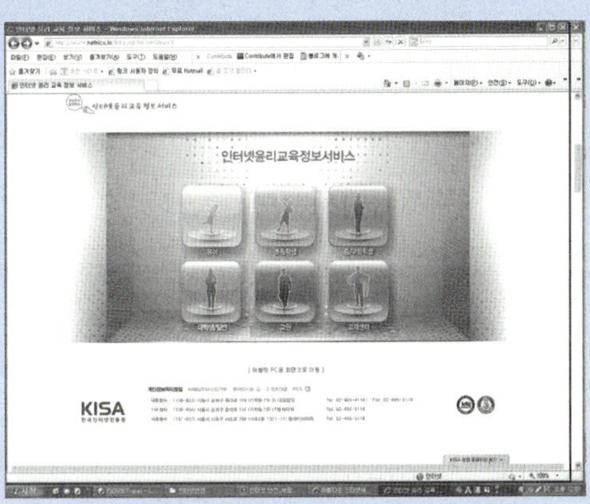

아이핀 사이트(http://i-pin.kisa.or.kr)

출처: 행복한 인터넷, 고운 말로 가꾸어요. 한국인터넷진흥원(2011), p. 23;
건강한 인터넷, 노래로 전해요. 한국인터넷진흥원(2011), p. 32

(2) 연령별 인터넷 사용 특징

Getnetwise는 연령에 따른 발달적 특성을 고려한 인터넷 사이트의 사용 특징을 다음과 같이 소개하였다(www.getnetwise.org).

① 0~2세

이 시기의 유아는 컴퓨터를 엄마, 아빠가 사용하는 물건 중의 하나인 '크고, 무엇인가 바쁘게 일어나는 상자'로 인식한다. 아직까지는 자기 스스로 신체를 조절할 수 없기에 부모의 무릎에 앉아 있는 것을 좋아한다. 부모가 컴퓨터 작업을 할 때 키보드를 두드리거나 마우스로 장난을 치거나 하여 부모가 일하는 것을 방해하기를 즐기는 것처럼 보이는 행동을 자주 하는데, 이러한 행동은 감각 경험과 운동 활동을 통한 상호작용을 통하여 세계를 인식해 나가는 감각 운동기 유아의 자연스러운 행동 특성을 나타내는 것이다. 유아가 모니터에 뜨는 다양한 색을 보고, 스피커에서 나오는 소리를 들으며, 여러 가지 애니메이션을 보고, 마우스를 연결하는 코드를 입으로 깨물어 보고, 키보드를 두드리고 만져 보는 것 등은 컴퓨터를 탐색하는 유아의 자연스러운 행동이다. 이 시기의 유아에게 마우스를 움직이고 스크린의 움직임이 바뀌는 것을 관찰하도록 하는 것을 기대하는 것은 무리이다. 그러나 집에 사용하지 않는 컴퓨터가 있으면 전선을 연결하지 않은 상태에서 키보드를 마음껏 두드리거나 만져 보면서 컴퓨터를 탐색할 수 있도록 해 주는 것이 적절하다.

② 2~4세

유아들은 컴퓨터에 대해 부모나 형제들과 대화하기 시작한다. 이 시기에 적합한 많은 사이트와 활동들은 대부분 부모와 유아가 함께 탐색하도록 권장하고 있는데, 이는 인터넷 안전 문제와 더불어 유아에게 즐거운 경험을 보장하고 인터넷 사용이 서투른 유아와 어른들 사이의 관계를 증진하는 데 도움이 된다. 스스로 탐색이 가능할 만한 독립심을 가진 3살 이상의 유아들은 자신들의 방식으로 발견하고 실수하는 경험을 하지만, 이것은 유아들이 자유롭게 인터넷을 사용할 수 있다는 것을 의미하는 것은 아니다. 이 시기의 유아는 '컴퓨터는 대단히 바쁜 상자'라고 생각하며 모니터에 물체가 뜨는 것을 볼 수 있고 인식하게 된다. 그리고 어른들을 흉내 내어 컴퓨터를 조작해 보기를 원한다. 이 시기에 적합한 프로그램은 걸음마기의 유아들이 흥미를 가질 수 있는 것으로 노래를 듣고 그림과 애니메이션 등을 볼 수 있는 종류이다.

③ 4~7세

유아들은 각자의 방식으로 인터넷을 탐색하기 시작한다. 상상 속의 생명체가 실제로 존재한다고 믿는 아동기는 '마술 같은 시기(magical years)' 이므로 인터넷이 어떻게 작동하는지 이해하지 못하고 온라인상에서 혼자 주의 깊은 결정을 내리지 못한다. 이 시기 유아들에게 매우 안전한 곳에서 단순한 규칙 아래 인터넷을 사용하도록 만드는 것은 전적으로 부모의 책임이다. 유아들은 자신의 발견을 확장할 수 있는 사이트에서 긍정적인 결과를 경험하는 것이 중요하다. 여기서 주의해야 할 것은 위험한 사이트를 피하는 것뿐만 아니라 유아들을 나쁜 길로 인도하지 않는 사이트를 방문하고 있다는 것을 보장하는 것이다.

이 시기의 유아들은 컴퓨터를 사용하는 데 놀라운 발전을 보인다. 발달 특성상 조금 오래 앉아 있는 것이 가능하기 때문에 유아는 컴퓨터 앞에 잘 앉아 있는다. 또한, 소근육이 발달하여 마우스를 혼자서 조절할 수 있어 컴퓨터 활동을 즐기게 된다. 그러나 유아마다 마우스를 사용하는 기술은 컴퓨터 사용 경험 및 발달의 차이에 따라 다르게 나타난다. 아직은 성인의 무릎에 앉아 성인과 함께 화면에서 일어나는 것을 보면서 음악을 따라 하는 것을 좋아한다.

④ 7~10세

사회적인 인정과 정보를 얻기 위해 가족의 밖으로 시선을 돌리기 시작하고, 또래의 지지와 인기가 유아들에게 중요시된다. 이 시기는 마술 같은 시기(magical years)와 왕성한 호르몬의 시기(the era of raging hormones) 사이에 있는 소중한 시기이므로 유아가 완전히 혼자 내버려 둬도 될 정도로 식견을 가지고 있는 것은 아니지만 끊임없이 어깨 너머로 감독해 줘야 할 필요도 없다. 부모의 지도 아래 스스로 결정하는 것을 연습하기 시작하고, 어른의 지시에 잘 반응하며 규칙을 따르고자 노력하고 안전하고 책임감 있게 인터넷을 사용하는 것을 교육시키기 위해 모든 사용 가능한 교육 방법을 쓸 수 있는 중요한 때다. 이 시기에 토론이나 학습으로 형성된 도덕적 가치관과 학습 내용은 10대 청소년 시기까지 계속 영향을 미치게 되므로 안전한 인터넷 사용에 대한 교육이 절대적으로 필요하다. 자녀가 유치원 숙제나 학습을 하기 위해 인터넷을 사용하기 시작하는 시기이므로 단순한 검색 작업이나 잡담, 게임 같은 것보다는 숙제를 위한 탐구 도구로서 그리고 혼자서 양질의 정보 탐색을 하는 데에 인터넷을 사용하도록 권장해 주어야 한다. 이 시기의 유아는 컴퓨터 프로그램을 메뉴에서 호출하여 사용할 수 있다. 또한 소프트웨어 안에 있는 정보를 사용할 수 있으며 어느 정도의 도움을 받는다면 흥미 있는 주제에 관련된 정보를 인터넷에서 찾을 수 있다. 이 시기에는 자판과 글자가 어디 있는지 알게 되고 글자를 찾거나 자기 이름을 적을 수 있다. 그러나 키보드에 타이핑하는 것은 기대하지 말아야 한다.

3) 인터넷 중독

(1) 인터넷 중독 개념 및 특징

인터넷 중독의 개념을 이해하기에 앞서 중독에 대한 임상적 개념을 살펴보면, 중독은 일반적으로 알코올, 니코틴, 마약류, 기타 화학물질 등 약물에 의하여 반복적 사용으로 야기되는 상태를 의미한다(김승옥, 김혜수, 이경옥, 2007; Young, 1996). 이는 약물 중독으로 야기되는 생리적 의존성에 의해 같은 효과를 얻기 위해 점차 용량을 증가시켜야 하는 내성(tolerance), 약물의 공급이 중단되거나 양이 감소되었을 때 나타나는 금단 증상(withdrawal syndrome)이 야기된다. 그러나 약물의 반복적인 사용에 의해서 뿐만 아니라 도박, 쇼핑, 인터넷 등 특정 행동에 있어서도 내성과 금단은 중독 의존 증상이 발생될 수 있다. 따라서 현재는 특정 행위의 반복이나 집착 등으로 야기되는 심리적 및 사회적 의존증을 의미하는 '행동 중독(behavior addiction)' 도 중독이라 명명하는 추세이다(김유정, 2002). 인터넷 중독은 게임 중독, 채팅 중독, 커뮤니티 중독 등 다양한 하위 영역을 총칭하는 상위개념으로 게임 중독보다 더 포괄적인 개념이다. 인터넷 중독은 단순히 어떤 대상을 탐닉하는 것 외에 의존성, 내성, 금단 증상, 일상생활 장애, 가상세계 지향 등의 증상을 나타낸다(김신정, 2003; Watters, 2003). '내성' 은 인터넷을 하면 할수록 점점 더 많은 시간과 노력을 투여하게 되면서 게임을 지속하려는 행동을 강화하게 되는 것을 말하고, '금단' 은 인터넷을 하지 않으면 안절부절못하며 불안 증상을 보이는 것을 말한다.

〈표 4-2〉 인터넷 중독의 개념

연구자	개 념
Young, K. S.(1996)	인터넷 사용자가 약물, 알콜, 또는 도박에 중독되는 것과 유사한 방식으로 인터넷에 중독되는 심리적 장애
김청택 등(2002)	인터넷 사용에 대한 금단과 내성을 지니고 있으며 이로 인해 일상생활의 장애가 유발되는 것
한경아(2003)	인터넷 중독은 내성과 금단 현상 및 심각한 심리, 사회적 문제를 야기시키는 인터넷의 과도한 사용
이순묵 등(2005)	개인적인 만족감을 얻기 위하여 시작된 인터넷 사용 행동이 점차 사용 시간이 증가되어 동일한 만족을 얻기 위해서는 더 많은 시간을 지속하게 되고, 중단했을 때 신체적, 심리적으로 불쾌감과 불만족감을 초래하여 분명하게 사회적, 심리적, 신체적으로 부정적인 영향이 발생되고 있음에도 불구하고 자기통제력을 상실하고 부적응적인 인터넷 사용 행동이 지속되고 있을 때

인터넷 중독은 게임 사용 시간의 증가로 인해 신체적 정신적으로 불안감을 초래하고 일상생활에 부정적인 영향을 유발하는 것으로 현실세계보다는 게임 속의 가상세계를 지향하며 스스로 자신의 게임행동을 통제하기 힘들거나 습관적으로 게임을 지속하게 되는 경향성을 말한다(이경옥 외, 2006).

〈표 4-3〉 인터넷 게임 중독의 개념

연구자	개 념
어기준(2000)	컴퓨터 게임이 자신의 일상생활에 큰 비중을 차지하고 있으며, 목적에 의한 행위로서의 작용이 아니라 그 자체가 하나의 습관으로 자리 잡고 있는 상태이며, 컴퓨터 게임에 대한 통제력을 상실하여 게임에 대한 자제를 인정하면서도 자신의 의지대로 통제하지 못하는 상태
이송선(2000)	컴퓨터 게임을 절제하지 못하고 과도하게 빠져들어 중독적인 증상이 나타나는 것으로, 게임에 중독될 경우 게임을 통해 해소를 하려는 심리적인 의존과 중단했을 때 나타나는 금단, 내성, 증상과 학업, 사회적인 기능상의 심각한 변화와 부적응을 보이는 것
이유경(2002) 한경아(2003)	컴퓨터 게임을 절제하지 못하고 과도하게 빠져들어 중독적인 증상이 나타나는 것

연구자	개 념
이경님(2004)	게임에 몰입하고 만족하기 위해 게임 시간을 더 늘이는 내성 현상이 있으며, 반복적인 접속으로 인해 학업에 소홀하고 현실의 일상생활에 흥미를 잃어 인간관계보다 게임에 몰두하고 게임을 하지 않으면 불안, 초초, 환상 등의 금단 현상을 경험하는 것
노운정(2005)	온라인게임에 몰두하는 시간이 많고 이로 인해 일상생활에 지장을 초래하는 상태
박성혜(2001)	인터넷 중독의 하위 유형으로 신체적, 사회적, 정서적으로 부작용을 낳고 있다. 즉, 과도한 게임 사용으로 인해 학업과 가정 및 대인관계에 지대한 영향을 끼치고 현실과 가상공간을 구분하지 못하게 되는 등의 심각한 문제를 야기하는 증상이 나타남
이경옥, 김민화, 김승옥, 김혜수 (2006)	게임 사용 시간의 증가로 인하여 신체적, 정신적으로 불안감을 초래하거나 일상생활에 부정적 영향을 유발하는 것으로, 현실세계보다는 게임 속의 가상세계를 지향하며 스스로 자신의 게임행동을 통제하기 힘들거나 습관적으로 게임을 지속하게 되는 경향성

유아 및 초등 저학년 아동의 게임 중독 경향성이란 일차적으로 아동의 게임행동을 지지하는 가정환경, 부모행동과 관련된다. 이를 기반으로 하여 '부적절한 가정환경 및 부모의 양육환경으로 인하여 유아 및 어린 아동의 게임 사용이 부적절하게 이루어지고 이로 인하여 유아 및 아동의 신체적, 심리적 부적응을 초래하거나 일상생활에 부정적 영향을 유발하여 현실세계보다는 게임 속 가상세계를 지향하며, 자신의 게임행동을 통제하지 못하고 습관적으로 게임을 지속하게 되는 경향성' 을 의미한다. 따라서 유아 및 초등 저학년 아동의 게임 중독 경향성을 과도한 인터넷 게임 사용과 관련된 환경적 특성, 게임 지향적 생활, 내성과 통제력 상실, 금단 및 정서 반응과 같은 하위 요인으로 구성된다.

〈표 4-4〉 유아 및 초등 저학년 아동의 게임 중독 경향성 하위 요인별 개념 정의

하위 요인	개념 정의
게임 과다 사용과 관련된 환경적 문제	부모와 가족들이 아동을 관리하기 어려운 가정환경과 관련된 것으로 부모의 양육 시간과 관리의 질 문제, 자녀의 게임행동에 대한 관심과 문제의식의 결여, 부모와 가족 자신의 게임 중독 문제의 가능성 등 아동의 게임행동을 지지할 수 있는 가정환경적 특성을 말한다.
게임 지향적 생활	아동이 가지고 있는 보편적인 관심사가 게임에 몰두되어 있어 대인관계와 다른 일상의 활동들에서 부적응의 경향을 보이는 특성을 말한다.
내성과 통제력 상실	게임을 지속하기 위하여 일상생활에서 요구되는 활동들을 적절하게 수행하지 못하며, 게임을 통해 같은 정도의 만족감을 얻기 위해 점점 더 많은 시간과 더 높은 강도의 게임에 몰두하는 것과 관련된 행동적 특성을 말한다.
금단과 정서반응	게임행동을 제지하거나 게임을 중단할 때 나타나는 신체적, 심리적 반응과 게임을 지속하기 위하여 행하게 되는 행동적 특성들을 말한다. 즉, 게임 중단 이후 나타나는 불안, 초조, 우울, 짜증, 분노 등 정서적 반응, 공격적인 행동, 다른 활동으로의 빠른 이행 등을 예로 들 수 있다.

인터넷에 과몰입하는 유아들은 성장하면서 여러 가지 부작용을 경험하게 된다. 공격성, 충동성, 신체 및 언어 폭력성, 고립감 및 우울감 유발, 자아정체성의 상실, 가족 및 친구 등의 대인관계 악화, 유치원(어린이집) 생활의 낮은 적응력을 보이게 된다(김승옥, 이경옥, 2007). 특히 인터넷 게임 중독은 식사와 수면, 놀이 등과 같은 일상생활에서 그 증상이 분명하게 나타나고 또래와의 놀이에 흥미를 잃게 되어 또래관계에 위기를 초래하기도 한다. 가상과 현실을 구별하지 못하는 행동으로 공격적이거나 충동적이며 폭력적인 행동이나 언어 사용이 증가하며, 이러한 현상은 관계에서 부적응이나 고립감, 우울감을 증가시키는 형태로 나타난다. 또한 가족과의 대화가 단절되기 때문에 갈등을 발생시키고 심해지면 사회와 단절되어 다른 사람과 교류하지 못하는 문제점이 생길 수도 있다. 이러한 인터넷 중독 현상이 유아기에 나타나게 되면 청소년 시기를 거쳐 성인이 되면서 더욱 심하게 나타날 가능성이 크므로 유아 시기의 인터넷 과다 사용, 또는 중독 문제에 대해 더욱 관심을 가져야 한다.

온라인 게임의 특징

✖ 사람과 사람이 하는 게임

기존의 게임이 컴퓨터와 인간이 하는 게임이라면 온라인 게임은 사람과 사람이 게임을 할 수 있도록 만들어진 것이다. 여러 명이 함께 게임을 할 수도 있고, 시간과 장소에 관계없이 동시에 접속할 수 있다.

✖ 게임 내용 만들기

컴퓨터 게임은 컴퓨터에 저장된 프로그램을 통해 정해진 이야기와 형식에 맞춰 진행되었지만 온라인 게임은 이용하는 사람이 캐릭터, 이야기, 형식 등을 자유롭게 바꿀 수 있다.

✖ 대화하기

사람과 사람이 하는 게임이기 때문에 온라인 게임을 하면서 대화를 통해 서로 의견을 나눌 수 있다. 게임을 통해서 새로운 친구를 만날 수 있다.

✖ 캐릭터와 아이템

게임을 이끌어 가는 캐릭터를 만들 수 있고 다양한 아이템 구입을 통해 여러 가지 방법으로 게임을 이끌어 갈 수 있다.

출처: 우리는 게이머, 멋진 인터넷 세상 만들어요. 한국인터넷진흥원(2011), p. 12

(2) 유아의 인터넷 중독 실태

유아의 인터넷 중독 실태를 한국정보화진흥원(2010)의 연구 결과를 토대로 살펴보면 다음과 같다. 취학 전 아동의 80.0%가 인터넷 게임을 사용한 경험이 있는 것으로 나타났으며, 그중 위험군은 3.1%, 잠재군은 4.1%, 환경개선군은 13.5%, 일반군은 79.3%로 조사되었다. 이들의 인터넷 사용 시작 시기는 주로 만 4~5세(64,2%)이었으며, 사용 횟수는 주 1~2회 사용하는 아동이 68.2%로 다수를 차지하였고, 주 5회 이상 사용하는 아동이 13.4%로 나타났다. 1회 평균 이용 시간은 30분~1시간 46.4%, 30분 이내는 31.8%, 1시간 이상은 4.5%로 나타났다. 인터넷

외의 게임 매체를 이용하는 아동은 43.2%나 되었고, 1회 평균적인 게임기 이용 시간은 90.2%가 30분 이상 사용하고 있었으며 이들 중 1시간 이상을 사용하는 아동은 9.0%나 되었다.

인터넷 게임을 사용하는 아동의 15.9%가 인터넷 사용과 관련한 문제를 경험하고 있으며, 이 중 과다 사용으로 인한 문제를 3세 35.8%, 4세 30.2%, 5세 23.6%가 경험하는 것으로 나타냈다. 여아에 비해 남아가 많고, 아동의 연령이 높을수록, 인터넷으로 인한 문제 발생 정도가 많을수록, 인터넷의 이용 주기, 1회 평균 이용 시간, 게임기 이용 주기 등이 증가할수록, 아동의 문제행동이 심각한 것으로 나타났다.

인터넷 게임 사용 경험이 있는 아동들 중 중독 위험군, 잠재군의 비율은 만 3세의 5.6%, 만 4세의 22.2%, 만 5세의 72.2%로 나타났다. 이들 중 대부분(72.2%)이 남아이며, 거의 매일 사용하는 아동은 46.3%이며, 30분~1시간가량 사용하는 아동은 51.9% 로 나타났다. 이들의 부모들 중 31.9%는 자녀의 인터넷 콘텐츠 사용 경험이 없는 것으로 나타났다. 이와 같이 유아의 인터넷 중독의 위험군과 잠재군은 만 3~4세에 비해 만 5세에 급격히 증가되어 만 5세 유아들의 안전한 인터넷 이용에 대한 교육이 시급하다.

(3) 인터넷 중독의 원인

일반적으로 과다한 인터넷 이용으로 일상생활에 심각한 신체적, 정신적, 경제적, 직업적, 사회 적응적 기능 손상을 초래하는 상태에 이르게 하는 원인으로는 사회 환경적 요인, 인터넷 자체의 속성, 개인적 성향 등으로 구분할 수 있다. 특히 유아들의 환경적 요인과 개인적 성향에 따른 인터넷 이용이 유아에게 미치는 영향이나 인터넷을 이용하는 유아의 행동이 다르게 나타날 수 있다. 환경적 요인으로는 핵가족과 맞벌이 부부의 증가, 입시 위주의 교육 환경, 놀이 문화의 부재 등을 들 수 있으며, 개인적 성향으로는 인터넷 매체의 접근 용이성, 홍미와 호기심을 유발하는 콘텐츠, 오프라인보다 빠른 대인관계 형성 등 인터넷 매체적 속성, 그리고 자존감, 우울증, 경쟁의식 등을 들 수 있다.

인터넷 중독에 따른 증상을 살펴보면 강박적 집착과 이용, 내성과 금단 현상,

일상생활 장애, 신체적 증상, 시간에 대한 왜곡, '1분만 더 증후군'을 들 수 있다. 즉, 인터넷 중독은 거의 하루 종일 인터넷을 할 생각에 사로잡혀 있고 대부분의 시간을 인터넷을 하면서 보낸다. 인터넷을 하지 않는 동안에도 인터넷에서 벌어지고 있는 일들에 대한 생각에 사로잡혀 시간을 보내며 이전과 똑같은 만족을 얻기 위해 인터넷을 하며 보내는 시간이 점점 더 늘어나고 내용도 더 자극적인 것을 찾게 된다. 인터넷을 하지 않으면 왠지 허전하고 불안해서 견디지 못하게 된다.

인터넷을 지나치게 이용함으로써 일상생활에 심각한 영향을 끼치게 되며, 인터넷 이용을 방해받게 되면 몹시 화를 내거나 부모에게 반항하는 행동을 보인다. 또한 인터넷을 하기 위해 거짓말을 자주 하는 등 주변 사람들과의 갈등을 경험하게 되며, 인터넷을 오랜 시간 하면 신체적 건강에 문제가 발생하게 된다. 그리고 시간 개념을 잊어버리려고 인터넷에 몰두하다 보면 한 시간 후에도 1분밖에 지나지 않은 것처럼 느끼게 되고, 1분만 혹은 한 번만 더 하면 인터넷을 그만둘 수 있을 것 같은 느낌을 가지게 된다. 유아에게 인터넷 중독으로 인한 문제행동이 발견되면 부모 또는 교사의 적극적이고 효과적인 개입 방안의 모색이 필요하다.

(4) 인터넷 중독의 문제

① 안전의 문제

유아들이 인터넷 이용 시 무방비 상태에서 유해 사이트에 접속, 노출되는 경우가 많다. 그러나 유아의 발달적 특성과 연령별 인터넷 안전관리 기준 및 제도는 미비하다. 인터넷 및 게임 중독은 예방이 최선이므로 적절한 안전관리 기준을 마련하여 관리하여야 함에도 불구하고 아직까지는 이러한 장치 마련이 부족한 실정이다.

또한 인터넷 및 게임의 유해성에 대한 부모들의 인식 부족, 유아의 인터넷 및 게임 중독의 개념과 접근 방식에 대한 이해가 부족하다. 특히 유아의 인터넷 및 게임 중독의 심각성에 대한 이해도 부족하기 때문에 초기 인터넷 이용 습관의 중요성이 강조되어야 한다.

② 교육적인 문제

유아의 발달적 특성에 비추어 볼 때 컴퓨터를 학습할 준비가 되어 있는지가 매우 중요하다. 그리고 유아의 관심과 흥미에 적절한 방식으로 컴퓨터를 활용하는 것이 요구되며, 컴퓨터에 대한 욕구 조절 및 통제가 가능해야 한다. 교육적인 측면에서 볼 때 인터넷은 유아에게 적절한 많은 활동 중 하나로 대치될 수 있어 교육 매체의 하나로 인식되어야 한다.

또한 유아기는 또래관계 형성 등 사회성 발달의 중요한 시기이다. 그러나 인터넷 중독은 유아의 사회적 접촉을 차단하고 가족이나 또래 간 상호작용의 기회를 박탈하는 결과를 초래하게 된다. 유아가 지나친 인터넷 사용으로 혼자만의 세계에 빠지지 않도록 또래(친구)나 가족이 함께 상호작용하면서 활동하는 것이 바람직하다.

③ 자율성과 통제의 문제

지나친 인터넷 사용으로 인해 자기 통제적 기능을 상실하기 쉽기 때문에 지나치게 인터넷 흥미에 빠져들지 않도록 유아의 적절한 인터넷 사용 습관을 형성하는 것이 바람직하다. 그러나 유아의 인터넷 사용 습관을 기르기 위한 가정과 유아교육기관의 이해가 부족하여 초기 인터넷 교육의 중요성을 간과하기 쉽다.

인터넷이 연령을 불문하고 많은 사람에게 영향력 있는 매체가 되면서 인터넷 및 게임 중독, 정보 과부하 등과 같은 다양한 영역에서 인터넷 과몰입 및 중독 현상과 관련된 역기능이 발생하게 된다. 특히 어린 연령일수록 중독 양상이 더욱 심화되고 빠른 속도로 증가하여 발달 초기 게임 중독이 성인기로 이어질 경우 심각하고 다양한 사회적 문제로 확대될 가능성 높다(김주연, 2002; Brenner, 1997).

④ 윤리적인 문제

부적절한 인터넷 문화와 상업적 사이트가 다수 양성되고 있지만 이에 대한 적절한 대책은 부족한 실정이다. 이러한 문제는 인터넷 사용에 따르는 사생활 및 인권 침해, 각종 컴퓨터 범죄, 불건전 정보의 유통 등과 같은 비윤리적 문제들과 관련된 다양한 문제점들이 지적되고 있다(황해익 외, 2001).

⑤ 문화 환경적 문제

아동용 사이트의 경우, 교육적 측면이 무시되고 오락성, 폭력성이 부각된 형태로 아동에게 부적절한 내용의 게임이 차지하고 있다. 아동에게 부적절한 게임(예: 스타크래프트) 혹은 교육성 부재의 게임(예: 크레이지 아케이드, 카트라이더)이 주를 이루고 있으며, 일부 포털 사이트에서 제공되는 아동 대상 게임의 경우 탄탄한 기획 및 시나리오가 부재하고 디자인적 요소가 약한 경향이 있다.

거대한 유아 · 아동교육 시장에서 일부 교육 매체의 보조적 수단으로 게임이 제공되고 있으나 교육성과 게임성이 적절히 통합되지 못하고 있는 실정이다. 학습 위주의 교육 환경에서 아동의 스트레스를 해소할 수 있는 적절한 놀이 문화 및 놀이 공간이 부재한 실정이다. 아동의 스트레스를 해소할 수 있는 적절한 놀이 공간 및 건전한 오락 문화의 개발이 요구된다.

✤ 인터넷 중독 예방 수칙

- 하루 중 컴퓨터를 켜고 끄는 시간을 일정하게 정하고, 꼭 지키도록 노력한다.
- 혼자서 컴퓨터를 사용하는 것을 피한다.
- 오락과 휴식의 도구로서의 컴퓨터 사용을 줄인다.
- 신체적 활동을 하는 시간을 늘린다.
- 사이버 공간이 아닌 현실 공간에서의 대인 관계를 늘린다.
- 대안 활동을 찾는다.
- 인터넷 중독 예방을 위한 소프트웨어를 사용한다.

✤ 인터넷 중독 진단하기

- 인터넷 중독 예방 상담센터에 접속한다(http://www.iapc.or.kr).
- 인터넷 중독 자가진단을 실제로 해 본다.
- 자가 진단 결과를 확인한다.
- 사용자군의 특징을 살펴본다.

✤ 컴퓨터 음란물에 대한 대처 방안

- 제대로 된 성교육을 한다.
- 컴퓨터를 가족 공용화한다.

- 밤늦도록 컴퓨터를 이용하지 않는다.
- 부모가 컴퓨터를 배운다.
- 컴퓨터 외에 다른 취미 활동을 권한다.
- 음란물 대응 소프트웨어를 이용한다.
- 유해 정보가 발견되면 신고한다.

출처: 정보통신부. 한국인터넷진흥원(2006), pp. 74-76

2. 인터넷 안전

1) 인터넷 안전 관련 측정도구

우리나라의 경우 평균 3.2세부터 인터넷을 사용하게 되며, 인터넷을 사용하는 만 3~5세 사이의 유아의 경우에도 84.9%가 게임과 오락이 인터넷을 사용하는 주된 목적으로 보고되었다(정보통신부, 한국인터넷진흥원, 2006). 이러한 결과는 인터넷 게임 사용 연령이 낮아지고 있음을 시사하며 어린 연령에서부터 과도한 게임 사용으로 인한 문제의 가능성이 커지고 있으므로 이를 위한 대안 마련이 시급함을 의미한다. 유아의 인터넷 게임 중독 문제는 아동이나 청소년 및 성인들과는 달리 심각하게 보고되지 않았으며, 앞으로의 발달 과정을 통하여 변화된 양상을 나타낼 수 있는 가변성이 크기 때문에 특정 아동의 게임행동에 기초하여 게임 중독으로 안정된 진단을 내리기에는 어려움이 있다. 그러나 유아가 무방비 상태에서 피해를 받을 경우 역기능 문제가 더욱 심각해질 수 있다. 어린 연령일수록 역기능 양상이 더욱 심화되고 빠른 속도로 증가하며 의존율이 높은 경향을 보인다. 발달 초기 역기능 피해가 성인기로 이어질 경우 심각하고 다양한 사회적 문제로 확대될 가능성이 높기 때문에(김주연, 2002; Brenner, 1997) 유아의 안전하고 건강한 인터넷 사용을 위해 인터넷 사용 초기부터 인터넷의 특성 및 인터넷 사용에 따른 문제점을 스스로 인지하여 대비하도록 도와주어야 한다. 또한 교사나 학부모가 적절한 지도를 제공할 수 있는 사전 예방적 차원의 접근이 이루어지기 위해서는 유아의 인터넷 안전과 관련된 정확한 측정이 요구된다. 우리나라에서 유아의 인터넷 안전 관련 측정도구로는 유아 및 초등 저학년을 위한 부모용 인터넷 게임 중독 경향성 척도(한국정보화진흥원, 2006)와 유아의 인터넷 안전의식 측정도구(김승옥, 2008)가 있다.

(1) 유아 및 초등 저학년을 위한 부모용 인터넷 게임 중독 경향성 척도

유아 및 초등 저학년(만 5~8세)을 위한 인터넷 게임 중독 경향성 척도는 총 18문항으로 구성된 간편형 척도로 부모가 자녀의 게임행동 및 게임 환경을 평가할 수 있다. 척도를 구성하는 각 문항은 자녀의 게임 환경과 게임행동의 현재 상태에 대한 서술문으로 제시되어 있다. 각 문항은 아동 및 청소년용 인터넷 게임 중독 척도와 마찬가지로 4점 척도로 구성되어 전혀 그렇지 않다(1), 때때로 그렇다(2), 자주 그렇다(3), 항상 그렇다(4)로 응답하도록 하였다. 유아 및 초등 저학년을 위한 부모용 인터넷 게임 중독 경향성 척도의 하위 문항 및 유형별 특성은 다음과 같다.

〈표 4-5〉 유아 및 초등 저학년을 위한 부모용 인터넷 게임 중독 경향성 척도

게임 중독 환경 특성 내용	전혀 그렇지 않다	때때로 그렇다	자주 그렇다	항상 그렇다
1. 부모의 형편상(직장생활, 질병 등) 집에서 아이의 하루 생활을 관리하는 데 어려움이 있다.	1	2	3	4
2. 우리 아이는 혼자서 시간을 보내는 경우가 많다.	1	2	3	4
*3. 우리 아이가 게임을 하는 데 보내는 시간이 얼마나 되는지 알고 있다.	4	3	2	1
*4. 아이가 하는 게임의 종류나 시간에 대해 일관된 양육 기준을 가지고 관리한다.	4	3	2	1
* 역문항	총 점		/ 16	

게임 중독 행동 특성 내용	전혀 그렇지 않다	때때로 그렇다	자주 그렇다	항상 그렇다
1. 우리 아이는 친구들과 만나는 것보다 집에서 게임하는 것을 더 좋아한다.	1	2	3	4
2. 우리 아이는 또래와 놀 때에도 주로 게임을 한다.	1	2	3	4
3. 우리 아이는 가족이나 친지의 모임에서도 게임만 하려고 한다.	1	2	3	4
4. 우리 아이는 외출을 할 경우 (게임을 하고 싶어) 집에 빨리 들어오려고 한다.	1	2	3	4
5. 우리 아이는 게임 아이템을 사달라고 하거나 캐쉬 충전을 해달라고 조르는 경우가 있다.	1	2	3	4
6. 우리 아이의 놀이나 대화 내용은 주로 게임과 관련된 것이다.	1	2	3	4
7. 우리 아이는 게임 이외의 다른 활동에는 별다른 흥미가 없다.	1	2	3	4
8. 우리 아이는 일상생활 중에도 게임에 대한 생각을 많이 한다.	1	2	3	4
9. 우리 아이는 밖에서 노는 것보다 집에서 게임하기를 원한다.	1	2	3	4
10. 우리 아이는 게임을 못하게 하면, 불안해하거나 다른 일에 의욕을 보이지 않는다.	1	2	3	4
11. 우리 아이는 게임을 하지 못한 날에는 괜한 심통을 부리거나 사소한 일에 화를 낸다.	1	2	3	4
12. 우리 아이는 게임을 할 때 자기도 모르게 욕을 하거나 흥분된 모습을 보인다.	1	2	3	4
13. 우리 아이는 게임을 할 때 컴퓨터가 느리거나 게임 사이트에 문제가 생기면 안절부절못하며 과격하게 행동한다.	1	2	3	4
14. 우리 아이는 폭력적이거나 잔인한 게임 장면에 아무렇지도 않게 반응한다.	1	2	3	4
	총 점		/ 52	

		게임 중독 행동 특성	
		부적절(22점 이상)	적절(21점 이하)
게임 중독 환경 특성	부적절(9점 이상)	위험군	환경개선군
	적절(8점 이하)	잠재군	일반군

〈표 4-6〉 유아 및 초등 저학년을 위한 부모용 인터넷 게임 중독 경향성 척도 해석

유형	분류 기준	특성	비고
게임 중독 경향 위험군	게임 중독 행동 특성 22점 이상이고, 게임 중독 환경 특성 9점 이상	현실세계보다는 가상의 게임세계에 대한 흥미가 높아 게임에 몰입하고 있으며, 게임을 중단하는 경우 부정적인 행동이나 정서반응을 보인다. 부모와 가정환경적 특성이 자녀의 부정적 게임행동을 조장하는 경향이 크기 때문에 앞으로 게임 중독으로 발전할 경향성을 지닌 집단이다.	아동의 게임행동 문제 전문 상담 및 부모교육 요망
게임 중독 경향 잠재군	게임 중독 행동 특성 22점 이상이고, 게임 중독 환경 특성 8점 이하	현실세계보다는 가상의 게임세계에 대한 흥미가 높아 게임에 몰입하고 있으며, 게임을 중단하는 경우 부정적인 행동이나 정서반응을 보인다. 그러나 부모와 가정환경적 특성이 자녀의 게임행동에 비교적 적절한 대처를 하고 있으나 유아의 게임행동을 보다 적절히 조절해 주지 않는다면 앞으로 게임 중독의 위험성이 높은 집단이다.	아동의 게임행동 문제 상담 및 관리 요망
게임 중독 경향 환경개선군	게임 중독 행동 특성 21점 이하이고, 게임 중독 환경 특성 9점 이상	현재 나타내고 있는 게임 중독 행동의 문제는 적으나 부모와 가정환경적 특성이 적절한 지도와 대처를 하지 못하기 때문에 환경적 문제의 개선이 이루어지지 않으면 앞으로 아동의 게임 중독 행동의 문제가 나타날 가능성이 있는 집단이다.	게임행동에 대한 지속적 관리 및 부모교육 요망
게임 중독 경향 일반군	게임 중독 행동 특성 21점 이하이고, 게임 중독 환경 특성 8점 이하	게임행동과 이에 대한 부모 및 가정환경적 대처가 적절하므로 게임 중독의 경향성은 상대적으로 낮은 집단이다. 지속적인 관심과 지도가 필요하다.	일반적인 관리 요망

출처: 유 · 아동 및 청소년의 인터넷 게임 중독 척도 개발 연구. 한국정보화진흥원(2006)

유아의 인터넷 중독 진단은 인터넷 중독 예방 상담센터 홈페이지(http://www.iapc.or.kr)의 ‘중독 진단-게임 중독 진단-유아 대상’ 에서 테스트할 수 있다.

[그림 4-2] 인터넷 중독 예방 상담센터 홈페이지

(2) 유아의 인터넷 안전의식 측정도구

유아의 인터넷 안전의식 측정도구(김승옥, 2008)는 인터넷 안전의 개념 및 구성요인을 분석하고, 이에 기초하여 유아의 인터넷 안전의식을 적절하게 측정할 수 있도록 책임 6문항, 네티켓 5문항, 과몰입 7문항의 총 3요인 18문항으로 개발되었다. 각 문항은 문항에 대한 유아의 이해를 높이기 위하여 그림 자료를 포함하였으며, 그림을 활용한 유아의 인터넷 안전의식 측정도구는 인터넷 사용에 대한 유아의 안전의식을 측정하여 인터넷 과몰입 및 안전교육 등 더 집중된 조기 중재 프로그램들을 제안함으로써 앞으로 더 심각한 역기능 문제를 조기에 발견하고 위험에 적절히 대응하는 데 활용될 수 있을 것이다.

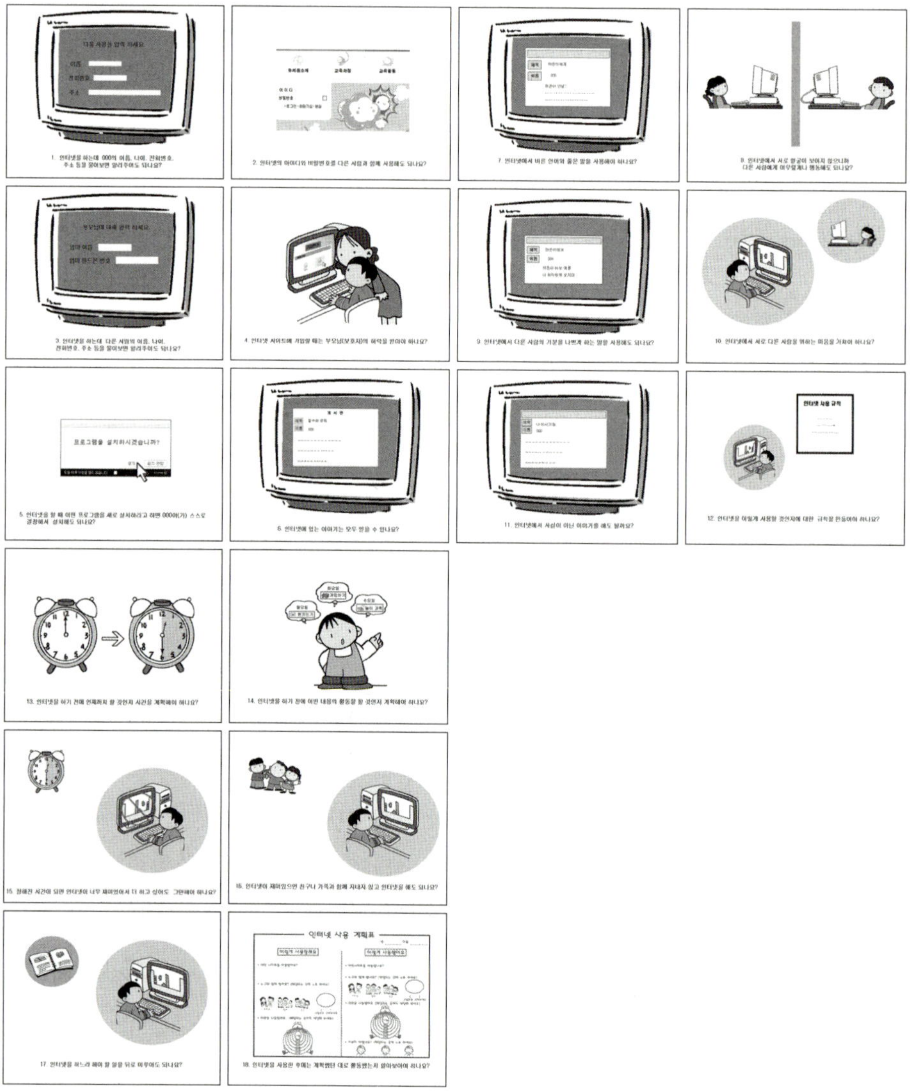

[그림 4-3] 유아의 인터넷 안전의식 측정도구(남아용)

2) 인터넷 안전교육 프로그램

최근 매스컴에서는 유아의 인터넷 이용에 따른 역기능 문제들이 지속적으로 보도되고 있다. 김승옥, 이정수, 이경옥(2008)의 연구에 의하면, 유아의 인터넷 사용에 따르는 역기능 문제는 인터넷 중독, 인터넷 사용 습관에 따른 발달 문제, 유해 사이트 접속, 무례한 통신예절, 개인정보의 오남용 등 전반적인 부분에서 발생하고 있으며 만 3세부터 시작하여 주로 만 4세와 5세에서 많이 발생하는 것으로 보고되었다.

초등학생부터 성인에 이르기까지 인터넷 중독 증상이 있는 사람들은 치료 및 중재를 통해 정상적인 생활로 복귀하는 데 많은 시간과 노력이 필요하다. 그러나 유아는 대안 활동 및 안전한 인터넷 환경 제공 등으로 인터넷 중독 증상을 비교적 빠른 시일 내에 해결할 수 있다(이경옥 외, 2007). 따라서 유아의 인터넷 중독에 영향을 주는 변인을 찾아내어 적기에 개입하는 것이 매우 중요하며 인터넷 중독 예방 및 상담치료 프로그램을 적용하는 것과 같은 근본적이고 적극적인 개입이 중요하다. 유아의 인터넷 중독 문제를 해결하기 위해 개발된 대표적인 프로그램은 다음과 같다.

〈표 4-7〉 초등 및 유아 대상 인터넷 중독 관련 프로그램

연구자	프로그램명	대상	회차	주요 활동 내용	활동 방법
한국정보화진흥원(2007)	유아를 위한 바른 인터넷 첫걸음	유아 교사용	10회기	• 유아교사용 지도서 – 정보사회의 모습 – 올바른 정보생활 – 안전한 인터넷 활용	동화, 게임, 이야기 나누기, 조사
정아란(2007)	유아의 컴퓨터 게임 과몰입 예방교육 프로그램	유아	12회기	• 교사와 유아 간 친밀감 형성 • 나의 컴퓨터 습관 파악 • 컴퓨터 순기능, 역기능 알기 • 게임 시간표 작성 • 대안 활동 찾기	미디어 시청, 계획표 작성, 캠페인 활동, 실내·외놀이, 활동지
한국정보화진흥원(2007)	취학전 아동 인터넷 중독 예방 프로그램	유아	4단계, 6회기(26활동)	• 문제 제기 • 나의 인터넷 사용 습관 • 바른 인터넷 사용 • 무서운 인터넷 • 이제는 바꿔요! • 나도 할 수 있어	• 동화, 이야기 나누기, 조형, 신체표현, 음률, 게임, 전시회 • 가정 연계 프로그램 포함

연구자	프로그램명	대상	회차	주요 활동 내용	활동 방법
한국정보화진흥원 (2010)	취학전 아동 인터넷 중독 상담치료 프로그램	유아	8회 (31활동)	• 우리는 친구 • 나의 인터넷 사용 습관 • 내가 할 수 있는 일 • 자기통제 기술 • 대인관계 기술 • 가족 지원 요청 • 스트레스 대처 • 수료식	• 동화, 동극, 게임, 이야기 나누기, 조형, 신체표현, 음률, 언어 • 가정 연계 프로그램 포함
한국정보화진흥원 (2011)	바른 어린이 네티즌 양성을 위한 인터넷 안전교육 프로그램	유아	5회 (20활동)	• 인터넷을 알아요 • 올바른 인터넷 사용 • 인터넷 예절 • 인터넷 사용 계획 • 나는 건강한 어린이 네티즌	• 동화, 이야기 나누기, 조형, 신체표현, 노래, 게임, 체조
유구종 (2012)	유아용 인터넷 과몰입 예방 프로그램	유아		• 인터넷 과몰입으로 겪게 되는 주요 증상	• 동화

유아의 인터넷 중독 예방을 위한 프로그램은 유아를 위한 바른 인터넷 첫걸음(한국정보화진흥원, 2007), 유아의 컴퓨터 게임 과몰입 예방교육 프로그램 개발(정아란, 2007), 취학전 아동 인터넷 중독 예방 프로그램(한국정보화진흥원, 2007), 바른 어린이 네티즌 양성을 위한 인터넷 안전교육 프로그램(한국정보화진흥원, 2011), 유아용 인터넷 과몰입 예방 프로그램(유구종, 2012) 등이 대표적이다.

(1) 인터넷 중독 예방 프로그램

취학 전 아동을 위한 인터넷 중독 예방 프로그램(한국정보화진흥원, 2007)은 유아의 안전한 인터넷 사용을 위하여 인터넷 사용에 대한 지식, 태도, 행동의 변화를 목적으로 유아들이 인터넷을 안전하고 올바르게 사용할 수 있는 능력, 유아 스스로 인터넷 사용을 조절할 수 있는 능력, 인터넷 중독 및 역기능에 대처할 수 있는 능력을 기르도록 한다. 유아의 발달적 특성과 인터넷 이용 경험에 적절한 수준별 활동을 고려한 유아의 인터넷 안전교육 프로그램은 도입, 자기이해, 올바른 인터넷 활용, 마음 다지기의 4단계, 6회기로 구성되었다. 유아의 발달과 흥미를 고려하여 미술, 음률, 언어, 수, 신체표현, 게임 등 다양한 26개 활동과 가정에서 유아에게 적절한 인터넷 환경을 조성해 주고 유아의 인터넷 사용 습관을 지원할 수 있도록 부모교육 및 가정 연계 프로그램을 제시하고 있다. 또한, 교사들이 이를 현장에서 적절하게 활용할 수 있도록 교사 지침서와 교수 자료를 제공하였다. 프로그램에 대한 자세한 자료는 한국정보화진흥원 홈페이지(www.nia.or.kr) '정보화자료 - 조사연구보고서' 에서 다운 받을 수 있다.

〈표 4-8〉 **인터넷 중독 예방을 위한 인터넷 안전 프로그램 구성**

회기	주제	활동 내용	집단	형태	활동	형태
1	문제 제기	컴퓨터 브레인스토밍	대집단	이야기 나누기	유아들에게 '컴퓨터' 하면 생각나는 것들을 모아 적어 본다.	방사형 게시 보드 그림자료, 쪽지
		인터넷으로 인한 생활의 변화	소집단	책 만들기	인터넷으로 인한 옛날과 오늘날의 변화에 대해 책으로 만들어 본다.	이야기 나누기 ppt 자료 책 만들기 도안
		인터넷의 좋은 점과 나쁜 점	대집단	이야기 나누기	인터넷의 좋은 점과 나쁜 점에 대해 이야기를 나누어 본다.	장단점 게시 보드
		인터넷의 장단점 게임	개별	게임	인터넷의 편리한 점과 불편한 점에 대한 게임을 한다.	장단점 게시 보드
2	나의 인터넷 습관	나의 인터넷 사용 습관 그래프	대집단	이야기 나누기	가정에서 조사해 온 인터넷 사용 시간, 습관 등을 그래프화시킨 후 교실에 전시하여 아이들과 이야기 나누어 본다.	나의 인터넷 사용 습관 조사서 그래프 보드
		유해 사이트가 가득한 나라	대집단	동화	개작 동화를 듣고 동화 내용을 토대로 하여 좋은 사이트와 나쁜 사이트의 특징을 이야기 나눈다.	자석 동화
		인터넷 습관에 대한 빙고 게임	소집단	게임	인터넷의 바른 습관과 나쁜 습관 그림 카드를 만들어 빙고 게임을 한다.	교구 제작
		인터넷 건강 체조	개별	신체 표현	VDT 예방 건강 체조를 배워서 같이 해 본다.	건강 체조 파워포인트 자료

회기	주제	활동 내용	집단	형태	활동	형태
3	바른 인터넷 사용	내 정보는 소중해요 '빨 간모자'	대집단	동화	개작 동화를 듣고, 개인정보의 소중함을 알고, 개인정보 유출 대처 방법을 익힌다.	컴퓨터 동화
		동극 '빨간 모자'	대집단	동극	동화를 듣고 동극을 해 봄으로써 개인정보의 소중함을 깨닫는다.	동극용 머리띠
		바른 네티켓	대집단	이야기 나누기	인터넷을 사용할 때의 지켜야 할 에티켓에 대해 이야기 나눈다.	이야기 나누기 ppt 자료
		인터넷을 사용할 때는 ~	대집단	노래	개사된 새 노래를 배움으로써 유아들은 바른 인터넷 사용에 대해 알 수 있고, 가사에 맞는 올바른 그림을 낚아 오는 게임으로 연결 짓는다.	악보 게시 보드
4	무서운 인터넷	동화 '망아지가 된 피노키오'	대집단	동화	인터넷 과다 사용에 관한 개작동화 '망아지가 된 피노키오'를 들려준다.	테이블 동화 자료
		피노키오 그 후	소집단	책 만들기	망아지가 된 피노키오가 그 후엔 어떻게 되었는지 뒷이야기를 꾸며 본다.	그림책 그리기
		피노키오 되어 보기	대집단	신체 표현	피노키오의 모습을 상상하며 바른 자세의 피노키오로 변화시켜 가는 과정을 다양하게 표현해 본다. 그 후 VDT 예방 건강 체조로 마무리한다.	카세트, 테이프
		피노키오에게 그림편지 쓰기	개별	언어	인터넷에 중독된 피노키오에게 편지를 써 본다.	편지지
5	이제는 바꿔요	건강한 인터넷 나무	대집단	언어	인터넷 중독을 예방할 수 있는 방법을 나뭇잎 모양의 종이에 적어 본다.	나무 그림
		두 얼굴의 나	개별	조형	인터넷을 적당히 사용하였을 때의 나의 모습과 인터넷을 과다 사용하였을 때의 나의 모습을 지점토로 표현해 본다.	지점토, 물감 전시대
		그대로 멈춰라!	대집단	음률 신체	'그대로 멈춰라'를 인터넷 사용이 담긴 노랫말로 개사하여 노랫말에 맞추어서 동작해 본다.	노래 ppt 자료
		인터넷 사용 계획표	개별	언어	자신의 인터넷 사용 계획표를 작성한다. 또한 계획은 잘 지켰는지 가정에서 확인해 주는 칭찬 스티커를 제공한다.	인터넷 사용 계획표 활동지

회기	주제	활동 내용	집단	형태	활동	형태
6	나도 할 수 있어!	우리들의 인터넷 사용 규칙	대집단	언어	앞으로 인터넷을 사용할 때의 규칙을 만들어 본다.	인터넷 사용 규칙 활동지
		인터넷 대신에 할 수 있는 것은?	소집단	언어	인터넷 대신에 할 수 있는 활동들을 생각하여 활동지에 적어 보며 친구들과 이야기 나눈다.	방사형 게시 보드
		도전~ 골든벨!	대집단	게임	아이들이 인터넷의 올바른 사용 습관에 대한 퀴즈를 맞혀 본다.	문제지, O×판
		나는야 인터넷 사용 지킴이	대집단	이야기 나누기	앞으로 인터넷을 올바르게 사용하는 다짐을 하며 사용 지킴이 자격증을 만든다.	인터넷 사용 지킴이 자격증 목걸이
		표어 만들기	대집단	조형(미술)	인터넷 지킴이로서 다른 친구들에게 올바른 인터넷 사용법을 알려준다.	유아들이 만든 표어
마무리			대집단	전시	부모님과 동생들을 초대하여 시회를 열어 그동안의 활동에 대해 부모님과 동생들에게 설명한다.	

출처: 취학 전 아동 인터넷 중독 상담치료 프로그램. 한국정보화진흥원(2010)

바른 어린이 네티즌 양성을 위한 인터넷 안전교육 프로그램(한국정보화진흥원, 2011)은 유아교사를 대상으로 인터넷에 대한 정보 및 유아교육기관에서 유아들과 함께 할 수 있는 활동을 소개하고 있는 유아를 위한 바른 인터넷 첫걸음(한국정보화진흥원, 2006)과 취학전 아동 인터넷 중독 예방 프로그램(한국정보화진흥원, 2007)을 조합하고 프로그램에 포함된 교재교구 그림 및 동영상, 파워포인트 자료, 지도서 e-book 및 PDF 파일, 인터넷 안전체조, 동화 등 멀티미디어 자료를 추가로 개발하여 보완하였다. 이 프로그램은 행정안전부와 한국정보화진흥원이 공동으로 진행한 2011 선진 인터넷 유치원 '바른 어린이 네티즌 사업' 에서 활용하였으며 자세한 정보는 홈페이지(www.nia.or.kr/child)에서 제공받을 수 있다.

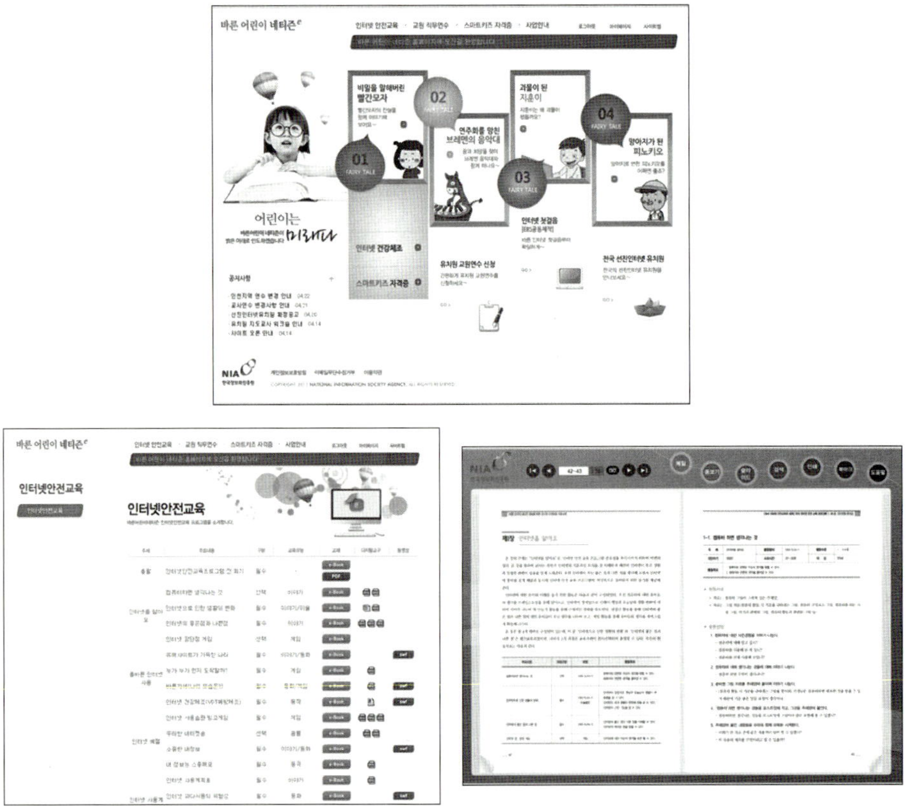

[그림 4-4] 바른 어린이 네티즌e 홈페이지

유아용 인터넷 과몰입 예방 프로그램(유구종, 2012)은 동화와 이야기 나누기 자료를 온라인과 오프라인 콘텐츠로 제작하였으며 아래에 선별적으로 제시하였다. 이 프로그램은 인터넷 과몰입 예방 시나리오에 근거하여 파워포인트, 아크로뱃, 게시판 형태로 개발되었으며 온라인상에서 실시간으로 혹은 다운받아 사용할 수 있도록 설계되었다. 다음은 오프라인 프로그램을 예시하여 제시하였다.

동화 자료 1

수아는 인터넷 게임을 너무 좋아해요.
매일 매일 인터넷 게임을 하죠.
그 날도 수아가 아주 재미있게 인터넷 게임을 하고 있었어요.
조금만 더 하면 이길 수 있을 것 같아요.
그 때 엄마가 들어오셔서 "**수아야! 게임 하기로 약속한 시간이 거의 다 되었어. 정리하고 이제 밥 먹어야지**"라고 하셨어요.
"**알았어요~**" 수아는 대답은 했지만 자리에서 일어날 수가 없었어요.
인터넷 게임이 너무 재미있었거든요.
엄마는 큰 소리로 말씀하셨어요.
"**수아야! 시간 다 되었어요. 어서 나오렴**"
수아는 엄마의 말에 대답도 하지 않고 계속 게임만 했어요.
'**조금만 더 하면 되는데..금방 이길 것 같은데.**'

엄마는 큰 소리로
"**이제 밥 먹어야지. 약속된 시간이 다 되었어.**"라고 하시며
컴퓨터 모니터를 끄셨어요.
인터넷 게임을 할 수 없게 되자 수아는 너무 너무 화가 났어요.
한참 재미있었거든요.
수아는 벌떡 일어났어요.
다리를 동동 굴렀어요.
수아는 소리를 질렀어요.
"**나! 밥 안 먹어. 인터넷 게임이 너무 재미있단 말이야.
난 인터넷 게임만 하는 나라에서 살고 싶어!**"

수아는 밖으로 뛰쳐나가 놀이터로 갔어요.
수아는 놀이터 구석에 앉아
'인터넷 게임을 더 하고 싶다. 지금 어떻게 되었을까?'라며
좀 전에 했던 인터넷 게임 장면을 생각했어요.
그 때 한 친구가 수아에게 다가왔어요.
"수아야! 우리와 같이 놀래?"
놀이터에 모인 친구 중에는 새로운 친구도 있었어요.

수아는 친구들과 함께 여러 가지 놀이를 했어요.
미끄럼틀도, 그네도, 시소도, 소꿉놀이도, 술래잡기 놀이도
너무 재미있었어요.
친구들은 **"수아야! 너 달리기도 잘한다."**라며
서로 자기편에 오라고 했어요.
새로운 친구도 정말 좋았어요.
인터넷 게임도 재미있지만 친구들과 놀이터에서 노는 것도
정말 재미있었어요.

수아는 갑자기 집에서 수아를 기다리실 엄마가 생각났어요.
너무 열심히 놀았더니 배도 너무 고팠어요.
수아는 친구들에게
"나 집에 가야 할 것 같아. 엄마가 기다리셔."
친구들은
"수아야~ 우리 다음에는 함께 줄넘기 하자. 안녕" 하고 인사했어요.
수아는 집으로 돌아가면서
**"인터넷 게임은 정해진 시간에만 해야지.
인터넷 게임도 재미있지만 친구들과 함께 공놀이 하는 것도
정말 재미있어."**라고 생각했어요.

동화 자료 2

한결이는 항상 컴퓨터 앞에 있어요.
잠을 자고 일어나면 밤새 꿈에서 봤던 게임을 하기 위해
컴퓨터 앞에 앉고 밥을 먹을 때도 컴퓨터 앞에서 먹어요.
한결이는 점점 게임 속으로 들어가요.
친구랑 놀지 않고 인터넷 게임의 캐릭터만 만나고
캐릭터랑만 이야기를 나누지요. 모든 게임을 이길 수도 있어요.
하루 하루 지날수록 컴퓨터 앞에 앉아 있는 한결이의 몸이
점점 불어나고 있어요.
얼굴도 커지고 몸도 커지고 그래서 목도 못 움직일 정도지요.
어느새 한결이는 말도 잃었어요.

어느 날 한결이는 뒤뚱뒤뚱 밖으로 걸어 나왔어요.
햇빛을 보니 눈이 부셨지요.
저만치 또래 친구들이 놀고 있었어요.
멀리서 바라보던 한결이에게 친구들이 다가왔어요.
"넌 누구니? 네 이름은 뭐야?"
하지만 한결이는 말을 잃어서 대답을 할 수가 없었어요.
"너 바보야?"
한결이는 아니라고 하고 싶었지만 고개도 흔들 수가 없었어요.
한결이는 마음이 아팠어요.
나는 한결이라고, 말도 잘 한다고,
함께 놀고 싶다고 말하고 싶었지만 할 수가 없었어요.

친구들은 한결이의 눈이 글썽이는 걸 봤어요.
친구들은 한결이의 손을 잡아주었어요.
"우리 공놀이 하자. 몸이 움직이기 힘드니까 넌 골키퍼를 하는 게 어때?"
한결이가 고개를 끄덕이지 못해도 친구들은 알 수 있었어요.
한결이가 함께 놀고 싶다는 것을...
한결이는 골키퍼가 되어 골대 앞에 섰어요.
공이 날아오네요.
막을 수 있을 것 같아요.
그런데 몸이 잘 안 움직여요.
결국 공이 들어가 버렸어요.
몇 번이나 기회가 왔지만 생각처럼 막을 수가 없었어요.

공을 막기 위해 열심히 움직이다 보니
이제는 몸이 조금씩 움직여지네요.
점점 가벼워지는 것 같아요.
저기 멀리서 공이 날아와요.
한결이는 최선을 다해 공을 잡았어요.
친구들이 모두 한결이에게 왔어요.
"우와~잡았어!!. 손 안 아파?"
"응~괜찮아."
한결이는 이제 고개도 끄덕여져요.
"우리랑 노니까 재미있지~."

한결이는 마음 속으로 생각했어요.
"컴퓨터에서 캐릭터와 노는 것만 재미있는 줄 알았는데 친구들과 직접 노는 것이 더 재미있구나."
이제 한결이는 컴퓨터 캐릭터와 만나는 시간을 줄이고
친구들과 놀아요.
컴퓨터 게임에서 항상 이기기만 했던 한결이는
친구들과 놀면서 지기도 하고,
공을 놓치기도 하고,
다치기도 하지만
그게 더 재미있다는 걸 이젠 너무너무 잘 알아요.

이야기 나누기 자료

이럴땐 어떻게 할까요?

1. 유치원에 가기 싫어해요.
2. 밥 먹는 습관에 문제가 있어요.
3. 배변 습관에 문제가 있어요.
4. 약속을 지키지 않아요.

동민이는 컴퓨터 게임을 좋아하는 아이예요.
동민이는 아침 유치원 버스를 타기 위해 아파트 앞에 나왔어요.
다른 친구들도 벌써 나와 있었어요.
그 때 친한 친구 승진이가 다가와 동민이에게 귓속말로 이야기했어요.
"우리 집에 재미있는 컴퓨터 게임 있어! 그 게임 시켜줄까?"
동민이가 "**그래. 정말 하고 싶어.**" 그러자 승진이가
"그럼 유치원 가지 말고 우리 집에 가서 컴퓨터 게임 할래?"

1. 이럴 때 **우리 친구들이 동민이라면** 어떻게 해야 할까요?
2. 만약에 너희들이 **승진이를 따라가서 게임을 했다면** 어떤 일이 일어났을까?

유치원에서 돌아오자마자
은수는 컴퓨터 앞에 앉아 게임을 하기 시작했어요.
엄마는 은수가 걱정되어 한참을 바라 보았어요.
꼼짝하지 않고 게임만 하고 있는 은수에게
"**컴퓨터 그만하고 밥 먹어야지.**"라고 엄마께서 말씀하시자
은수는"**여기에서 먹을 거야. 저녁 갖다 줘!**"라고 소리쳤어요.

이럴 때 **우리 친구들이, 은수라면** 어떻게 해야 할까요?

재준이는 컴퓨터 게임을 하다가 화장실에 가고 싶었어요.
'조금만 게임 더 하고 화장실 가야지.'
재준이는 컴퓨터 게임을 계속 하다가 **그만** !!!!
바지에 소변을 누고 말았어요.

이럴 때 **우리 친구들이 재준이라면** 어떻게 해야 할까요?

온라인상에 구축된 유아 게임 과몰입 예방교육 프로그램(http://mbus.or.kr)은 '프로그램 개요', '이야기 나누기', '게임' 등으로 구성되며 게임 과몰입 예방 프로그램의 개요를 설명하고 이야기 나누기와 게임 형태의 멀티 자료를 온라인상에서 제공한다. '유아 게임 과몰입과 예방' 방의 '이야기 나누기' 방의 경우는 유아교육기관에서 유아 게임이나 디지털 기기 관련 과몰입이나 중독 관련 이야기나누기 활동에 활용할 수 있는 이야기 나누기 자료, 동화 자료들이 게시되어 있다. 유아교사나 부모들이 유아의 게임이나 디지털 기기 과몰입, 중독 관련 이야기 나누기 활동이나 동화 들려주기 활동에 활용할 수 있으며, 아래 그림은 '유아 게임 과몰입과 예방' 방의 '이야기 나누기' 방의 자료 목록과 실제 자료 구성(과몰입 동화)의 예를 보여 준다.

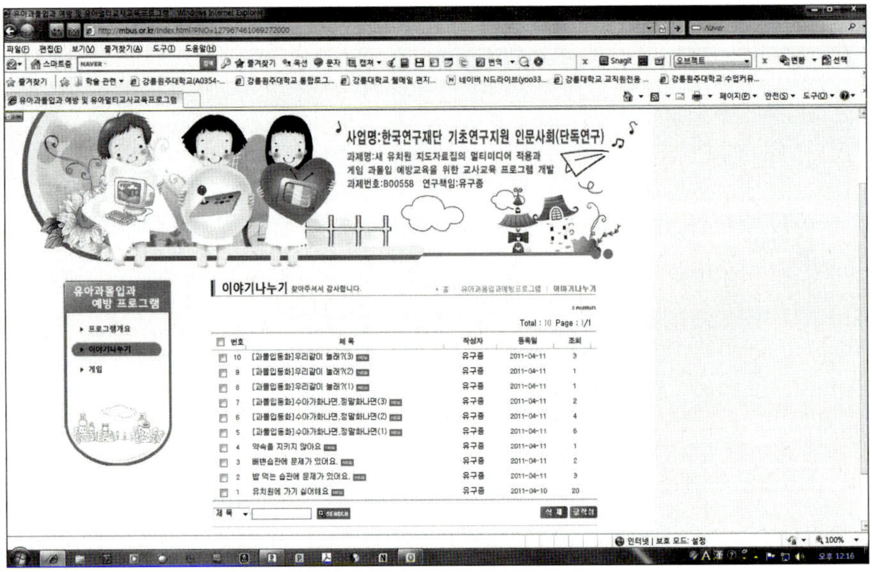

[그림 4-5] '유아 게임 과몰입과 예방' 방의 '이야기 나누기' 방의 자료 목록

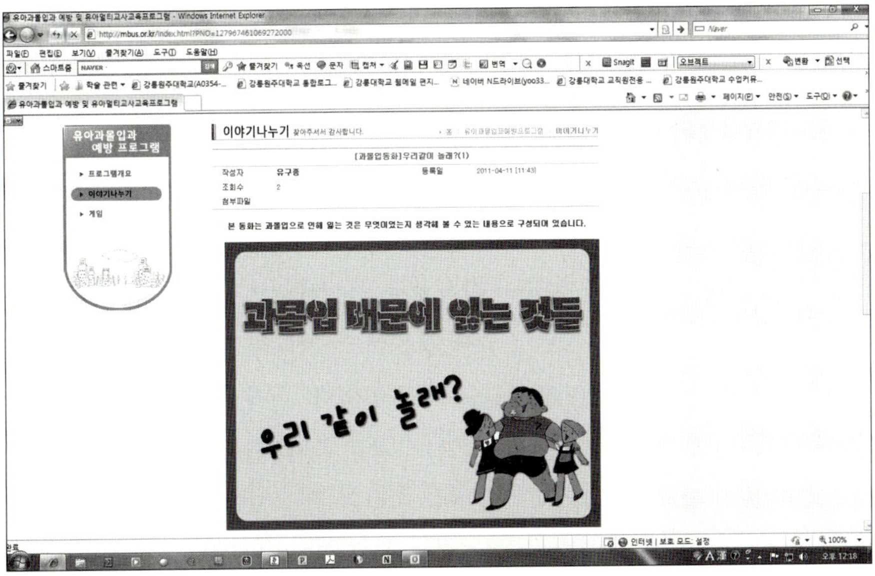

[그림 4-6] '유아 게임 과몰입과 예방' 방의 '이야기 나누기' 방의 실제 자료 구성(과몰입 동화)

(2) 인터넷 중독 상담치료 프로그램

취학전 아동 인터넷 중독 상담치료 프로그램(한국정보화진흥원, 2010)은 인터넷 사용에 문제를 겪고 있는 유아를 위한 프로그램으로 관계 형성의 단계, 문제 인식 및 자기 이해의 단계, 문제 해결 기술 강화의 단계, 평가의 단계로 총 4단계, 8회기, 31활동의 구조로 이루어져 있다. 프로그램의 목적은 인터넷 중독 성향의 유아들이 인터넷 중독 및 게임 과몰입에 따른 역기능의 문제들을 다양한 치료적 활동을 통하여 개선하고자 유아의 인터넷 게임의 올바른 사용을 강화하며, 자기 조절력을 증진하고, 가족과의 유대감을 증진 및 부모 역할을 강화하는 데 두었다. 프로그램의 특징은 유아의 연령에 따른 특징을 고려하여 심화 정도에 따라 동화, 게임, 조형, 신체 등 다양한 형태의 활동으로 구성하였으며, 이야기 치료기법을 활용한 집단상담의 형태로 치료적 효과를 높이고, 가족과의 연계 활동과 부모교육을 통하여 지속적인 치료적 효과를 유지하고 있다. 현장 적용성을 높이기 위해 포함된 교사지침과 활동지도안에는 회기 및 활동 주제, 활동의 유형, 시간, 목표, 방법, 자료 등이 상세히 기록되어 있으며, 연령 수준을 고려하여 활동 내에서 개별 유아에 맞추어 상호작용이 가능하도록 작성되어 있다.

〈표 4-9〉 **유아의 인터넷 중독 치료 상담 프로그램**

단계	회기/주제	주요 개념	활동 과정	
Ⅰ. 관계 형성	1회기/ 우리는 친구	- 자아 인식 및 자기 지각 - 프로그램 참가 구조화 - 자기 이미지 표상	도입 전개 마무리 가정 연계	- 인사 나누기 및 우리 모임 소개하기 1. 자기소개 나무 만들기 2. 안녕 반가워! 나는 에티야 3. 우리 모임의 약속 만들기 4. 인터넷 일기 쓰는 방법 배우기 - 활동 평가 및 과제 안내 부모교육/인터넷 사용 평가표
Ⅱ. 문제 인식 및 자기 이해	2회기/ 나의 인터넷 사용 습관	- 일상생활 조직하기 - 효과적인 의사소통하기 - 컴퓨터의 올바른 사용 규칙	도입 전개 마무리 가정 연계	- 인사 나누기 및 우리 모임 약속 회상하기 1. 안 돼! 에티 2. 인터넷 게임에 대한 내 마음 알리기 3. 인터넷에 대한 자기 경험 나누기 4. 컴퓨터의 올바른 사용 규칙 - 활동 평가 및 과제 안내 인터넷 이용 행동 특성과 예방 수칙
	3회기/ 내가 할 수 있는 일	- 긍정적인 자아(신체, 자아) 인식 - 다양한 대안활동과 놀이	도입 전개 마무리 가정 연계	- 인사 나누기 및 우리 모임 약속 회상하기 1. 에티의 시간여행 2. 내 몸이 할 수 있는 일 3. 컴퓨터 여행 - 활동 평가 및 과제 안내 유아의 놀이 발달과 가족놀이 실제

<table>
<tr><th>단계</th><th>회기/주제</th><th>주요 개념</th><th colspan="2">활동 과정</th></tr>
<tr><td rowspan="4">Ⅲ. 문제해결 기술 강화</td><td>4회기/ 자기 통제 기술</td><td>- 자기통제하기
- 만족 지연</td><td>도입

전개

마무리
가정 연계</td><td>- 인사 나누기 및 우리 모임 약속 회상하기
1. 아기돼지 삼형제의 집짓기
2. 돼지를 칭찬해요
3. 빨간 깃발 돼지, 파란 깃발 돼지
4. 참아요 참아요 동시 짓기
- 활동 평가 및 과제 안내
인터넷 휴일 지낸 일기 쓰기</td></tr>
<tr><td>5회기/ 대인관계 기술</td><td>- 친구에게 관심 가지기
- 친구와 서로 돕기</td><td>도입

전개

마무리
가정 연계</td><td>- 인사 나누기 및 우리 모임 약속 회상하기
1. 에티의 생일
2. 친구에게 듣고 싶은 말, 듣기 싫은 말
3. 즐겁게 춤을 추다가 친구에게 말해요
4. 둘이서 한 몸 되어 간식을 먹어요
- 활동 평가 및 과제 안내
유아의 또래관계 증진을 위한 기술</td></tr>
<tr><td>6회기/ 가족지원 요청</td><td>- 가족 지원 찾기
- 자존감 회복하기</td><td>도입

전개

마무리
가정 연계</td><td>- 인사 나누기 및 우리 모임 약속 회상하기
1. 이제 그만! 용기가 필요해!
2. 용기 물약
3. 가족 쿠폰 만들기
4. 가족과 함께 하는 사다리 게임
- 활동 평가 및 과제 안내
1. 가족에게 쿠폰 사용하기
2. 가족과 함께 하는 사다리 게임</td></tr>
<tr><td>7회기/ 스트레스 대처</td><td>- 스트레스 해소하기
- 다양한 대안 찾기
- 문제해결 방법 익히기</td><td>도입

전개

마무리
가정 연계</td><td>- 인사 나누기 및 우리 모임 약속 회상하기
1. 에티가 화가 나면
2. 문제해결 방법 찾기
3. 인터넷 사용 규칙 구출하기
4. 이전의 나와 지금의 나
- 활동 평가 및 과제 안내
자녀와의 효과적인 대화 기술</td></tr>
<tr><td>Ⅳ 평가</td><td>8회기/ 수료식</td><td>- 긍정적으로 보상하기</td><td>도입

전개

마무리
가정 연계</td><td>- 인사 나누기 및 우리 모임 약속 회상하기
1. 인터넷 구조대원! 에티가 달라졌어요
2. 우리들의 모습
3. 나에게 상 주기
4. 수료식
- 활동 평가
자아존중감 증진을 위한 훈육 방법</td></tr>
</table>

출처: 취학전 아동 인터넷 중독 상담치료 프로그램. 한국정보화진흥원(2010)

3) 유아 인터넷 활용에 대한 부모와 교사의 역할

(1) 부모의 양육 방식과 유아의 인터넷 사용과의 관계

컴퓨터와 인터넷의 적절한 활용은 유아의 토론 능력, 창의력, 문제해결력, 유연한 사고를 기르는 데 도움이 된다는 긍정적인 결과들은 컴퓨터 활동이 얼마나 상호작용적인가가 성공의 관건이 된다(이순례, 이현옥, 부성숙, 2009). 그러나 만 5세의 어머니들은 자녀가 컴퓨터를 이용할 때 자녀와 함께 상호작용을 하는 것이 아니라, 이를 어머니 개인 시간으로 활용하고 있어 컴퓨터 허용을 단순한 돌봄의 수단으로 인식하고 있었다(김민정, 박은주, 김갑순, 2007). 이렇듯 부모의 양육 방식은 유아의 컴퓨터 활동에 영향을 준다. Diana Baumrind(1968)가 제시한 부모의 양육 방식을 독재주의적 양육, 자유방임적 양육, 권위 있는 양육으로 구분하고 이에 따른 유아의 인터넷 이용에 대해 살펴보면 다음과 같다.

① 독재주의적(authoritarian) 양육

독재주의적 양육 방식을 가지고 있는 부모는 강한 양육 통제에 중점을 두고 자녀가 부모의 판단, 가치, 목표를 무조건 수용하기를 원한다. 또한 자녀들이 스스로 문제해결에 몰두하도록 격려하지 않으며, 자녀들에게 애정, 칭찬과 같은 격려하는 방식을 덜 사용한다. 이러한 가정에서 자란 유아들은 낮은 사회적 능력, 낮은 자존감, 높은 수준의 우울증을 가지고 있으며 여아의 경우는 매우 순종적이고, 남아의 경우 매우 독재적이 되기 쉽다.

독재주의적인 부모들에게 인터넷은 체계와 통제력이 부족한 환경을 대표하는 대상이다. 자녀에게 인터넷을 하도록 허락하는 독재주의적인 부모들은 안전한 포털사이트 또는 검증된 소프트웨어 등과 같은 부모의 위임 수단에 의존하게 된다. 실제로 자녀에게 인터넷 사용을 허락하는 기준은 극히 단순하고, 규범의 기초가 되는 이유와 가치, 또는 새로운 상황에서 규범을 적용하는 방법을 이해하는 데 필요한 본질적인 정보가 부족하기 쉽다.

독재주의적인 부모의 자녀들은 인터넷에서 안전하고 책임감 있는 선택을 독립적으로 하는 데 필요한 지식과 기술을 얻기가 쉽지 않다. 자녀들은 외부의 유혹에 쉽게 빠지기가 쉬워 제대로 감시받고 있지 않을 때 매우 좋지 않은 결정을 내릴 위험성이 크다. 인터넷을 사용할 때 감시받고 있지 않는다고 인식하면 어른에 의한 발각이나 벌에 대한 걱정이 감소한다.

② 자유방임적(permissive) 양육

자유방임적 양육 방식을 가지고 있는 부모는 자녀에게 매우 관대하여 자녀의 충동, 욕구, 행동을 무조건 받아들인다. 일반적으로 자녀들의 행동을 효과적으로 감독하지 않고 자녀의 잘못된 행동에 대한 반응이 일치되지 않기 쉽다. 또한 자녀의 자연스러운 발달과 독창성을 해칠까 두려워 자녀의 행동을 올바로 만들어 주거나 고치려고 하지 않는다. 자유방임적인 부모에게서 자란 유아들은 친절하고 사교적인 경향이 있지만, 일반적 사회 상황에 대해 적절한 행동이 무엇인지 잘 알지 못하고 자신의 잘못된 행동에 대해 책임감이 매우 적다. 또한 다른 사람들의 필요를 생각하기보다는 자신의 필요를 만족시키는 것에 중점을 두기 쉽다. 감정 통제력이 약하고, 규범을 따라야 하는 상황에서 반항적일 수 있어 반사회적 행동과 연루되기 쉽다.

자유방임적인 부모들은 자녀에게 새롭고 놀라운 세계를 탐험할 자유를 주어야 하고, 부모의 간섭은 자녀들의 프라이버시를 침해하는 것이라는 입장을 가지기 쉽다. 따라서 자녀들이 인터넷을 이용할 때 무엇을 하는지 적절한 관심을 가지지 않는다. 이러한 유아들이 인터넷을 사용하게 되면 주위의 통제가 전혀 없기 때문에 인터넷의 역기능적인 문제에 고스란히 드러나게 될 가능성이 높다.

③ 권위 있는(authoritative) 양육

권위 있는 양육 방식을 가지고 있는 부모는 자녀가 독립적으로 좋은 결정을 하게 하는 것이 그들의 임무라고 생각하여 자녀의 사회성과 독립적이고 책임감 있는 의사결정을 도우려고 노력한다. 자녀의 행동에 대해 높은 기준을 설정하지만, 규범에 대한 가치와 이유에 대해 지속적인 대화를 통하여 이러한 기준들을 적용하는 방법에 필요한 사고법을 제시하고 지도한다. 또한 자녀의 잘못된 행동에 대한 결과를 이해하도록 돕고, 그 결과를 회복할 수 있는 기회를 제공하는 방식으로 교육한다. 권위 있는 부모에게 자란 유아들은 사회적 능력이 더 크고, 사회적 · 정서적으로 건강하다. 유아교육기관에서 바르게 행동하며, 반사회적 행동에 연루되지 않는다. 건강한 가치와 기준을 가지고 있고, 효과적으로 의사결정을 하며, 내적 통제력을 가지고 있다.

권위 있는 부모들은 자녀들에게 인터넷 이용 시 안전하고 책임감 있는 결정을 내리도록 효과적으로 돕는다. 인터넷 이용에 대한 규칙을 부모와 자녀가 함께 정해서 지킬 수 있도록 하여 부모가 없어도 인터넷 이용의 역기능적 문제에 노출될 가능성이 적다.

(2) 교사의 역할

유아의 컴퓨터 활동을 지원하기 위한 구체적인 교사의 역할을 교육과정 설계자, 교수자, 시범자, 평가자, 촉진자, 관찰자로 구분하여 살펴보면 다음과 같다 (Davis & Shade, 1999; 최태식, 최대훈, 박주희, 2002; 홍혜경, 2007).

① 교육과정 설계자의 역할

유아 컴퓨터 교육은 유아의 컴퓨터 사용 경험의 유무, 유아의 요구나 흥미, 발달 수준 등을 고려하여 유아교육과정과 통합적으로 운영되어야 한다. 컴퓨터에 대한 사전 경험이 없는 유아들에게는 개별적으로 컴퓨터 사용법에 대하여 이해하도록 교육 활동을 계획하고 컴퓨터에 익숙한 유아들은 또래끼리 함께 활동하도록 계획해야 한다. 또한 유아교육기관의 생활주제와 통합적으로 운영되도록 주제와 관련되어 컴퓨터 활동이 진행하도록 계획해야 한다.

② 교수자의 역할

교사는 유아가 컴퓨터에 친숙해지도록 돕고 유아가 컴퓨터를 활용하여 능동적으로 활동하도록 해야 한다. 따라서 교사는 교육 목적을 달성하기 위하여 적절한 소프트웨어를 선정하고, 학습하도록 안내하며 점검하고 탐색을 격려하는 등의 역할을 하게 된다.

③ 시범자(모델)의 역할

교사는 유아들에게 소프트웨어 활용 방법에 대해 시범 보이고 생활에서 컴퓨터를 활용하는 상황을 유아들에게 관찰하게 함으로써 컴퓨터의 활용 방법을 알도록 할 수 있다.

④ 평가자의 역할

교사는 소프트웨어의 선정, 컴퓨터 사용의 기회, 사용법, 유아의 반응 등 컴퓨터 활동이 유아의 발달과 학습에 긍정적인 역할을 하는지 지속적으로 점검하고 평가해야 한다.

⑤ 촉진자의 역할

교사는 유아의 발달에 적절한 소프트웨어를 선정하고 유아의 현재 수준에서 이해할 수 있도록 비계를 설정해 주며 폭넓은 사고를 유도하도록 상호작용해야 한다. 또한 또래 간 상호작용 촉진하고 유아들이 컴퓨터상에서 배운 것을 새로운 상황이나 확장 활동으로 적용하도록 지원해야 한다.

⑥ 관찰자로서 역할

교사는 유아가 하고 있는 컴퓨터 활동과 유아의 반응을 파악하여 유아가 필요로 하는 도움과 지원을 적절히 주기 위해 유아의 컴퓨터 활동 과정을 관찰해야 한다. 컴퓨터 사용에 익숙하지 않은 유아들에게는 유아의 조작적 행동, 사용 기술, 태도 등을 관찰하고 필요할 때 적절한 도움을 주어야 한다.

4) 바람직한 유아의 인터넷 활용을 위한 지도 방법

(1) 안전한 인터넷 이용을 위한 부모의 지도 방법

① 환경 구성

유아에게 적절한 컴퓨터 활동 환경 구성은 유아의 성공적인 학습경험에 큰 영향을 준다. 유아교육기관에서 컴퓨터 교육이 효과적으로 진행되기 위해서는 공간 배치 및 하드웨어와 소프트 환경 제공을 신중하게 고려해야 한다.

Ⓐ 컴퓨터 영역 구성

유아교육기관에서 정보화 활용을 효율적으로 하기 위해서는 물리적인 공간을 고려해야 한다. 물리적 공간 구성은 컴퓨터실을 따로 마련하는 것과 교실(보육실) 내에 마련하는 방법이 있다. 교실 내에 컴퓨터 영역을 구성하게 되면 교육(보육)과정과의 통합이 수월하여 컴퓨터 활동이 다른 활동과 쉽게 통합될 수 있으며 학습에 효과적이다. 또한 유아가 컴퓨터 영역을 하나의 놀이 영역으로 받아들이게 되어 컴퓨터 영역이 사회적 상호작용의 중심이 될 수 있다. 그리고 유아가 선택한 활동을 촉진할 수 있는 개방적 학습 환경을 유발하여 바람직한 컴퓨터 활동을 유도할 수 있다.

컴퓨터실을 따로 마련하면 관리하기가 용이하고 유지 비용이 적게 든다. 또한 방과 후 활동이나 부모교육, 교사교육 등 컴퓨터를 활용하는 정보화 교육이 가능하다. 그러나 유아가 컴퓨터 활동을 하면서 교사로부터 개별적인 지도를 받기 어렵고 교육(보육)과정과 통합하여 활동하는 데 어려운 점이 있다. 따라서 컴퓨터실을 따로 마련하는 것보다는 교실 내에 컴퓨터를 설치하여 사용하는 것이 바람직하다고 할 수 있다.

유아의 안전을 고려한 컴퓨터 설치 장소는 유아교육기관별로 다소의 차이는 있겠지만 전기 이용, 빛 반사, 자기장, 물과 먼지, 소음 등을 일반적으로 고려해야 한다. 컴퓨터 영역 구성 시 고려해야 할 사항은 다음과 같다.

첫째, 낮은 턱이나 칸막이로 구분된 영역으로 설치하고 컴퓨터 영역을 표시한다.

둘째, 교실의 컴퓨터 영역에는 최소한 2~3대의 컴퓨터를 설치하여 유아들이 컴퓨터를 사용하는 데 불편이 없도록 고려해야 한다. 컴퓨터 한 대에 의자 두 개를 준비하여 유아들끼리 서로 상호작용하며 아이디어를 공유하고 협동할 수 있도록 하는 것이 좋다.

셋째, 장비와 재료가 유아들이 쉽게 닿을 수 있는 곳에 있어야 하고 컴퓨터 작품을 전시할 공간을 마련하여 유아의 창의적 표현을 격려하는 것이 좋다.

넷째, 하드웨어 장비들의 명칭을 기계에 붙이고 컴퓨터 영역에서 지켜야 할 규칙이나 약속 등을 게시하여 유아가 컴퓨터의 올바른 사용법에 대한 지식과 태도를 기를 수 있도록 한다.

다섯째, 컴퓨터 영역에는 양쪽 컴퓨터 사이에 프린터를 설치하여 서로 공유할 수 있도록 한다. 유아가 활동한 것을 인쇄하여 다른 활동과 연계하거나 확장할 수 있으며, 출력한 작품을 전시하여 유아 자신이나 친구들의 작품을 감상하도록 한다.

여섯째, 유아의 신체 크기에 알맞은 컴퓨터 책상, 의자 등의 가구와 유아용 마우스 등을 마련한다.

일곱째, 모니터의 높이는 유아의 눈높이에 맞는 것을 구비하여 설치해야 한다. 모니터의 높이 결정 시 모니터의 위 가장자리를 유아의 이마 높이에 맞추어 유아가 시선을 약간 아래로 두고 모니터를 바라보도록 한다. 모니터는 유아의 눈과 40~50cm 이상 거리를 둔다.

여덟째, 키보드는 유아의 팔꿈치 높이를 고려하고 손목과 바닥이 수평이 되도록 배치하며 손목 받침대와 마우스 패드를 적절히 활용하도록 한다.

아홉째, 다양한 확장 활동이 일어날 수 있도록 컴퓨터 옆에 종이, 연필, 가위, 풀 등의 문구류를 분류하여 제공한다.

Ⓑ 하드웨어 환경

유아에게 적절한 하드웨어는 단순한 기기가 바람직하다. 유아를 위해 개발된 컴퓨터로는 PICO, 코보, CD-I(Compact Disc-Interactive: 대화형CD) 등이 있다(한정선, 이경우, 임은미, 1999). 개인용 컴퓨터는 본체와 모니터, 키보드, 마우스, 스피커, 스캐너, 프린터 등의 주변 기기로 구성된다.

〈표 4-10〉 **컴퓨터 구조별 특징**

구분	내용
본체	• 컴퓨터의 성능을 좌우하는 가장 중요한 부분으로 중앙처리장치(CPU), 메모리(RAM), 하드디스크로 구성 • 데이터를 처리하는 속도를 좌우하는 CPU와 한꺼번에 처리할 수 있는 양을 결정하는 메모리를 반드시 고려
모니터	• 15인치~19인치가 적당
주변 기기	• 키보드, 마우스, 프린터, 사운드 카드, 스피커, CD-ROM 드라이브, 마이크, 스캐너 등 • 입력 매체가 컴퓨터 활동의 효율성을 결정짓는 결정적인 역할을 하는 경우가 많으므로 펜 마우스나 유아용 키보드를 구비하는 것도 바람직함 • 가격에 따라 종류가 매우 다양함으로 사용 목적을 고려하여 합한 장비를 구비하도록 함

출처: 유아와 멀티미디어교육, 유구종, 김승옥(2008)

이와 같이 유아의 컴퓨터 활동을 위해 준비해야 할 컴퓨터와 주변 기기는 다양하다. 유아교육기관에서 유아들의 연령 및 발달 수준을 고려하여 가장 적절한 컴퓨터 환경을 제공해야 한다. 그 밖에 인터넷은 접속 형태에 따라 인터넷 접속 용량이나 실행 속도가 다르기 때문에 효율적인 사용을 위해 접속 환경을 고려하는 것이 중요하다. 특히 유아교육 분야의 인터넷 자료 유형들은 동영상이나 음향, 그림 등 비교적 용량이 큰 파일들이 대부분이므로 대용량 회선을 사용하는 것이 바람직하다(김경철 외, 1998).

② 안전한 인터넷 이용 수칙

Ⓐ 인터넷 이용 수칙 정하기

유아가 안전하게 인터넷을 이용할 수 있도록 각 가정에서는 인터넷 사용 시간, 횟수, 개인정보 노출하지 않기 등 인터넷 사용 규칙을 만들어 이용하는 것이 좋다.

Ⓑ 자기조절 능력 키우기

유아가 인터넷을 사용하게 되는 초기에 부모나 교사가 조기에 개입하여 유아 스스로 선택 및 선별 능력 기르기 등과 같은 자율적 행동 지원을 하는 것이 좋다.

© 안전한 인터넷 이용을 위한 연령별 지도 방법

- 2~4세

이 시기에는 유아들이 경험할 사이트를 부모가 정해 주고 그 사이트에서만 활동하도록 지도하는 것이 바람직하며, 유아가 안전한 사이트에서 활동하고 있으면 옆에 앉아 있어 주기만 해도 좋다. 유아들이 인터넷을 탐색하고 있을 때에는 부모가 가까이서 지도해 주는 것이 중요하며, 부모가 먼저 방문해서 사용해 보고 안전하다고 느껴지는 사이트에서만 유아들이 활동하도록 제한하는 것이 좋다.

유아들이 안전한 사이트에서 활동하도록 돕기 위해서는 안전한 검색 엔진을 사용하도록 하고, 유아에게 적절하다고 선별되어 추천된 사이트를 즐겨찾기로 지정하여 이용하는 것이 좋다. 즐겨찾기에 저장된 인터넷 사이트는 바탕화면에 바로가기 아이콘을 만들어 유아가 직접 바탕화면에서 아이콘을 클릭하여 지정된 사이트에서만 활동을 할 수 있도록 하는 것이 바람직하다.

- 4~7세

이 시기의 유아들이 즐겨 사용하는 인터넷 포털사이트는 영리 목적을 위해 유아와 부모를 유인하려는 회사들이 많다. 이들 회사는 부모들에게 자신들의 인터넷 포털사이트가 자녀들에게 안전하다고 광고하지만 영리를 목적으로 하기 때문에 유의해야 한다.

이 시기 유아들은 자신의 이름, 전호번호 등을 컴퓨터에 입력할 수 있기 때문에 인터넷 활동 시 개인정보를 입력하여 유출하는 것을 조심해야 한다. 유아가 새로운 사이트를 이용할 때 무조건 안 된다고 하거나 부모가 대신 등록을 해 주는 것보다는 개인정보를 노출시키지 않고 안전하게 등록하는 방법을 가르쳐 주는 기회로 삼는 것도 좋은 방법이다.

유아는 교육용 소프트웨어(CD-ROM)와 온라인 활동을 완벽하게 구분하지 못하므로 컴퓨터 사용 시에는 실명보다는 컴퓨터 USER NAME만 사용하도록 지도해야 하며, 유아와 함께 인터넷 활동을 할 때 만약 불건전한 장면이 나타나면 화면을 끄는 방법을 알려주어 유아 스스로 화면을 끄도록 지도해야 한다. 이렇게 교육받은 유아가 화면을 껐을 때 칭찬을 해 주어 유아에게 긍정적인 경험이 되도록 지도하는 것이 바람직하다.

이 시기에는 유아가 짧은 시간 동안 양질의 교육용 소프트웨어를 사용하도록 하고 실제 친구들을 초청하여 함께 컴퓨터 활동을 할 수 있도록 하여 또래와의 사회성을 증진시키는 것이 바람직하다.

- 7~10세

이 시기에도 북마크로 등록한 '좋은 사이트'를 이용함으로써 유아에게 안전한 인터넷 사용 환경을 만들어 주는 것이 좋다. 유아에게 적절하지 않은 인터넷 사이트를 여과시켜 줄 수 있는 프로그램(filtering program)을 이용하거나 유아 안전 검색 엔진을 통해 검증된 사이트에 한정하여 사용하도록 하는 것이 좋다. 유아가 정해진 인터넷 환경 이외에서 다른 사이트를 찾는다면 유아에게 안전을 위한 검색 기술을 연습시킬 수 있는 기회로 삼는 것이 좋다. 이 시기에는 유아들이 부모로부터 더 많은 독립을 추구하므로 스스로 더 탐구할 수 있도록 해 주어야 한다. 유아들이 네트워크를 탐험할 때 부모가 같이 있거나 최소한 근처에 있어 주는 것이 중요하다. 컴퓨터를 부엌 근처, 거실 등 가족 공동 공간에 설치하면 유아가 컴퓨터를 사용하는 동안 홀로 방치되지 않으면서도 독립적으로 활동할 수 있다.

이 시기에는 아이들이 온라인에서 무엇을 하는지보다는 PC에서 얼마나 많은 시간을 보내는지에 관심을 가지고, 컴퓨터와 인터넷을 사용하는 것 때문에 다른 여러 가지 활동에서 멀어지는지 주의 깊게 확인해야 한다. 유아들에게는 여러 활동의 경험이 필요한데 컴퓨터 활동에만 집중하여 시간을 보내는 것은 바람직하지 않으므로 엄격하게 시간 제한을 하고 또래 친구들과 놀이하도록 권장해야 한다. 소프트웨어 사용 시 사용 시간 제한 툴을 이용하는 것도 방법이 될 수 있다.

많은 사이트들은 14세라는 최소한의 연령 제한 규정을 만들어 놓고 있지만 9~10세의 연령이 되면 많은 아동들은 연령을 속여 웹사이트에 가입하는 것이 가능하다는 것을 알게 된다. 부모는 자녀가 북마크해 놓은 사이트들을 주의 깊게 살펴보고 사전에 허락을 받지 않고 부적절한 사이트에 등록하지 못하도록 'history file'을 정기적으로 점검하는 것이 바람직하다. 그리고 자녀가 채팅을 하고 싶어 한다면, 아는 친구하고만 해야 하고 허락 없이는 그 이외의 사람들과는 해서는 안 된다는 것을 명심하도록 지도해야 한다.

이 시기에는 여러 사이트를 이용하게 되기 때문에 화면에 갑자기 나타나는 이상한 사이트가 뜰 경우 창을 닫는 방법이나 빠져나오는 방법에 대해 교육시켜야 한다. 원치 않는 사이트를 빠져 나오기 위해서는 키보드에서 Alt와 F4 키를 눌러 끄도록 한다. 키보드가 생각대로 되지 않는다면 모니터를 끄고 부모에게 도움을 청하도록 하고, 이메일 메시지와 팝업, 배너 등의 광고를 절대 클릭하면 안 된다는 것을 교육시켜야 한다.

③ 안전한 인터넷 이용을 위한 약속

Ⓐ 게임 이용에 대한 약속 정하기

안전한 인터넷 이용을 위하여 유아와 함께 인터넷 게임 시간을 정하고, 만약 약속한 게임 시간을 넘길 경우 게임 시간을 제한하도록 한다. 장시간 게임을 하는 경우에는 단계적으로 게임 시간을 줄이도록 하는 것이 바람직하며, 유아교육기관에 다녀온 후에는 숙제를 먼저 하고 게임은 나중에 하도록 약속을 정하는 것이 좋다.

Ⓑ 약속 지키기

게임 이용에 대해 함께 약속을 정했으면 유아가 게임을 하는 중간에 미리 정해 준 게임 시간을 체크하도록 하고, 게임 시간을 잘 지킬 수 있도록 격려해 준다.

④ 유해 사이트 차단

현재 인터넷상에는 유아를 위한 수많은 사이트가 존재하며 유아교육기관의 경우 최신 자료나 최신 유아교육용 게임들을 접할 수 있다. 유아를 위한 인터넷 콘텐츠는 유아의 작동에 따라 유의미한 반응이 표현되도록 상호작용성을 첨가한 리빙북, 유아용 게임, 유아용 학습활동, 사운드 · 동영상 · 그림 · 상호작용 동화, 교육용 프로그램, 보육 · 발달 정보, 유아교육기관 활동 방법, 유아교육기관 활용 교재 · 재료 · 자료, 인터넷 방송국 등이 있다(유구종, 2001; 황해익 외, 2001). 유아에게 도움이 되는 정보가 많은 반면, 개인정보 위험, 유해 콘텐츠, 폭력 · 선정적인 콘텐츠, 상업적 콘텐츠가 유아의 인터넷 사용의 역기능 문제로 대두되고 있어 유아에게 적절한 인터넷 사이트를 선별하여 제공하는 것은 매우 중요하다.

교사들이 유아를 위해 인터넷 사이트를 선정할 때 도움 받을 수 있는 도구로는 인터넷 사이트 평가 도구 중 가장 많이 사용되는 CSR(Children' s Software Revue)의 기준이 도움이 된다. CSR의 기준은 성인의 도움을 거의 받지 않고 유아 스스로 사용할 수 있는가에 관한 사용 용이성, 제공되는 내용이 유익하며 유아의 발달 수준을 고려하고 있는가에 대한 교육성, 유아가 즐겁게 활동할 수 있는가에 대한 오락성, 사이트의 구성이 짜임새가 있으며 사용 속도가 빠른가에 관한 사이트 구성 및 성능, 유해한 정보를 차단하고 유아가 건전한 활동을 할 수 있는 환경을 제공하는가에 관한 안전성과 책임을 평가 준거로 삼고 있다. 이러한 CSR 기준을 토대로 안전한 인터넷 사용과 책임에 주의를 기울여야 한다.

Ⓐ 인터넷 내용 등급 서비스(www.safenet.ne.kr)

정보자가 등급 기준에 따라 자신이 제공하는 정보 내용에 등급을 표시하도록 하여 부모 및 교사 등과 같은 정보 이용자가 내용 선별 프로그램을 활용해 유아 수준에 맞는 정보를 선택하도록 도와준다. 등급 기준을 살펴보면 노출, 성행위, 폭력, 언어, 기타(마약, 무기, 도박, 음주, 흡연 등)의 5개 범주와 범주별 5단계(0~4등급)로 제시하고 있다.

[그림 4-7] 등급 기준

〈표 4-11〉 연령별 등급 기준 권장 사항

대상	노출	성행위	폭력	언어
전체 가(초등학생 가)	1등급	0등급	1등급	0등급
12세 이상(중학생 가)	2등급	2등급	2등급	1등급
15세 이상(고등학생 가)	2등급	2등급	3등급	2등급
18세 이상(성인 가)	3등급	3등급	4등급	4등급

Ⓑ 그 밖의 관련 사이트

- 정보통신 윤리위원회 : www.icec.or.kr(인터넷 교육 지침서 제공)
- 청소년 유해환경 감시단 : www.youthcb.net
- ESRB(Entertainment Software Rating Board) Ratings : www.esrb.org

[그림 4-8] ESRB

Ⓒ 아동용 인터넷 사이트 평가 기준

- Children's Software Revue(CSR)의 평가 준거(www.childrenssoftware.com) : 사용의 용이성, 교육성, 오락성, 디자인, 안정성과 책임 등의 5가지 요소에 대한 평가
- Webby Award의 평가 준거(www.webbyawards.com) : 내용, 구조와 내비게이션, 시각적 디자인, 기능성, 상호작용성, 전체적 경험 등의 6가지 준거 사용하여 평가
- 국내의 인터넷 사이트 평가 준거(CSR Korea: www.csrkorea.co.kr)는 CSR

평가 준거에 기초하여 평가

〈표 4-12〉 유아용 인터넷 사이트

사이트 명	사이트 주소
동화사랑닷컴	http://www.donghwasarang.com
디즈니	http://www.disney.com
세사미 워크숍	http://www.sesameworkshop.org/parents
스콜라스틱	http://www.scholastic.com
신정민의 맛있는 동화나라	http://myhome.netsgo.com/shiin91
아이들닷컴	http://www.aidul.com/
어린이 세계	http://cosmos.kriss.re.kr/kidsplaza
어린이 세상	http://www.childpia.com
어린이방	http://www.lg.co.kr/h_lg/tosee/child/index.html
에듀넷	http://edunet/nmc.nm.kr
에드마크	http://www.edmark.com
에드피아닷컴	http://www.edpia.com/
와우키드	http://www.wawokids.co.kr
원라인	http://www.wonline.co.kr/
웹클린	http://www.webclean21.org
유아교육 홈페이지	http://www.kmec.net/infant/
인터넷 안전 사이트	http://campaign.jr.naver.com
주니어 네이버	http://jr.naver.com
차일드 에듀넷	http://www.childedu.net/
키드 익스플로러	http://www.kidexplorer.co.kr/explorer/body/index.htm
키드세븐닷컴	http://www.kid7.com/
키드카	http://www.kidca.com/kidca.html
키즈도메인	http://www.kidsdomain.com
키즈빌	http://www.kidsvill.co.kr/kidslelft2-1.htm
키즈클럽	http://kids.sbs.co.kr
한국 삐아제	http://www.piaget.co.kr/
한국관광공사	http://www.visitkorea.or.kr

사이트 명	사이트 주소
한국의 유아교육 홈페이지	http://web2.kwangju.ac.kr/~ykj
한국인터넷진흥원	http://www.kisa.or.kr/
children 소프트웨어	http://www.childrenssoftware.com
Sendiego 동물원	http://www.sendiegozoo.com
Welcome to 한국유아교육정보	http://www.cokid.co.kr

ⓓ 각종 필터링 소프트웨어

유아들을 유해 사이트로부터 보호하기 위해 유해 사이트 차단 프로그램을 설치하는 것이 좋다. 유해 사이트 차단 소프트웨어는 방송통신심의위원회가 운영하는 '그린아이넷'(http://www.greeninet.or.kr) 홈페이지에서 다운로드 받을 수 있다. 그린아이넷은 민간 혹은 공공기관에서 제작·보급하는 소프트웨어 목록을 통합 제공하고, 각 소프트웨어의 기능을 비교하여 이용자가 필요한 소프트웨어를 손쉽게 선택할 수 있도록 도와주고 있다.

[그림 4-9] 그린아이넷 홈페이지(http://www.greeninet.or.kr)

(2) 유아의 안전한 인터넷 사용을 위한 지침

미국 유아교육협회(NAEYC: National Association for the Education of Young Children)는 1998년 유아교육에서의 인터넷 활용에 대한 9가지 지침을 다음과 같이 제시하였다(이순례, 이현옥, 부성숙, 2009).

① 호기심이 많은 유아들의 발달 특성상 인터넷을 탐색하는 경험은 때로 불안을 야기하기도 한다. 그러나 길을 건너는 것과 같은 생존 기술을 가르치는 것과 마찬가지로 성인의 감독과 상식적인 충고가 안전을 위해 필수적이다. 유아가 컴퓨터로 무엇을 하는지 모니터링하는 것이 안전한 인터넷 활용에 최선의 방법이다.

② 유아는 자신의 주소, 전화번호, 이름 등을 말할 수 있는 것을 자랑스러워한다. 유아에게 부모나 교사의 허락 없이 인터넷에 자신의 정보를 노출시켜서는 안 된다는 것을 가르쳐야 한다.

③ 온라인 접속하는 날, 시간, 방문할 사이트에 대한 규칙을 유아와 함께 토의하여 정한다.

④ 유아가 불쾌감이나 부적절한 메시지를 받는다면 즉시 부모나 교사에게 이야기하여 도움을 받아야 한다.

⑤ 부적절한 사이트의 접속을 차단할 수 있는 프로그램을 설치하거나 이를 제공하는 온라인 서비스를 활용한다.

⑥ 유아가 컴퓨터를 사용할 때 같이 있도록 하거나 다른 가족이 함께 있을 수 있는 곳에 컴퓨터를 설치한다. 유아가 가정에서 컴퓨터를 사용하는 동안 다른 사람과 상호작용하며 의사소통 능력을 증진시킬 수 있다.

⑦ 인터넷과 친숙해지려고 노력해야 한다. 어떻게 접속하고 어떤 사이트가 좋은지 등에 대해 유아가 이해한 것을 다시 생각하도록 돕는다.

⑧ 온라인에서 읽은 모든 것이 진실이 아닐지도 모른다는 것을 가르치고 온라인상에서 만난 사람들을 실제 만나거나 집을 방문하는 것에 조심하도록 해야 한다.

⑨ 성인들은 유아의 친구들뿐만 아니라 가상의 친구들에 대해서도 알고 있어야 한다.

미국 유아교육협회의 유아 인터넷 활용 지침은 유아와 가족의 개인정보를 보호하고, 불건전 및 거짓 정보, 사이버 폭력 등 각종 온라인 위협에서 안전하게 인터넷을 활용할 수 있도록 안내를 제시하는 내용이다.

우리나라에서도 유아를 위한 인터넷 이용 지침이 제정되어 활용되고 있는데, 차일드 에듀넷(www.childedu.net)에 소개된 안전한 인터넷 이용을 위한 어린이 안전 수칙을 살펴보면 다음과 같다.

① 인터넷을 하다가 이름, 집, 전화번호, 엄마 아빠의 이름과 직업, 신용카드 번호 등을 물을 때 부모님과 선생님의 허락 없이는 누구에게도 알려주지 않아야 한다.

② 인터넷에서 만난 사람들은 얼굴을 잘 볼 수 없으니까 겉으로는 착하게 이야기하고 있지만 속은 아주 나쁜 사람일 수도 있다. 우리가 모르는 낯선 사람을 집에 들어오도록 하지 않는 것처럼 인터넷에서 만난 낯선 사람과는 이야기하지 않는 것이 좋다.

③ 여러 사이트를 마우스로 클릭하여 방문하다 보면 이상한 곳에 가서 길을 잃을 수 있다. 길을 잃은 곳이 나쁘고 무서운 곳일 수도 있기 때문에 길을 잃지 않기 위해서는 이상해 보이는 곳은 클릭하지 않아야 한다. 실수로 이상한 곳에 들어갔을 때는 엄마, 아빠, 선생님께 말씀드려야 한다.

④ 인터넷에는 재미있게 보고 듣고 할 수 있는 것들이 많지만 그중에는 엉터리 이야기들도 많이 있다. 그리고 맞지도 않으면서 맞는 이야기처럼 거짓말을 하는 곳도 있다. 어떤 곳은 선물 같은 좋은 것을 나누어 준다고 하면서 주소, 엄마, 아빠의 이름, 주민등록번호, 신용카드 번호만 묻고 선물은 주지 않는 곳도 있다. 정확한 이야기를 하고 있는 곳인지 알기 위해서는 엄마, 아빠, 선생님께서 알려주신 좋은 인터넷 사이트를 이용해야 한다.

⑤ 인터넷을 쓰는 사람들 중에는 아주 나쁜 전자우편(e-mail)을 다른 사람들에게 보내는 나쁜 사람도 있다. 어린이가 보기에 좋지 못한 내용을 보내거나 컴퓨터를 고장 내는 바이러스를 퍼뜨리기도 한다. 모르는 사람이 보낸 이상한 전자우편(e-mail)은 열어 보지 말고 곧바로 지워 버리거나 엄마, 아빠, 선생님께 꼭 이야기해야 한다.

유아교육에서의

스마트 기기 · 로봇 활용과 과몰입 예방

≫ 참고 문헌

강신영(2003). 유아정보화 역기능 극복 방안에 관한 고찰, 유아교육논집, 11, 57-78.

______(2006). 유아에게 나타난 컴퓨터 활용의 역기능에 관한 연구. http://myhome.naver.com/wanghubab/1.html. 미간행.

고명미(2004). 저연령 유아의 발달에 따른 온라인 멀티미디어 컨텐츠의 설계 및 구현. 숭실대학교 정보과학대학원 석사학위논문.

고정화(2009). 초등학생의 게임 중독 예방을 위한 부모연계 집단상담 프로그램 개발. 한국교원대학교 교육대학원 석사학위논문.

곽노의(2002). 놀이, 놀이감 그리고 놀이공간에 대하여 다시 생각한다. 국제유아교육 심포지엄 자료집, 늦게 피어도 아름다운 꽃, 129-149. 10월30일-11월1일. 서울: 이화여대 국제교육관 LG컨벤션홀.

권성호(1998). 교육 공학의 탐구. 서울: 양서원.

권희경(1993). 컴퓨터敎育과 幼兒의 認知能力의 發達 : 수개념 및 소근육운동, 시각적 지각, 논리적 사고를 중심으로. 경희대학교 대학원. 석사학위논문.

김경철, 박선희, 박정선, 유구종, 조부경(1998). 유아교육과 멀티미디어. 서울: 한국유아교육학회: 양서원.

김경철, 박혜영 (2007). 컴퓨터를 통한 협동 활동이 유아의 사회 · 정서 발달에 미치는 영향. 어린이미디어연구, 6(2), 1-17.

김경현(2009). 교구로봇활용수업의 효과분석 연구. 한국교육학술정보원, 연구보고 CR 2009-27.

김교헌(2001). 심리학적 관점에서 본 중독(The psychological perspectives of addictive behaviors). 한국심리학회지(7).

김민정, 박은주, 김갑순(2007). 연령에 따른 유아의 전자미디어 이용 관련 현황과 어머니의 인식의 차이. 유아교육학논집, 11(4), 247-268.

김신정(2003). 인터넷 게임 중독 수준에 따른 중학생의 자기효능감, 일반적 자기통제, 충동성의 차이 비교. 계명대학교 대학원 석사학위논문.

김승옥(2008). 유아의 인터넷 안전의식 측정도구 개발. 덕성여자대학교 대학원 박사학위논문.

김승옥, 김혜수, 이경옥(2007). 아동용 인터넷 게임 중독 척도 개발. 한국아동학회, 28(6), 37-52.

김승옥, 이경옥(2005). 유아교육기관의 온라인 콘텐츠 사용 실태 및 요구. 어린이미디어연구, 4, 223-241.

＿＿＿＿＿＿＿(2007). 아동의 게임 중독과 과몰입의 개념적 이해. 어린이미디어연구, 6(2), 63-83.

김승옥, 이정수, 이경옥(2008). 인터넷 안전교육에 대한 유아교사의 인식 및 인터넷 안전교육 실태. 한국교원교육학회 제50차 학술대회. 교원평가, 어떻게 할 것인가?. 227-231.

김영주(2009). 인터넷 안전교육에 관한 유아기 어머니의 인식, 열린유아교육연구, 14, 5397-414.

김유정(2002). 청소년 인터넷 게임 중독 척도 개발 및 심리사회적 취약성 요인. 아주대학교 대학원 석사학위논문.

김정호, 한정혜, 김동호(2009). 상징적 음성언어 교육을 위한 유아 로봇 콘텐츠 개발 및 적용. 정보교육학회논문지, 13(2), 205-213.

김주연(2002). 초등학생의 인터넷 중독 경향과 관련 요인 연구. 서울대학교 보건대학원 석사학위 청구논문.

김진희, 이기문(2001). 교육학 주제별 용어사전. 서울: 지구문화사.

김청택, 김동일, 박중규, 이수진(2002). 한국형 인터넷 중독 진단 척도 개발연구. 서울: 정보통신연구진흥원.

나일주(1997). 가상교육체제 모형 탐색. 서울대학교, 연구보고서.

노운정(2005). 온라인게임 중독에 영향을 미치는 요인. 연세대학교 정보대학원 석사학위논문.

매일경제(2010. 1. 25). http://news.mk.co.kr

명승은, 심성훈, 송재순, 류한석, 김광현(2010). 아이패드혁명: 애플과 태블릿PC가 만드는 라이프 & 비즈니스 쇼크. 서울: 예인.

문외식(2007). 교육용 로봇을 이용한 프로그래밍 학습 모형. 한국정보교육학회, 11(2), 231-241.

박경숙(2004). 컴퓨터 교육 프로그램 활동이 유아의 사회 정서 발달에 미치는 효과. 계명대학교 대학원 석사학위논문.

박성혜(2001). 컴퓨터 게임 몰입과 정서적 특성의 관계: 서울 시내 초등학교 6학년 아동을 중심으로. 이화여자대학교 교육대학원 석사학위 청구논문.

박지영, 이정수, 이경옥(2006). 만 5세 유아의 인터넷 인식에 관한 연구. 사회과학연구, 12, 145-166.

방송통신위원회, 한국인터넷진흥원(2009). 인터넷 이용실태조사. 서울: 한국인터넷진흥원: 방송통신위원회.

브리태니커 백과사전(2011). http://www.britannica.co.kr

산업자원부(2006). 산업자원백서, 2005. 산업자원부.

서경숙(2008). 로봇 주제 집단탐구활동이 유아의 창의성에 미치는 효과. 동아대학교 석사학위 논문.

소희선(2006). 스피치 인터페이스를 통해 나타나는 개인용 서비스 로봇의 개성 선호 연구. 한국과학기술원 석사학위논문.

송원임(2001). 컴퓨터게임 문화가 초등학생 생활양식에 미치는 영향. 한국교원대학교 대학원 석사학위 논문.

신나민(2008). 로봇과 교육의 관계 맺기. 2008 로봇 콘텐츠 세미나 발표 자료.

신나민, 김상아 (2007). 로봇과 학습의 관계 맺기: 초, 중, 고등학생의 관점에서. 교육정보미디어연구, 13(3), 79-99.

어기준(2000). 청소년 PC중독의 유형과 문제점, 청소년 PC중독. 청소년대화의 광장, 9-29.

유구종(2001). 유아를 위한 컴퓨터 교육. 서울: 창지사.

______(2005). 통합 유아 컴퓨터 교육. 서울: 창지사.

______(2011). 멀티미디어 활용과 게임 과몰입 예방 교육을 위한 유아교육 프로그램. 경기: 공동체.

유구종, 김승옥(2008). 유아와 멀티미디어교육. 서울: 공동체.

유구종, 조윤영(2004). 컴퓨터를 활용한 통합교육활동이 유아의 창의성과 문제해결능력에 미치는 영향. 열린유아교육연구, 9(1), 273-290.

윤현민(2010). 유아교육용 서비스 로봇에 대한 교사의 수용과 유아-로봇 상호작용. 성균관대학교 대학원 박사학위 논문.

위키백과사전(2010). http://ko.wikipedia.org/wiki/에서 2010년 5월 4일에 인출.

이경님(2004). 개인적 변인과 환경적 변인이 아동의 게임 중독 경향에 미치는 영향. 대한가정학회, 대한가정학회지, 42(4), 99-118.

이경옥, 김민화, 김승옥, 김혜수(2006). 유·아동 및 청소년의 인터넷 게임중독 척도 개발 연구. 한국정보화진흥원 연구보고 06-15.

이경옥, 김승옥, 이정수, 류진순(2007). 취학전 아동을 위한 인터넷 중독 예방 프로그램 개발. 한국정보화진흥원 연구보고 07-12. 서울: 한국정보화진흥원.

이순묵, 반재천, 이형초, 최윤경, 이순영(2005). 성인 인터넷 중독 진단척도 개발 연구. 한국정보화진흥원 연구보고 05-21. 서울: 한국정보화진흥원.

이소영(2000). 게임의 중독성 사용이 청소년의 문제해결 능력 및 의사소통에 미치는 영향. 고려대학교 대학원 석사학위논문.

이송선(2000). 청소년의 컴퓨터 게임 중독과 정서적 특성과의 관계. 서울여자대학교 석사학위청구논문.

이순례, 이현옥, 부성숙(2009). 한국, ECERS-R, NAEYC의 유아교육기관 평가지표 비교. 육아지원연구. 4(2). 69-96.

이유경(2002). 컴퓨터 게임 중독 청소년의 사회적 관계 및 적응에 관한 연구. 성신여자대학교 대학원 석사학위 청구논문.

이위현(2010). 스마트 TV의 교육 콘텐츠 현황과 활성화 방안에 관한 연구. 영남대학교 생활대학원 석사학위 논문.

이정화(2001). 청소년의 컴퓨터게임 중독이 가족관계에 미치는 영향. 한국외국어대학교 대학원 석사학위논문.

이주연 (2011). 유아교육용 스마트폰 앱에 대한 부모 인식 조사 -유아의 행동 패턴에 따른 부모 인식 조사를 중심으로-. 경희대학교 경영대학원 석사학위 논문.

임송미(2000). 컴퓨터 게임이 아동의 수리 능력과 공간 기술에 미치는 효과. 서울대학교 대학원 석사학위논문.

정보통신부, 한국인터넷진흥원(2006). 2006년 상반기 정보화 실태 조사. 서울: 한국인터넷진흥원.

정아란(2007). 유아의 컴퓨터게임 과몰입 예방교육프로그램 개발 및 적용연구. 공주대학교 대학원 박사학위 청구논문.

정재경, 최종홍, 한정혜(2007). 교사 보조 로봇 스타일에 따른 유아 반응 분석. 한국정보교육학회지, 11(2), 195-203.

조혜경, 박강박, 한정혜, 민덕기, 고국원(2008). 교육+로봇: 비전과 액션플랜. 한국정보과학회지, 26(4), 55-64.

주영주, 이광희(2001). 교사를 위한 인터넷. 서울: 남두도서.

주혜연(2011). 로봇과 블록을 매개로 한 또래와의 상호작용이 유아의 사회성에 미치는 영향. 성균관대학교 석사학위 논문.

최종욱(2008). 컴퓨터 소프트웨어 프로그램을 활용한 보조 활동이 유아의 수학적 태도 및 수학능력에 미치는 영향. 미래유아교육학회, 15(1), 411-433.

최태식, 최대훈, 박주희(2002). 유아 컴퓨터교육의 이론과 실제. 서울: 양서원.

통계청(2008). 통계 속의 재미있는 세상 이야기(개정보증판). 서울: 통계청.

한경아(2003). 초등학생의 컴퓨터게임중독과 자기통제력, 부모의 통제 간의 관계. 전주대학교 국제상담대학원 석사학위논문.

한국인터넷진흥원(2007). 인터넷 이슈 기획분석. 서울: 한국인터넷진흥원.

____________(2010). 인터넷 이용 실태조사 보고서. 서울: 한국인터넷진흥원.

____________(2011). 건강한 인터넷, 노래로 전해요. 서울: 한국인터넷진흥원.

____________(2011). 우리는 게이머, 멋진 인터넷 세상 만들어요. 서울: 한국인터넷진흥원.

____________(2011). 여기는 지구마을, 모두가 친구예요. 서울: 한국인터넷진흥원.

____________(2011). 함께 만들고 나누는 인터넷 미디어. 서울: 한국인터넷진흥원.

____________(2011). 행복한 인터넷, 고운 말로 가꾸어요. 서울: 한국인터넷진흥원.

한국정보화진흥원(2006). 정보통신윤리. 서울: 한국정보화진흥원.

____________(2006). 유 · 아동 및 청소년의 인터넷 게임중독 척도개발연구. 서울: 한국정보화진흥원.

____________(2007). 유아를 위한 바른 인터넷 첫걸음. 서울: 한국정보화진흥원.

____________(2007). 취학 전 아동 인터넷 중독 예방 프로그램 개발 연구. 서울: 한국정보화진흥원.

____________(2010). 취학 전 아동 인터넷 중독 상담치료 프로그램 개발 연구. 서울: 한국정보화진흥원.

____________(2011). 바른 어린이 네티즌 양성을 위한 인터넷 안전교육 프로그램. 서울: 한국정보화진흥원.

한국청소년상담원(2000). 청소년 PC 중독 「제19회 특수상담사례 발표회」. 한국청소년상담원.

한정선, 이경우, 임은미(1999). 유아를 위한 온라인 멀티미디어 컨텐츠의 설계 전략. 유아교육연구, 19(1). 79-94.

한정혜, 김동호(2006). 교사 보조 로봇의 교육적 활용. 한국정보교육학회지, 10(1), 849-856.

한정혜, 조미헌(2009). r-Learning에서의 로봇보조학습. 한국정보교육학회지, 13(4), 497-508.

현은자, 김소연, 장시경(2008). 지능형 로봇을 활용한 그림책 읽기 활동이 유아의 언어 능력에 미치는 효과. 유아교육연구, 28(5), 175-196.

현은자, 박현경, 장시경, 연혜민(2010). 유아교육기관에서의 교사보조 로봇에 대한 유아의 경험과 인식. *유아학회지, 31*(1), 267-282.

현은자, 윤현민, 강정미(2010). 유아의 교육용 로봇에 대한 인식과 사용 경험과의 관계. *어린이미디어연구, 9*(1), 189-205.

현은자, 윤현민, 장시경, 연혜민, 조경선(2009). 유아교육기관에서의 교사 보조 서비스 로봇의 콘텐츠 개발. *어린이미디어연구, 8*(1), 119-142.

홍혜경(2007). *유아 컴퓨터교육*. 서울: 학지사.

황해익, 제경숙, 서현아, 천희영, 최미현, 강신영, 김혜림(2001). *인터넷과 유아교육*. 서울: 창지사.

하야시 노부유키(2010). *아이패드 쇼크: 손 안에 들어온 두 번째 디지털 혁명*. 서울: 명문사.

Baurmind, D.(1968). Authoritarian vs. authoritative parental control. *Adolescence, 3*, 235-272.

Beals, Laura, & Bers. (2006). Robotic Technologies: When Parents Put Their Learning Ahead of Their Child' s. *Journal of Interactive, 17*(4), 341-366.

Becker, K.(2005). How are games educational-Learning theories embodied in games. Proceedings of DiGRA 2005 Ghanging views: Worlds in play International Conference, Vancouver, Canada.

Brenner, V.(1997). Psychology of computer use: Parameters of internet use. abuse and addiction: The first 90 days of the internet usage survey. *Psychology Reports, 80*, 879-882.

Buckleitner, W. (1995). Getting started with computers and children. *Child Care Information Exchange, 101*, 21-24.

Dautenhahn, K. (2002). A Quantitative Technique for Analyzing Robot Human Interaction. Conference of Intelligent Robot & Systems (IEEE/RSJ).

Davis, B. C., & Shade, D. D.(1999). Integrating technology into the early Childhood Education; The case of Literacy Learning. *Information Technology in Childhood Education, 1999*(1), 221-254.

Dunham, P., Dunham, F., & Tran, S. (1991). The Non reciprocate Robot: Effects on Verbal Discourse, Social Referencing at Two Years of Age. *Child Development, 62*(6), 1489-1502.

Eapinosa, T., Laffey, J., Whittaker, T., & Sheng, Y. (2006). Technology in The Home and The Achievement of Young Children: Findings From The Early Childhood Longitudinal Study. *Early Education and Development, 17*(3), 421-441.

Getman, G. N.(1983). Computer in the classroom: Bane or born. *Academic Therapy, 18*, 517-524.

Han, J. H., Jo, M. H., Park, S. J., & Kim, S. H. (2005). The educational use of home robots for children. In Proceedings of the 2005 IEEE International Workshop on Robot and Human Interactive Communication(RO-MAN-2005). Hatfield, Uk, August, 13-15.

Han, J. H., Jo, M. H., Park, S. J., & Kim, S. H. (2005). The educational use of home robots for children, Proceeding of the 14th IEEE International Workshop on Robot and Human Interactive Communication(RO-MAN 2005). Nashville, USA.

Haugland, S. W.(2000). What role should technology play in young children' s learning?(part II). Early childhood classrooms in the 21st century: Using computer to maximize earning. *Young Children, 55*(1), 12-18.

Holister, D. & Peart, J.(1983). The language of LOGO-Its effection of genetal thinks skills. San Jose, CA.

Horn, R. V. (1991). *Advanced technology in education: An introduction to video-disks, robotics, optical memory, peripherals, new software tools, and high-tech staff development*. CA: Brooks/cole.

Hyun, E. J., Kim, S. Y., Jang, S. K., & Park, S. J. (2008). Comparative study of effects of language instruction program using intelligence robot and multimedia on linguistic ability of young children. Proceedings of the 17th IEEE International Symposium on Robot and Human Interactive Communication(RO-MAN 2008). Munich, Germany, 187-192.

Kanda, T., Hirano, T., Eaton, D., Ishiguro, H. (2004). Interactive Robots as Social Partners and Peer Tutors for Children; A Field Trial.

Levie, W. H. & Dickie, K. (1973). The analysis and application of media, In R. M. W. Travers(ed), Second handbook of research teaching. Chicago: Rand Mcnally.

Luckin, R., Rimmer, J., & Lloyd, A.(2001). *Turning on the Internet: Exploring childrend' s conceptions of what the Internet is and does*. Brighton, UK: School of Cognitive and Computing Sciences, University of Sussex.

Movellan, J. R., Eckhardt, M., Virnes, M., & Rodriguez, A. (2009). Sociable Robot Improves Toddler Vocabulary Skills, Proceedings of the 4th ACM/IEEE Human Robot Interaction, 307-308, March 11-13, LaJolla, CA, USA.

Norman, R. (2004). *Emotional Design: Why We Love or Hate Everyday Things*. Basic Books, New York, NY.

Papert, S. (1980). *Mind storms, children, computers and, powerful ideas*. NY: Basic Books.

Plowman, L & Stephen, C. (2003). Children, Play, and Computers in Pre-School Education. *British Journal of Educational Technology, 36*(2), 145-157.

Ruvolo, C. M., Fasel, S. A., Movellan, J. N. G. (2008). Consulting Psychology Journal: Practice and Research, VOL.56 NO.1 pp. 10-19.

Salomon, G. (1979). I*nteraction of media, cognition and learning*. SanFrancisco: Jossey-Bass Publishers.

Sandholtz, J. H. (1997). Teaching with Technology: Creating Student-centered Classroom. Teachers College Press, Teachers College, Columbia University, New York, NY.

Shade, D. D.(1994). Computers and young children: Software types, social contexts, and emotional responses. *Journal for Computing in Childhood Education, 5*(2), 177-209.

Tanaka, F. & Movellan, J. R. (2006a). *A Way of Implementing an Inward for Auto mouse Robots*. International Workshop on Synergistic Intelligence Dynamics at Humanoids. Genova, Italy.

Tanaka, F., & Movellan, J. R. (2006b). Behavior Analysis of Children' s Touch on a Small Humanoid Robot: Long-term Observation at a Daily Classroom over Three Month. In Proceedings of The 5th IEEE International Symposium on Robot and Human Interactive Communication(RO-MAN-2006). Hatfield, UK, September, 6-8.

Terence Fong, Lllah Nourbaksh & Kerstin Dautenhahn, K. (2002). A Survey of Interactive Robots: Concepts, Design and Application, Technical Report CMU-RI-TR-02-29.

Yan, Z.(2005). Age differences in children's understanding of the complexity of Internet. *Applied Developmental Psychology, 26*, 385-396.

Young, K. S.(1996). Internet addiction: The emergence of a new clinical disorder. Paper presented at the 104th annual conversation of the American Psychological Association. Toronto, Canada.

Watters, S. O.(2003). *Overcoming internet addictions*, Servent Publications, 이소희 외 역, 인터넷 중독의 이해. 서울: 학지사.

국내의 인터넷 사이트 평가준거(CSR Korea). www.csrkorea.co.kr.

교육과학기술부(2009). 유아교육선진화 추진 계획. 12월 9일 발표, http://www.mest.go.kr

그린아이넷. http://www.greeninet.or.kr.

동부로봇(구 다사로봇) http://www.genibo.com

로봇기반교육지원단. http://www.r-learning.or.kr

바른어린이네티즌. www.nia.or.kr/child.

아이핀 사이트. http://i-pin.kisa.or.kr.

유아 게임 과몰입 예방교육 프로그램. http://mbus.or.kr.

유진로봇. http://www.edurobot.net

인터넷 내용 등급서비스. www.safenet.ne.kr.

인터넷중독 예방 상담센터. http://www.iapc.or.kr.

정보통신 윤리위원회. www.icec.or.kr.

차일드 에듀넷. www.childedu.net.

청소년 유해환경 감시단. www.youthcb.net.

ESRB(Entertainment Software Rating Board) Ratings. www.esrb.org.

CSR의 평가준거. www.childrenssoftware.com,

Getnetwise. www.getnetwise.org.

Webby Award의 평가 준거. www.webbyawards.com.

부록

유아교육에서의

스마트 기기 · 로봇 활용과 과몰입 예방

〈부록 1〉

유아용 스마트폰 어플리케이션

어플리케이션명	구입처(유료/무료)	대상	화면
뽀로로 첫낱말놀이	T-store, 앱스토어(무료)	유아	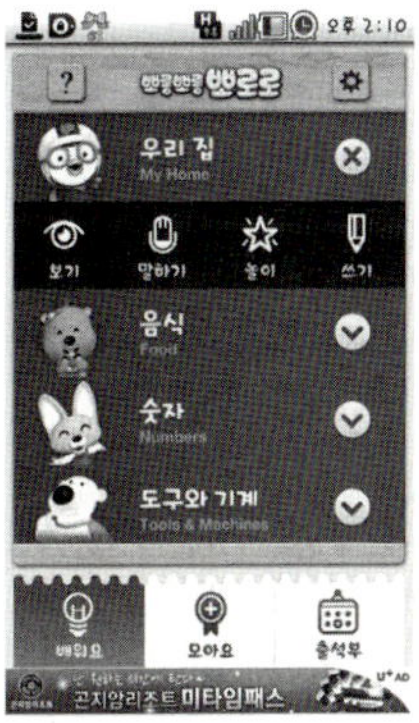
유형	**주제**	**개발자**	
서술형, 문제풀이형	생활도구, 동물, 교통기관 등	Iconix Entertainment	

활동 유형								
언어	조작	수학	과학	조형	음률	미술	동화	신체
○								

교육과정 관련 영역				
신체운동·건강	의사소통	사회관계	예술경험	자연탐구
	○			

주요 내용 및 특이 사항
우리 집, 음식, 숫자, 도구와 기계, 동물, 탈것, 캐릭터 등 다양한 사물들의 사진을 보면서 그 사물의 이름을 배울 수 있다. 또한 한 주제를 가지고 보기, 말하기, 놀이, 쓰기의 활동을 할 수 있도록 구성되어 있어서 아이들이 쉽고 재미있게 낱말을 접할 수 있도록 한다.

어플리케이션의 구성	
교수 설계 영역 (사용의 용이성 및 기술성)	유아들이 처음 앱을 접했을 때 메인 화면에서 "뽀로로 첫 낱말 놀이"라는 소리가 나오면서 아이들이 좋아하는 캐릭터인 뽀로로가 나와서 아이들의 흥미를 끌기에 아주 적합할 것 같다. 또한, 하나하나의 지시가 말로 제시되어 있어서 글자를 읽을 줄 모르는 아이도 쉽게 사용할 수 있도록 되어 있다. 또 놀이에서 유아가 실수를 하면 "다시 생각해 봐"라는 음성이 나와서 유아 스스로 교정할 수 있도록 한다.
교육 내용 영역 (교육성 및 내용의 적합성)	유아가 이해하기 쉽도록 유아 주변에서 쉽게 볼 수 있는 다양한 예를 제공하여 유아의 직접적인 경험과 연결시킬 수 있도록 되어 있다. 또 한 가지 주제를 가지고 듣기, 말하기, 놀이 등 다양한 방법으로 경험하고 익힐 수 있게 조직되었다. 그리고 음성언어를 사용하여서 한글을 모르는 연령이 낮은 아이들도 쉽게 조작할 수 있도록 되어 있다.
교수학습 영역 (흥미성)	출석부나 모으기 기능을 통해 유아가 계속해서 사용할 수 있도록 되어 있고, 사물이 실제처럼 구체적으로 표상되어 있다.

어플리케이션명	구입처(유료/무료)	대상	화면
차고지놀이	마켓(무료)	유아	
유형	**주제**	**개발자**	
놀이형 문제풀이형	교통기관	아이코닉스 엔터테이먼트	

활동 유형								
언어	조작	수학	과학	조형	음률	미술	동화	신체
○	○					○		

교육과정 관련 영역				
신체운동·건강	의사소통	사회관계	예술경험	자연탐구
	○		○	

주요 내용 및 특이 사항
유아들이 직접 면허증을 발급받고 레벨에 맞게 게임을 진행해 간다. 유아들에게 친숙한 타요 애니메이션 속 캐릭터 4명(타요, 라니, 로기, 가니)을 모두 등장시켜 레벨마다 각각 다른 버스를 운행할 수 있도록 한다. 총 5가지의 미션이 있고 레벨이 올라갈수록 늘어나며 어려워진다. 게임의 진행에서 필요한 설명은 실제 성우가 녹음을 하여 아이들이 친숙하게 듣던 목소리로 되어 있다. 또한 색칠공부, 문제풀이 등 다양한 구성이 덧붙여진다.

어플리케이션의 구성	
교수 설계 영역 (사용의 용이성 및 기술성)	친숙한 멀티미디어를 사용해 아이들이 쉽게 접근할 수 있고, 하나하나마다 음성 설명이 되어 있기 때문에 문자를 모르는 유아도 쉽게 할 수 있다. 또한 불가피하게 음 소거를 하고 진행시켜도 각각의 아이콘을 통해 쉽게 활동을 이뤄 갈 수 있다. 주 활동 내에서도 눈으로 보여지는 화살표나 색을 통해 유아들에게 힌트를 주기 때문에 문자를 모르고 음성을 듣지 못해도 충분히 활동을 이어 나갈 수 있다.
교육 내용 영역 (교육성 및 내용의 적합성)	유아가 색의 구별, 알맞은 도형 끼워 넣기 등을 통해 조작적 능력을 갖게 되며, 다양한 시도를 통해 사고의 확장까지 가져올 수 있다. 뿐만 아니라 모든 레벨의 마지막 관문은 교통규칙에 대한 문제를 풀어야 하기 때문에 자연스럽게 문제와 답을 통해 교통규칙을 익힐 수 있다. 또한 따로 첨부되어 있는 색칠놀이를 통해 자연스럽게 색의 사용을 할 수 있고, 소근육을 사용하게 된다. 다섯 가지의 미션(세차하기, 부품 정비하기, 연료 넣기, 엔진오일 넣기, 타이어 정비하기)을 스스로 해결해 나가는 과정을 통해 유아의 해결 능력이 자라난다. 또한 단순 클릭으로만 해결되는 것, 드래그해야 하는 것, 오래 꾹 눌러 주어야 하는 것 등 다양하게 조작해야 하기 때문에 지겹지 않고 오래 집중할 수 있게 된다.
교수학습 영역 (흥미성)	유아들이 좋아하는 캐릭터인 타요를 통해 만들었기 때문에 유아들의 흥미도는 매우 높다. 또한 단순히 캐릭터만을 사용한 것이 아니라 동영상이나 상황에 알맞은 성우의 목소리 등이 유아들의 흥미를 자극하는 데 큰 요소가 된다. 또한 각각의 레벨을 완성하기 위한 마지막 미션인 문제풀이에서는 텍스트가 짧아 부담스럽지 않고, 그 텍스트 역시 성우가 읽어 주기 때문에 유아들이 활동을 진행하기에 적합하다. 또한 많은 유아가 한 번에 하게 될 경우 서로 문제를 내주거나, 미션을 한 가지씩 돌아가며 함께 할 수 있다.

어플리케이션명	구입처(유료/무료)	대상	화면
어린이 실로폰 놀이	마켓(무료)	유아	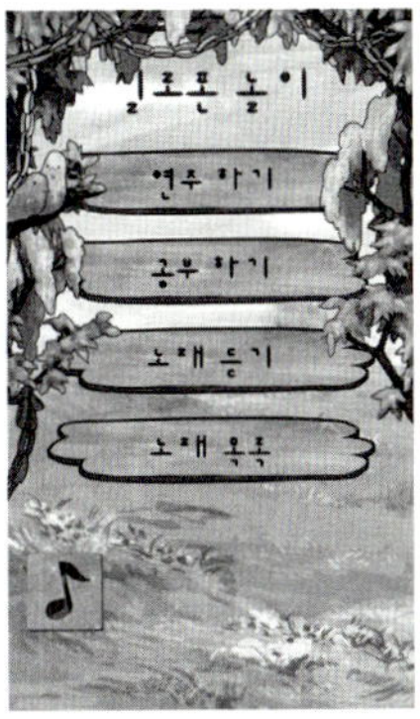
유형	주제	개발자	
놀이형	악기	Uiseon	

활동 유형								
언어	조작	수학	과학	조형	음률	미술	동화	신체
					○			

교육과정 관련 영역				
신체운동·건강	의사소통	사회관계	예술경험	자연탐구
			○	

주요 내용 및 특이 사항

무지개 색의 아기자기한 악기(실로폰, 피아노, 비브라폰, 색소폰, 클라리넷 등)를 배경으로 유아 스스로 연주하고 동요를 공부할 수 있는 어플리케이션이다. 자유롭게 연주하기, 인터넷에서 다운 받은 동요를 따라서 연주하기(공부하기), 노래 듣기 등을 할 수 있다.

어플리케이션의 구성	
교수 설계 영역 (사용의 용이성 및 기술성)	앱의 첫 화면에 연주하기, 공부하기, 노래 듣기, 노래 목록이 있어서 원하는 활동을 선택할 수 있고 선택할 때마다 소리가 나온다. 음표 모양의 아이콘을 눌러 다른 악기로 바꿀 수 있는데, 음표 모양으로 선택 아이콘을 통일해 헛갈리지 않고 원하는 대로 설정할 수 있어서 조작이 수월하다.
교육 내용 영역 (교육성 및 내용의 적합성)	실로폰, 피아노, 비브라폰, 색소폰, 클라리넷 등 다양한 악기를 연주할 수 있어서 다양한 소리에 대한 탐색을 할 수 있고 음의 높낮이에 대한 개념을 익힐 수 있다. 또한 다운 받은 동요를 따라 연주해 볼 수 있기 때문에 간단하지만 연주법을 익힐 수 있고 정기적으로 업데이트되며 노래를 다운받을 수 있기 때문에 유아들이 지루해하지 않고 이용할 수 있으며 직접 연주하는 것을 녹음할 수도 있다.
교수학습 영역 (흥미성)	그래픽에 밝은 색이 많이 사용되었고 선택할 때마다 소리가 나기 때문에 유아들의 흥미를 유발하기에 적절하다. 또한 또래와 같이 연주할 수도 있기 때문에 자연스럽게 상호작용이 이루어지고 동요 연주를 따라 해 보는 것뿐만 아니라 스스로 연주할 수 있기 때문에 창의성 발달에 도움이 된다.

어플리케이션명	구입처(유료/무료)	대상	화면
리듬고고 free [재미나라-리듬고고 한글동요]	마켓(무료)	유아	
유형	**주제**	**개발자**	
놀이형	유치원과 친구	(주)한솔교육	

활동 유형								
언어	조작	수학	과학	조형	음률	미술	동화	신체
	○				○			○

교육과정 관련 영역				
신체운동·건강	의사소통	사회관계	예술경험	자연탐구
	○		○	

주요 내용 및 특이 사항
다섯 가지의 한글 동요 곡을 들을 수 있으며, 그뿐만 아니라 캐릭터가 등장하여 직접 율동을 보여 주어서 따라 하기에도 유용하다. 또한 3D로 볼 수 있어 더욱 사실감과 흥미성을 높여 준다. 가사가 나와서 가사를 보며 동요를 부를 수도 있으며, 화면을 터치하면 예쁜 효과가 나타나 유아들이 직접 조작하는 재미도 줄 수 있다. 두 명의 캐릭터가 나오기 때문에 친구와 함께 하기에도 좋은 앱이다.

어플리케이션의 구성	
교수 설계 영역 (사용의 용이성 및 기술성)	메인 화면에는 동요를 선택할 수 있는 창이 뜨는데, 유아들의 또래로 보이는 캐릭터도 함께 제시되어 유아의 흥미 수준에 맞으며, 가사 보이기나 곡 일시 정지, 메인 화면으로 가기가 오른쪽에 그림으로 제시되어 있기 때문에 유아가 쉽게 조작할 수 있다. 처음 앱을 실행하면 자동적으로 메뉴가 변하면서 곡 선택이 뜨기 때문에 바로 원하는 동요를 선택 할 수 있으며, 내용 또한 동요를 부르고 율동을 따라 하는 앱이기 때문에 원하는 동요를 선택하고 끝나면 다른 동요를 선택하는 식의 일관성을 보인다. 또한 캐릭터와 배경을 3D기법을 통해 보여 주며 카메라가 찍듯이 계속해서 움직이는 것을 볼 수 있다. 그 외에 배경, 사운드, 효과음 등이 다양하게 사용되었다.
교육 내용 영역 (교육성 및 내용의 적합성)	동요를 듣고 부르거나, 가사 보기를 통해 부를 수도 있어 듣기, 읽기의 언어적인 측면을 기를 수 있다. 기술성이 돋보여 유아들의 호기심을 자극 시켜 주기도 한다. 또한 동요를 부르고 율동을 따라 하는 것만이 아닌 유아 자신이 동요에 맞는 신체표현도 할 수 있으며, 동요 제목을 보며 이야기를 나누어 보고 직접 가사도 바꾸어 보면서 유아들의 직접적인 경험이나 가사를 바꾸는 아이디어 등으로 음악적인 소양도 기를 수 있다. 비교적 최신에 출시된 앱이고, 동요가 나오는 음성 언어가 사용되었으며, 남자아이 캐릭터와 여자아이 캐릭터가 한 명씩 등장하여 성별이 편중되어 있지 않다.
교수학습 영역 (흥미성)	유아들이 좋아하는 노래와 신체표현을 할 수 있는 율동으로 구성되어 있기 때문에 충분히 유아들에게 흥미를 줄 수 있으며, 각각의 곡마다 신체, 교통기관, 색깔 등의 다양한 주제가 있기 때문에 유아들이 지루해하지 않고 계속적으로 사용할 수 있다. 동요가 단조롭지 않고 곡 한 곡에도 여러 가지 목소리와 적절한 효과음을 사용하여 재미를 더해 준다. 또한 캐릭터뿐만 아니라 뒤의 배경도 다양하게 구성되어 있으며, 3D기법의 캐릭터로 보여 주어 구체적인 사실감을 부각시켜 준다.

어플리케이션명	구입처(유료/무료)	대상
GrowEng Talk Alphabet	maket(유료/무료)	유아
유형	**주제**	**개발자**
체험형	알파벳	EDUBOX

화면

활동 유형

언어	조작	수학	과학	조형	음률	미술	동화	신체
○								

교육과정 관련 영역

신체운동·건강	의사소통	사회관계	예술경험	자연탐구
	○			○

주요 내용 및 특이 사항

먼저 지도를 따라가면서 알파벳을 하나씩 습득하게 되는 형식인데 먼저 짧은 동요로 알파벳을 익히며 그와 관련된 단어를 배우고, 후에 그 단어에 대한 게임이나 색칠 등으로 심화되어서 확실히 익히게 된다.

어플리케이션의 구성	
교수 설계 영역 (사용의 용이성 및 기술성)	처음 앱을 실행하면 길을 따라서 알파벳이 놓여 있는데 마치 게임을 하는 것처럼 선택할 수 있도록 구성되어 있다. 노래로 알파벳을 익힌 후 따라 써 보고, 심화학습으로 아이들이 좋아할 만한 색칠공부나 게임이 순서대로 준비되어 있다.
교육 내용 영역 (교육성 및 내용의 적합성)	노래로 알파벳을 가르치기 때문에 따라 부르면서 재미있게 언어적 측면의 발달을 도울 수 있을 뿐 아니라 음악적 발달을 도울 수 있고, 알파벳을 따라 써 봄으로써 손의 협응력과 쓰기적 측면의 발달 또한 도울 수 있다. 그 알파벳의 단어들을 익히는 색칠놀이에서는 다양한 색을 사용해 자신만의 그림을 그릴 수 있어 미술적 소양과 손의 협응력을 기를 수 있고 게임에서 마지막으로 그 단어에 해당하는 그림을 찾아봄으로써 확실히 익힐 수 있도록 도와준다.
교수학습 영역 (흥미성)	일단 노래로 알파벳을 가르쳐 주기 때문에 흥미롭게 따라 할 수 있고, 알파벳을 따라 쓰는 것도 여러 가지 색깔을 선택해 쓰고 지울 수 있다. 아이들이 좋아하는 색칠공부나 게임을 적용해서 언어 공부라는 생각이 들이 않고 자연스럽게 공부할 수 있도록 구성되어 있다.

어플리케이션명	구입처(유료/무료)	대상	화면
너도나도 재미있는 따라 쓰기	마켓(무료)	유아	
유형	**주제**	**개발자**	
교육형	문자	START LINE	

활동 유형								
언어	조작	수학	과학	조형	음률	미술	동화	신체
○	○							

교육과정 관련 영역				
신체운동·건강	의사소통	사회관계	예술경험	자연탐구
	○		○	

주요 내용 및 특이 사항
한글과 영어, 숫자 3가지 메뉴가 있기 때문에 3가지 글자를 직접 손으로 그림을 그리듯이 따라서 써 볼 수 있다. 또한, 발음이 나오기 때문에 유아가 쉽게 글자를 익힐 수 있도록 도와준다.

어플리케이션의 구성	
교수 설계 영역 (사용의 용이성 및 기술성)	앱을 실행하면 메뉴가 뜨는데, 한글 쓰기, 알파벳 쓰기, 숫자 쓰기, 설정 이렇게 4가지 메뉴가 뜬다. 설정에서는 소리를 끄거나 켜는 기능을 설정할 수 있고, 한글 쓰기와 알파벳 쓰기와 숫자 쓰기 메뉴 중 원하는 메뉴를 선택할 수 있도록 되어 있다. 또한, 따라 쓰고 싶은 글자를 선택하면 그 글자를 따라서 써 볼 수 있고, 연필의 색깔도 사용자가 원하는 색으로 선택할 수 있도록 되어 있다.
교육 내용 영역 (교육성 및 내용의 적합성)	한글과 영어, 숫자를 잘 쓰지 못하는 유아들이 글자를 쉽고 재미있게 따라 쓰고, 발음을 들려주면서 아이들이 글자를 접하고, 배울 수 있다. 또, 글자를 쓰는 순서가 번호로 표시되어 있어서 글자 쓰는 것에 서투른 아이들에게 유용하다.
교수학습 영역 (흥미성)	종이에 따라서 써 보는 것보다 손으로 그림을 그리는 것처럼 따라서 써 보기 때문에 아이들이 재미있게 해 볼 수 있고, 색을 바꿔서 써 보면서 지루해하지 않게 이용할 수 있다.

어플리케이션명	구입처(유료/무료)	대상	화면
Crayon Friends	T-store(무료)	유아	
유형	주제	개발자	
그림 그리기	동물, 자연 등	comicdo	

활동 유형

언어	조작	수학	과학	조형	음률	미술	동화	신체
						○		

교육과정 관련 영역

신체운동·건강	의사소통	사회관계	예술경험	자연탐구
			○	○

주요 내용 및 특이 사항
주어진 그림들을 보면서 따라 그릴 수 있다. 다양한 색을 활용해 그림을 그려 많은 색을 접할 수 있도록 한다. 그림을 그리며 별을 스쳐 지나가 별을 다 모으면 Very Good이라는 도장을 받을 수 있다. 별을 다 모을 수 있도록 넓은 공간 활용을 하도록 유도한다.

어플리케이션의 구성	
교수 설계 영역 (사용의 용이성 및 기술성)	처음 앱이 나오면 영어로 구성되어 있기 때문에 옆에서 아이와 함께 어떤 것들이 있는지 살펴볼 수 있도록 한다. 그림 선이 제시되어 있기 때문에 그림을 따라 그릴 수도 있다. 주제가 제시되기는 하지만, 무선으로 시작하는 그림도 있기 때문에 주제와 상관없는 그림을 그려도 무방하다. 넓은 공간을 활용해 별을 모으는데 이것을 통해 공간 활용에 대한 것을 익힐 수 있도록 한다.
교육 내용 영역 (교육성 및 내용의 적합성)	유아가 모르는 영어 목차로 선택에 어려움이 있을 수 있으나, 그림으로 부연 설명이 되어 있기 때문에 주제를 선택함에 있어서 큰 어려움은 없다. 주제는 수준별로 선택할 수 있기 때문에 활용이 용이하다. 다양한 색감을 사용할 수 있고, 제시된 그림을 따라 그리기 때문에 미술 연습에 적합하다. 그러나 제시된 답이 정답이 아니기 때문에 창의적인 생각을 가진 유아들이 다양한 그림을 그릴 수도 있다. 베이비 영역에서는 간단한 도형 색칠 등이 가능하기 때문에 높은 수준의 그림을 선택해 유아가 좌절감을 느끼지 않도록 유도한다. 완성된 그림은 저장이 가능하기 때문에 유아의 그림을 보고 발전 상황을 볼 수 있으며, 유아의 그림을 보며 칭찬을 해줄 수 있다.
교수학습 영역 (흥미성)	유아들이 관심 있어 하는 공룡을 주제로 한 테마도 있고, 자연과 관련된 테마도 있다. 다양한 색으로 그림을 그릴 수 있기 때문에 유아의 흥미를 끌기에는 충분하다. 질감 또한 실제 크레용과 비슷하게 표현되기 때문에 마음껏 사용할 수 있다. 실행할 때마다 간단한 배경음악과 함께 새로운 그림들이 제시되기 때문에 재미있게 사용할 수 있다.

어플리케이션명	구입처(유료/무료)	대상	화면
헨젤과 그레텔	T-store(무료)	유아	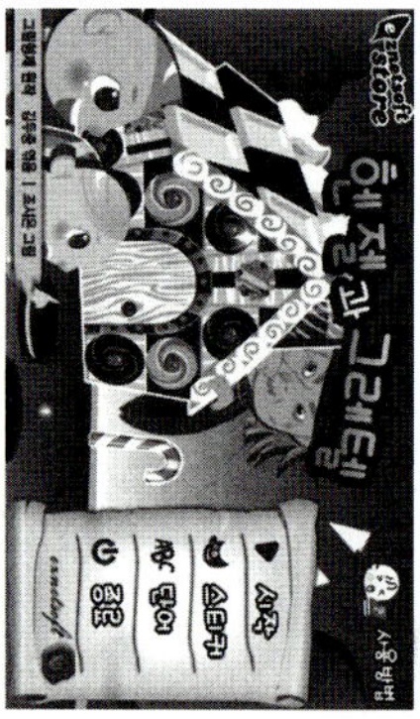
유형	주제	개발자	
감상형	나와 가족	eznetsoft	

활동 유형								
언어	조작	수학	과학	조형	음률	미술	동화	신체
○	○						○	

교육과정 관련 영역				
신체운동·건강	의사소통	사회관계	예술경험	자연탐구
	○			

주요 내용 및 특이 사항

헨젤과 그레텔의 동화를 듣는 것뿐만 아니라, 자신이 직접 동화를 녹음하고, 들을 수 있으며, 동화 중간 중간 캐릭터를 터치하면, 캐릭터의 대사나 이름이 들려온다. 스티커를 붙이는 놀이를 통해 손 동작을 익힐 수 있고, 영어 단어를 익힐 수 있다. 다양한 작업을 동시에 할 수 있다.

어플리케이션의 구성	
교수 설계 영역 (사용의 용이성 및 기술성)	처음 앱이 실행되었을 때, 우측 하단에 '시작, 스티커, 단어, 종료'가 나열되어 있고, 한글을 모르는 유아라도 아이콘(▶)이 메뉴마다 나열되어 있기 때문에 자신이 원하는 것을 고르려면 어떤 것을 눌러야 하는지 알 수 있다.
교육 내용 영역 (교육성 및 내용의 적합성)	동화를 통해 어떤 내용이며, 어떤 등장인물이 나오는지, 또 동화에 나오는 물건들은 어떤 것들이 있는지 물체의 이름을 알게 해 주고 있다. 또한 물건의 한글 이름뿐 아니라, 영어도 습득할 수 있도록 되어 있다. 스티커를 이용해서 물체를 드래그할 수 있도록 되어 있어 손의 협응력을 길러 준다. 자신이 녹음한 목소리를 친구들에게 들려줄 수 있어 역할놀이를 조장한다.
교수학습 영역 (흥미성)	동화를 듣기만 하는 것이 아니라. 각 장면마다 나와 있는 등장인물에 터치를 하면, 대화나 등장인물의 이름을 말해 주는데 아이들의 주의를 집중시킬 수 있고, 동화의 내용을 녹음해서 자신이 바꾸어 볼 수 있기 때문에 창의성을 길러 준다. 다른 아이들과 녹음을 번갈아 가면서 할 수 있으며, 상호작용이 가능하다.

어플리케이션명	구입처(유료/무료)	대상
어린이 피아노 Lite	마켓(유료/무료)	유아
유형	**주제**	**개발자**
체험형	생활도구	Sunny Day

화면

활동 유형								
언어	조작	수학	과학	조형	음률	미술	동화	신체
	○				○			

교육과정 관련 영역				
신체운동·건강	의사소통	사회관계	예술경험	자연탐구
			○	

주요 내용 및 특이 사항
아이들이 음률에 대하여 친숙하게 접근할 수 있으며, 피아노 소리가 아닌 아이의 목소리로도 나오기 때문에 더욱 더 친숙하게 다가갈 수 있다. 또한 노래 모드가 있어서 노래 모드로 들어가면 설치되어 있는 노래에 맞춰서 아이들이 피아노를 칠 수 있으며 게임을 하여서 더욱 더 친숙하게 음악과 가까워질 수 있다.

어플리케이션의 구성	
교수 설계 영역 (사용의 용이성 및 기술성)	처음 앱을 실행시켰을 때 기본 모드, 노래 모드, 게임 모드 등 아이들이 손쉽게 선택할 수 있도록 구성되어 있고, 한 가지를 선택하였을 때 아이들이 쉽게 사용할 수 있도록 구성되어 있다.
교육 내용 영역 (교육성 및 내용의 적합성)	처음 음계를 접하는 아이들이 재미있게 접근할 수 있고, 다양한 노래를 제공함으로써 쉽게 음계를 배워 나갈 수 있다. 또한 모드도 다양하게 준비되어 있어서 아이들 기호에 따라서 만질 수 있다. 그리고 음률 활동으로 음계를 쉽게 배우며, 조작으로는 손의 협응력을 길러 줄 수 있다.
교수학습 영역 (흥미성)	그냥 음을 치는 것이면 아이들이 한 번 해 보고 그만둘 수도 있는 그런 재미없는 앱이 되었을지 모르지만 이 앱은 노래가 준비되어 있어 옆에 제시되는 음계를 보면서 아이들이 재미있게 노래를 피아노로 연주할 수 있으며, 또한 게임이 준비되어 있어서 게임을 하면서 아이들이 쉽게 음계에 대하여 배워 나갈 수 있다.

어플리케이션명	구입처(유료/무료)	대상	화면
가나다 색칠놀이	마켓 (무료)	유아	
유형	주제	개발자	
놀이형 + 교육형	생활도구	이정현	

활동 유형								
언어	조작	수학	과학	조형	음률	미술	동화	신체
○	○							

교육과정 관련 영역				
신체운동·건강	의사소통	사회관계	예술경험	자연탐구
	○			

주요 내용 및 특이 사항
손으로 글씨를 직접 써 보며 한글 학습을 할 수 있으며 동시에 유아가 직접 해당 자음을 앞글자로 하는 여러 가지 사물들을 직접 색칠하며 한글 낱말 카드를 만들어 한글 학습에 대한 흥미도를 높여 준다. 색칠한 카드를 프린트하여 볼 수 있을 뿐만 아니라 색칠하기 전의 카드를 프린트하여 꾸밀 수도 있다.

어플리케이션의 구성	
교수 설계 영역 (사용의 용이성 및 기술성)	한글 공부를 할 때 무작정 한글만 접한다면 아이들이 흥미를 느끼지 못하고 두려워하겠지만 이 어플을 이용한다면 원하는 자음을 선택하고 그 자음을 첫 글자로 하는 글자에 해당하는 사물을 색칠하며 자연스럽게 흥미를 유발할 수 있다. 한글 공부를 할 때 공부를 한다는 마음보다는 놀이를 한다는 마음으로 접할 수 있는 앱이다.
교육 내용 영역 (교육성 및 내용의 적합성)	유아가 이해하기 쉽도록 유아 주변에서 쉽게 볼 수 있는 다양한 사물 그림을 제공하고 있으며 그림도 간단하게 구성되어 있고 윤곽선이 명확하게 그려져 있기 때문에 색칠도 쉽게 할 수 있어서 연령 수준에 적합하다. 그리고 글자도 밑그림이 있어서 그 위에 손으로 쓰는 것이기 때문에 어렵지 않게 흥미를 유발하며 한글 공부를 할 수 있다.
교수학습 영역 (흥미성)	자신이 원하는 그림에 색칠을 하고 꾸미기를 하여 작품을 완성하고 후에는 프린트를 하여 간직할 수 있기 때문에 흥미 유발에 효과적이다.

어플리케이션명	구입처(유료/무료)	대상	화면
아이들이 좋아하는 자동차놀이	T-store(무료)	유아	
유형	**주제**	**개발자**	
놀이형	교통기관	조용길	

활동 유형								
언어	조작	수학	과학	조형	음률	미술	동화	신체
					○			

교육과정 관련 영역				
신체운동·건강	의사소통	사회관계	예술경험	자연탐구
			○	

주요 내용 및 특이 사항
15종의 다양한 교통기관(구급차, 오토바이, 버스, 승용차, 자전거, 경찰차, 포크레인, 소방차, 비행기, 우편배달차, 택시, 지게차, 헬리콥터, 트랙터, 유모차)의 이름을 말해 주고 어떤 소리가 나는지 앞뒤로 움직이며 소리가 난다.

어플리케이션의 구성	
교수 설계 영역 (사용의 용이성 및 기술성)	유아들이 처음 앱을 접했을 때 메인 화면을 통해 한 가지씩의 교통기관을 볼 수 있고, 좌우의 화살표를 누르면 다음 혹은 이전에 배치되어 있는 교통기관을 나타나게 할 수 있다. (누를 때마다 각 교통기관이 어떤 것인지 목소리로 알려준다.) 단순한 작업을 요구하기 때문에 영아도 조작할 수 있다.
교육 내용 영역 (교육성 및 내용의 적합성)	다양한 교통기관의 소리와 모습을 통해 유아의 청각을 자극시켜 줄 수 있으며 어떤 교통기관인지 목소리로 알려주기 때문에 아이들이 쉽게 교통기관의 이름을 익힐 수 있다. 또한 교통기관이 단순히 정지된 상태로 있는 것이 아니라, 앞뒤로 움직이며 소리를 내기 때문에 일상생활에서 볼 수 있는 교통기관과 잘 연결될 수 있다.
교수학습 영역 (흥미성)	그래픽과 음향이 사실적이며 흔히 볼 수 있는 교통기관들뿐 아니라 공사장에서 볼 수 있는 트랙터나 지게차도 포함되어 있어서 아이들이 흥미를 더 느낄 수 있을 것 같다. 색체가 화려하고 그림체가 분명해서 교통기관에 대한 개념이 아예 없는 영아들에게도 교육적 효과가 클 것으로 예상된다.

<table>
<tr><th colspan="2">어플리케이션명</th><th colspan="2">구입처(유료/무료)</th><th colspan="2">대상</th><th>화면</th></tr>
<tr><td colspan="2">MAMEMO</td><td colspan="2">T-store(유료)</td><td colspan="2">유아</td><td rowspan="10">
</td></tr>
<tr><th colspan="2">유형</th><th colspan="2">주제</th><th colspan="2">개발자</th></tr>
<tr><td colspan="2">놀이형</td><td colspan="2">세계 여러 나라</td><td colspan="2">블루앤트리(주)</td></tr>
<tr><th colspan="6">활동 유형</th></tr>
<tr><td colspan="6">
<table>
<tr><td>언어</td><td>조작</td><td>수학</td><td>과학</td><td>조형</td><td>음률</td><td>미술</td><td>동화</td><td>신체</td></tr>
<tr><td>○</td><td></td><td></td><td></td><td></td><td></td><td></td><td></td><td></td></tr>
</table>
</td></tr>
<tr><th colspan="6">교육과정 관련 영역</th></tr>
<tr><td colspan="6">
<table>
<tr><td>신체운동·건강</td><td>의사소통</td><td>사회관계</td><td>예술경험</td><td>자연탐구</td></tr>
<tr><td></td><td>○</td><td></td><td></td><td></td></tr>
</table>
</td></tr>
<tr><th colspan="7">주요 내용 및 특이 사항</th></tr>
<tr><td colspan="7">2~5세 유아용 영어교육 어플리케이션이다. 총 6단계로 이루어져 있고 시리즈는 Storytelling과 Talking의 두 부분으로 구성되어 있으며 각각 step이 1, 2, 3 세 단계로 나누어져 있다. step 1은 명사 중심의 기본적인 문장, step 2는 동사가 부각된 문장, step 3은 형용사와 부사의 수식으로 길어진 문장이 나와, 표현과 문장 길이 등에 차별을 두어 학습 효과에 난이도를 두었다. Storytelling과 Talking 시리즈는 음성과 의성어로만 이루어진 음악 버전과 영어 버전으로 나누어서 볼 수 있으며, 또한 STORY와 GAME 두 가지로 나누어져 있다. 그중 STORY에서 Storytelling은 마메모라는 소년이 나오는 동영상에서 영어 문장을 읽어 주어 아이들이 자연스럽게 영어에 노출되고 친숙하게 한다. Talking은 동영상이 일상생활에 사용되는 대화체이며 이를 통해 유아들이 자유로운 구어표현을 습득할 수 있도록 한다. GAME에서는 Storytelling과 Talking 시리즈 둘 다 손으로 화면을 지우면서 영어 단어를 학습하는 것이다. 이를 통해 그림과 영어 단어, 발음을 학습할 수 있고 이 또한 단계별로 step 1은 명사, step 2는 동사, step 3은 형용사를 다루고 있다.</td></tr>
</table>

<table>
<tr><th colspan="2">어플리케이션의 구성</th></tr>
<tr><td>교수 설계 영역
(사용의 용이성
및 기술성)</td><td>유아들이 처음 앱을 접했을 때 메인 화면에 STORY와 GAME 아이콘 모양의 목록이 전체적으로 알 수 있게 제시되어 있어 원하는 것을 쉽게 터치로 조작할 수 있다. (MUSIC을 누르면 음성과 의성어로만 이루어진 음악 버전으로 바뀐다.) 하지만 전체 레이아웃은 일관성 있게 구성되어 있는 반면, 전체적으로 다 영어 아이콘으로 돼 있어서 STORY와 GAME 등 영어 단어를 모르는 유아들은 다음 페이지로 넘어가기 힘들다는 단점이 있다.</td></tr>
<tr><td>교육 내용 영역
(교육성 및
내용의 적합성)</td><td>유아의 연령별 난이도에 맞는 단계를 선택하여 음악과 의성어로만 이루어진 음악 버전을 먼저 보여 주어 호기심을 자극한 후, 영어 버전을 선택하여 3분 정도의 STORY 만화를 보면서 자연스럽게 영어 문장을 따라 읽고 해석할 수 있고, 대화체로도 이루어져 있어서 자연스럽게 구어표현을 익힐 수 있다. 또한, 단계별 GAME에선 영어 단어를 그림과 같이 보고, 발음을 들려주는 교육적 의도에 맞는 설계로 정확하고 오래 학습할 수 있는 어플리케이션이다.</td></tr>
<tr><td>교수학습 영역
(흥미성)</td><td>STORY의 동영상이 마메모라는 소년이 주인공으로 등장하는 만화 형식으로 이루어져 있어 유아들이 자연스럽게 상황에 맞는 영어 감각을 익힐 수 있으며, 음악 버전의 동영상에선 음성과 의성어 효과음들이 유아들에게 호기심과 재미를 느끼게 해 준다. 또한 GAME의 18가지 카드 중 유아가 원하는 것을 터치하여 스스로 다양한 영어 단어를 선택할 수 있고, 손가락으로 화면을 문질러 지우면서 단어를 학습하는 과정에 있어 흥미를 이끌어내며, 유아의 수준에 맞는 단계를 선택할 수 있고 숨은 그림을 보며 단어를 연상할 수 있어 상호작용성이 높다.</td></tr>
</table>

어플리케이션명	구입처(유료/무료)	대상	화면
혼자서 숫자 척척	T-store(무료)	유아	
유형	주제	개발자	
문제풀이형	생활도구	blueAPPS	

활동 유형								
언어	조작	수학	과학	조형	음률	미술	동화	신체
○		○						

교육과정 관련 영역				
신체운동·건강	의사소통	사회관계	예술경험	자연탐구
	○			○

주요 내용 및 특이 사항
유아가 좋아할 만한 사물, 친숙한 사물을 이용해 숫자를 세어 보고 직접 써 보며 숫자를 자연스럽게 익힐 수 있다. 1~10을 '일~십'으로 읽는 방법뿐만 아니라 동시에 '하나~열'로 읽는 방법도 가르쳐 준다.

어플리케이션의 구성	
교수 설계 영역 (사용의 용이성 및 기술성)	메인 화면에 유아의 흥미 수준에 맞는 여러 동물들과, 사물, 음식 그림이 있어 호기심을 가지게 하며, 전체 레이아웃은 일관성 있게 구성되어 있다. 단순하게 '숫자카드, 숫자놀이, 숫자 쓰기'의 3부분으로 나누어져 있어 조작이 쉽다. 글씨를 배우는 단계의 유아들에게 적합하다.
교육 내용 영역 (교육성 및 내용의 적합성)	사물과 숫자를 동시에 제시해 줌으로써 단순히 숫자만을 보여 주는 것보다 더 빠른 이해를 돕는다. 숫자 1~10뿐만 아니라, 일~십, 하나~열이라는 글씨도 함께 보여 주기 때문에 숫자 세는 방법이 다양하다는 걸 이해시켜주며, 자연스럽게 한글을 익히게끔 해 준다.
교수학습 영역 (흥미성)	귀여운 사물, 동물, 음식 캐릭터가 등장해 유아의 시선을 끈다. 직접 숫자를 써 보는 메뉴에선 자유롭게 글씨, 그림을 그릴 수 있어 유아가 관심을 보이기에 충분하다.

어플리케이션명	구입처(유료/무료)	대상
동물 친구들	안드로이드 마켓(무료)	유아
유형	**주제**	**개발자**
교육형+놀이형	동물	mutter21

화면

활동 유형

언어	조작	수학	과학	조형	음률	미술	동화	신체
○								

교육과정 관련 영역

신체운동·건강	의사소통	사회관계	예술경험	자연탐구
	○			

주요 내용 및 특이 사항
아이들이 동물과 교감하는 것은 정서 발달에 많은 도움이 된다. 그러나 요즘에는 그런 기회가 점차 줄어들고 있는 현상을 보인다. 이 앱을 통해서 동물들이 어떻게 소리 내는지, 동물들의 이름이 무엇인지, 그리고 동물들이 어떻게 생겼는지 쉽게 알려줄 수 있다.

어플리케이션의 구성	
교수 설계 영역 (사용의 용이성 및 기술성)	처음 앱을 실행하면 들판 위의 동물이 아이들의 시선을 사로잡는다. 양옆의 화살표를 이용해 여러 동물들을 만나 볼 수 있으며, 동물의 사진이 나옴과 동시에 음성을 통해 어떠한 동물인지 얘기를 해 주어서 그 동물의 이름을 알 수 있고, 또한 동물을 누르면 동물의 울음소리가 나기 때문에 그 동물의 울음소리 또한 알 수 있다. 조작이 간단하게 이루어져 있기 때문에 아이 혼자서도 충분히 조작하여 여러 동물들을 만나고 소리를 들으며 이용할 수 있다.
교육 내용 영역 (교육성 및 내용의 적합성)	유아가 손쉽게 조작하여 원하는 동물의 울음소리를 들을 수 있게 되어 있다. 오른쪽 또는 왼쪽의 화살표로 인해 전에 있던 동물을 다시 볼 수도 있고 보고 싶은 동물을 다시 찾아볼 수도 있으며 사진을 보며 동물의 이름을 듣고 언어를 익힐 수 있다. 원하는 동물을 클릭함으로써 동물의 소리를 알 수 있는 학습을 할 수 있다. 아이들이 재미있어 하고 자연스럽게 동물의 이름과 울음소리를 배울 수 있는 간단한 조작의 쉽게 접근할 수 있는 앱이다.
교수학습 영역 (흥미성)	유아가 스스로 다양한 동물들을 익힐 수 있으며 캐릭터 또한 다양하고 깔끔한 디자인 수록, 배경 애니메이션 및 동물들의 눈 깜빡임을 통해 아이들이 흥미를 이끌고 있다.

어플리케이션명	구입처(유료/무료)	대상	화면
생각이 쑥쑥 모양카드	앱 스토어(무료)	유아	
유형	**주제**	**개발자**	
서술형	생활도구	viscuit	

활동 유형								
언어	조작	수학	과학	조형	음률	미술	동화	신체
○	○							

교육과정 관련 영역				
신체운동·건강	의사소통	사회관계	예술경험	자연탐구
	○			

주요 내용 및 특이 사항
단어와 도형이 만나 아이들의 상상력을 자극하는 새로운 단어장이다. 유아들에게 단순한 암기가 아니라 동그라미, 세모, 네모로 단어를 연상하게 하여 아이의 상상력과 창의력을 키운다. 또 한국어와 영어 2개국어를 동시에 지원한다.

어플리케이션의 구성	
교수 설계 영역 (사용의 용이성 및 기술성)	첫 메인 화면의 동그라미, 세모, 네모의 3가지 카테고리가 귀여운 일러스트와 단어로 나눠져 있다. 다음 장으로 넘기거나 앞장으로 넘기는 아이콘이 아래에 위치해 있어서 아이들이 혼자 손쉽게 동작시킬 수 있다. 음성 지원을 하고 있어 문자를 읽을 수 없는 유아도 사용할 수 있다.
교육 내용 영역 (교육성 및 내용의 적합성)	다양한 단어들이 재미있는 3가지 카테고리 속에 60여 장으로 구성되어 있어 유아들이 단어와 함께 모양을 연상하는 상상력을 기를 수 있다. 또 한국어와 영어를 동시에 지원하고 있고 전문 성우의 음성 지원으로 한국어와 영어의 발음을 정확히 숙지할 수 있다. 또한 유아들이 같이 듣고 따라 하면서 집중력도 향상시킬 수 있어 좋다.
교수학습 영역 (흥미성)	귀여운 일러스트와 배경음악이 아이들에게 흥미를 가지게 하고 카테고리마다 서로 연관이 없을 것 같은 단어들을 모아 더욱 재미를 주었다. 또 다양한 그림이 있고 터치를 하면 그림이 움직이면서 소리가 나오기 때문에 유아들이 지루해하지 않고 재미있게 사용할 수 있다.

어플리케이션명	구입처(유료/무료)	대상	화면
동물 실로폰	마켓(무료)	유아	
유형	**주제**	**개발자**	
놀이형+감상형	동식물과 자연	Appond	

활동 유형								
언어	조작	수학	과학	조형	음률	미술	동화	신체
					○			

교육과정 관련 영역				
신체운동·건강	의사소통	사회관계	예술경험	자연탐구
			○	

주요 내용 및 특이 사항
한 옥타브 음역대의 실로폰 건반이 제공되며, 내 맘대로 연주(원하는 대로 연주)와 동요 연주(쳐야 하는 건반에 화살표로 표시가 됨) 두 가지가 제공된다. 실로폰 소리뿐만 아니라 양, 오리, 돼지, 강아지 소리로도 연주가 가능하며 10가지가 넘는 유아들이 잘 아는 동요 연주가 제공되며 동요 연주의 경우 연주가 끝나면 끝났다고 알려준다.

어플리케이션의 구성	
교수 설계 영역 (사용의 용이성 및 기술성)	유아들이 처음 앱을 실행했을 때 메인 화면에 등장하는 동물들의 이미지와 오른쪽에 두 가지 연주 방법이 제시되어 있으며, 다른 노래나 소리를 바꿀 때 알기 쉽게 제시(노래: 다른 색으로 구분/소리: 원 모양의 아이콘과 이미지)되어 있어 유아가 손쉽게 이용할 수 있다. 소리 선택의 경우 글씨를 몰라도 가능하지만 연주를 위해서는 간단한 글씨를 읽을 줄 알아야 하며, 화살표가 표시되는 동요 연주하기를 통해서 실수한 것을 스스로 알 수 있다. 제공되는 동물과 실로폰 소리가 실재 소리와 유사하고, 연주를 하는 동안 단순하기는 하지만 애니메이션 효과(음표와 동물들의 표정 변화)가 제공된다. 또한 실행이 지연되지 않고 바로바로 이루어진다.
교육 내용 영역 (교육성 및 내용의 적합성)	실로폰과 동물 울음소리를 이용한 연주를 통해서 유아의 청각을 자극시켜 줄 수 있을 뿐만 아니라 연주를 통해서 높낮이에 대한 개념도 익힐 수 있다. 또한 제공되는 동요의 계이름이 정확하며 유아들에게 친숙해서 이해하기 쉽고, 하나의 노래를 다양한 소리로 연주해 보는 것이 가능하다. 동요 연주를 선택했을 때 잘못된 음을 눌러도 지적하는 것이 아니라 다음 음을 화살표로 안내해 주어 시행착오를 통한 학습도 가능하다. 한 명의 유아가 연주를 하고 다른 유아가 노래를 부르는 식으로 상호작용도 가능하고 내용도 유아들의 아이디어를 내 맘대로 연주를 통해서 반영할 수 있다.
교수학습 영역 (흥미성)	음향이 사실적이고 유아가 터치를 할 때마다 소리와 애니메이션의 반응이 즉각적이어서 흥미를 유발할 수 있다. 또한 내 맘대로 연주를 통해서 유아가 스스로 다양한 노래를 연주하거나 창작할 수 있어서 도전감과 창의성을 유발해 주고, 동요 연주를 통해서는 선택하는 과정에서 재미를 유발해 준다. 그리고 건반 그래픽은 연주라는 내용과 관련이 깊고, 제공되는 효과음도 사실적이고 재미가 있다.

어플리케이션명	구입처(유료/무료)	대상	화면
너도나도 숫자놀이	안드로이드 마켓(무료)	유아	
유형	주제	개발자	
문제풀이형	생활도구	startline	

활동 유형								
언어	조작	수학	과학	조형	음률	미술	동화	신체
		○						

교육과정 관련 영역				
신체운동·건강	의사소통	사회관계	예술경험	자연탐구
				○

주요 내용 및 특이 사항
크게 5가지 모드(숫자 배우기, 숫자놀이, 스티커 모으기, 랭킹, 커뮤니티)로 이루어져 있으며 숫자 배우기와 숫자놀이에는 다시 숫자, 단위, 시간, 덧셈 뺄셈, 구구단을 배우고 게임으로 해볼 수 있도록 나누어져 있다. 숫자를 배울 때는 직접 그 위에 써 볼 수 있도록 만든 것이 특징이다. 게임을 통해서 스티커를 모을 수 있기 때문에 동기부여도 되고 재미있게 학습할 수 있도록 도와주는 앱이다.

어플리케이션의 구성	
교수 설계 영역 (사용의 용이성 및 기술성)	처음 앱을 실행하면 귀엽고 화려한 캐릭터들이 시선을 사로잡는다. 메인 화면에서 원하는 메뉴를 손쉽게 선택할 수 있고 하위 메뉴로 들어가면 다양한 아이콘으로 제시되어 있다. 여러 효과음들이 매 화면마다 나오며 배우기 메뉴로 들어가면 숫자와 단위 등을 소리 내어 들려주며 더하기, 빼기 등도 모두 소리로 제공하고 있다. 전체 레이아웃은 일관성 있게 구성되어 있고 이전, 다음, 끝내기, 처음으로 쉽게 넘어갈 수 있도록 아이콘이 일관성 있게 매 페이지마다 배열되어 있어 유아 혼자서도 쉽게 조작할 수 있게 제작되어 있다.
교육 내용 영역 (교육성 및 내용의 적합성)	유아가 배우고자 하는 부분을 직접 선택하여 수와 관련된 개념을 배울 수 있으며 특히 숫자 배우기에서는 유아가 직접 숫자를 그려 볼 수 있게 되어 있어 유아의 호기심을 자극한다. 재미있고 귀여운 그림들을 통해 재미있고 이해하기 쉽게 제시하고 있다. 게임을 통해서 공부한 내용을 확인할 수 있고 틀릴 경우 다시 한 번 풀어 볼 수 있도록 하여 시행착오를 거쳐 학습할 수 있도록 하는 결과보다 과정을 중시하는 앱이다.
교수학습 영역 (흥미성)	유아의 조작에 반응이 즉각적인 점이 흥미롭고 유아들 스스로 다양한 수학적 개념과 학습 방법을 선택할 수 있다. 전체적으로 화려한 색상과 다양한 그림들로 이루어져 있으며 그래픽의 상태 또한 유아들의 흥미를 유도하기에 적합하다. 숫자놀이를 통해서 10개의 문제를 맞히면 스티커를 주어 동기를 유발하고 오답을 선택하더라도 유아가 선택한 숫자의 소리를 들려주어 유아의 행동에 피드백을 해 준다.

〈부록 2〉

인터넷 콘텐츠를 활용한 활동의 실제

1. 유아용 인터넷 사이트

1) 어린이 민속 박물관

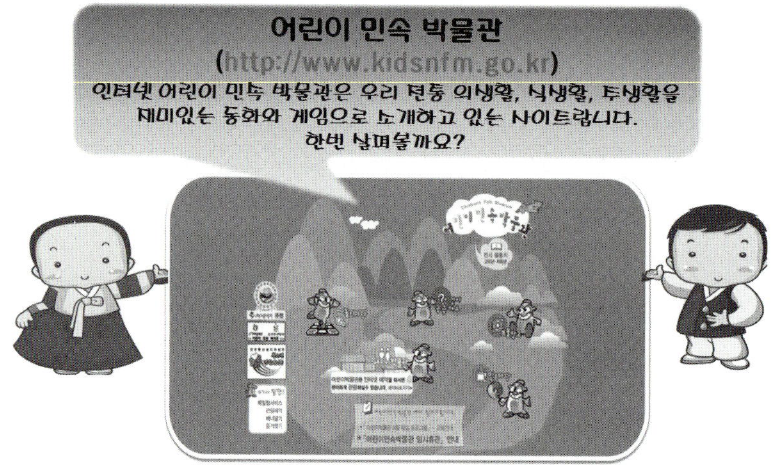

어린이 민속박물관에는 다양한 자료들이 숨어 있어요!

① [놀이마당]		
		돌탑 쌓기, 백운교 오르기, 똑같은 탈 찾기, 썰매 타기, 떡살문양 만들기, 떨어지는 감을 받아라 등의 게임들이 있습니다.

❷ [궁금해요] 		의식주, 전통의례, 민속신앙, 세시놀이로 분류되어 평소에 궁금해했던 옛날 사람들의 생활 모습을 재미있게 설명해 주는 플래쉬입니다. 예) 된장은 어떻게 만드나요? 줄다리기는 왜 했나요? 등
❸ [민속마당] 		우리 민속에 관련된 재미있는 동화, 차례에 관한 궁금한 이야기, 전통민속놀이의 유래와 방법을 알 수 있습니다.

2) 어린이 경찰청

교통 관련 유익한 자료들을 찾아볼까요?

❶ 어린이 경찰청 메인 화면에서 교통교육관()을 클릭하세요.

❷ 유아안전학습 프로그램으로 이동해요.

유아안전학습 프로그램에는 단계별 안전동요와 동영상이 있어요.

❸ 

을 클릭하면 교통안전세상으로 이동하게 돼요.

Tip

잠깐만! 교통안전세상이 어디 있어요?

유아안전학습 프로그램 화면의 왼쪽 하단 부분에 있어요.

❹ 교통안전세상(http://tsworld.rota.or.kr)의 화면은 아래와 같아요.

교통안전세상에는 어린이 교통나라 탈것의 나라 정보의 나라 자료의 나라가 준비되어 있어요.

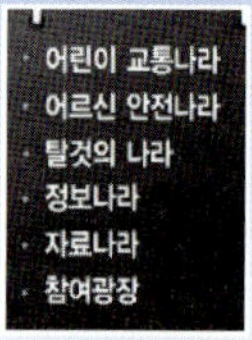

어린이교통나라

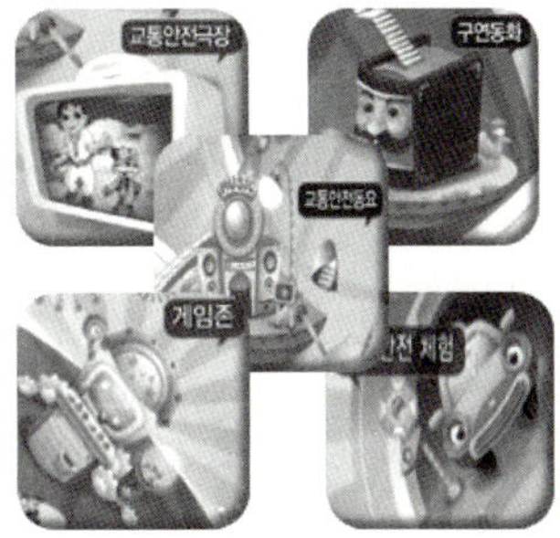

3) 교통안전 놀이동산

교통안전 놀이동산
(http://zzang.kids.yahoo.co.kr/kotsa/)

교통안전 놀이동산은 동화로 배우는 교통안전, 다양한 게임을 즐기며 각 교통안전에 관련된 사항을 자연스럽게 익히며, 플래쉬 이야기 나누기를 통해 필요성, 방법 등에 관한 정보가 담겨 있어요.

교통안전에 관한 자료들이 듬뿍 들어 있어요!

① [캠페인송]		
		'횡단보도 일단 멈춤'이라는 가사를 시작으로 재미있게 즐겨 보는 횡단보도 안전사고 방지를 위한 교통안전송이에요.

❷ [싱글게임] 	 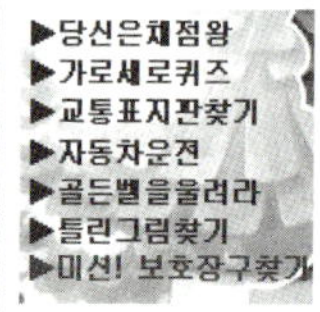	싱글게임에는 교통표지판 게임, 미션 보호장구 찾기 게임과 같은 7편의 게임이 준비되어 있어 개인 혹은 교사 유아들이 함께 해 볼 수 있어요.
❸ [애니메이션] 	 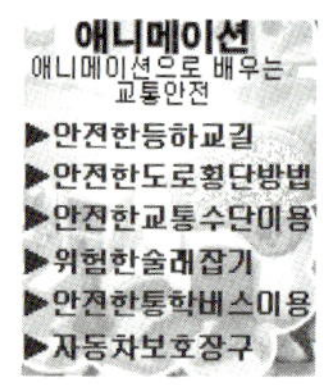	애니메이션은 안전한 등굣길, 위험한 술래잡기와 같은 위험과 같은 실제 상황을 6가지로 제시하며 주의 사항을 알아보는 플래시예요.
❹ [교통안전동화] 	 	교통안전 동화에는 세 편의 교통안전 관련 동화가 실려 있어요. 플래시와 함께 구연으로 들려주는 교통동화를 들어 보세요.

4) Help Kid

목욕, 양치질 궁금하신 분은 내용을 살펴보아요!

❶ 목욕의 효과, 목욕하는 방법을 자세히 알고 싶을 땐 클릭

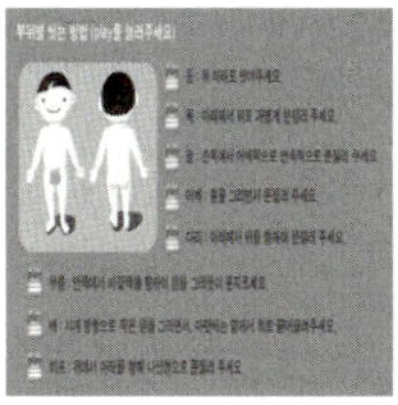

[목욕하기]

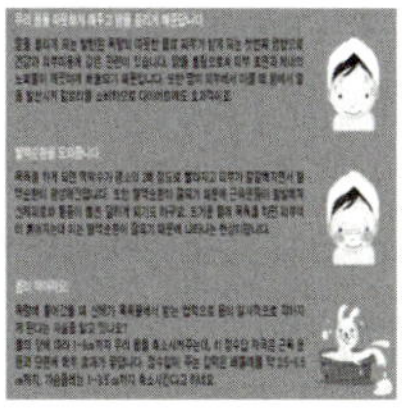

[목욕의 효과]

❷ 칫솔질하는 방법, 치과질환, 치아의 일생을 알고 싶을 땐 클릭

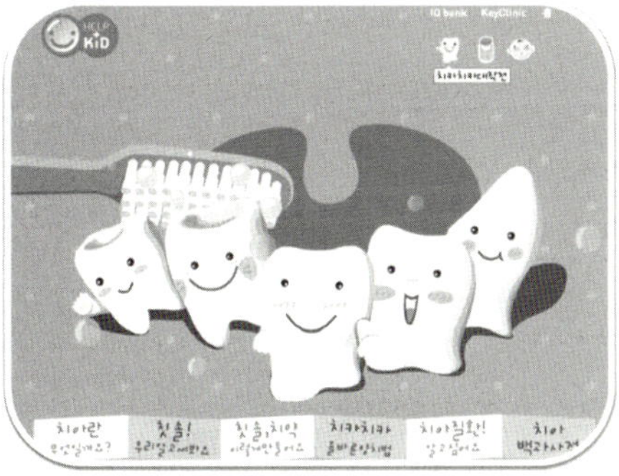

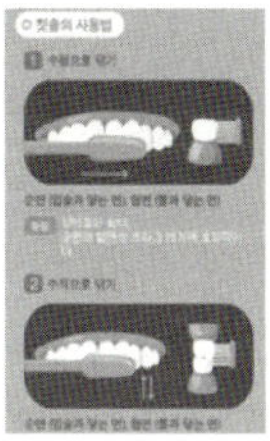

[치카치카]

[치아란]

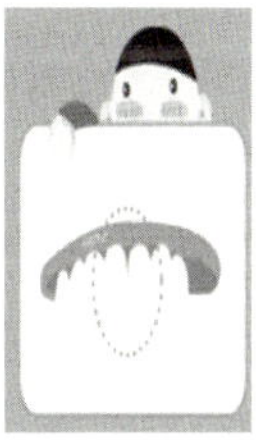

[치아 역할]

5) 엔사이버 곤충관

곤충에 관한 정보가 쏘~옥 곤충 백과사전으로 Go!

❶ 엔사이버 곤충관(www.encyber.com/insect)으로 가세요.

❷ 곤충의 이해(곤충의 이해)를 클릭해 볼까요?

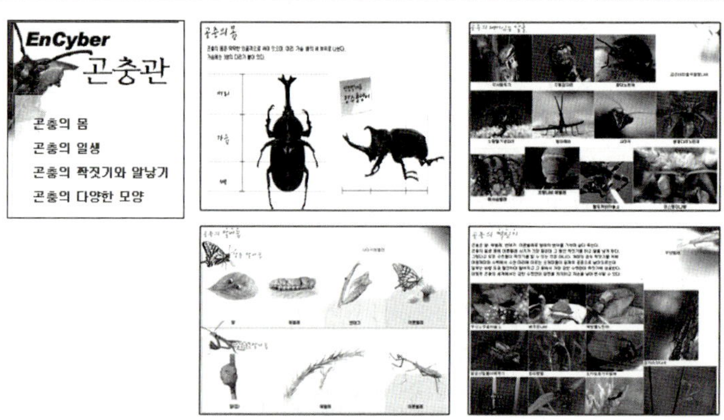

곤충의 이해 코너에는 곤충의 몸, 곤충의 일생, 곤충의 짝짓기와 알 낳기, 곤충의 다양한 모양의 사진이 생생하게 담겨 있어요.

❸ 물에 사는 곤충(물에 사는 곤충)을 클릭하면 아래의 화면으로 이동해요.

"알고 싶은 물에 사는 곤충을 클릭해 보세요. (예: 물방개)"

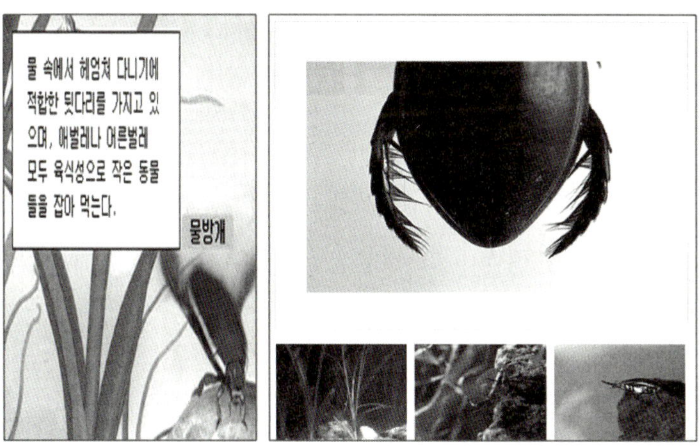

물방개 옆에 커서를 갖고 가면 왼쪽 사진처럼 간단한 설명이 나오고 이름을 클릭하면 오른쪽처럼 백과사전으로 이동되어 자세히 관찰할 수 있어요.

Tip

잠깐만! 다른 주제는 없을까요?

엔사이버는 백과사전 구실을 하므로 다양한 주제로 구성되어 있어요.

예) www.encyber.com/star (계절별 별자리가 3D로 보여요)
www.encyber.com/moom (달의 여러 가지 작용, 일식, 월식, 뜨는 모습 등)
http://www.encyber.com/travelworld (세계 여러 나라의 위치, 국기, 건축물)

2. 인터넷 포털사이트를 활용한 수업 활동의 예

활동명 : 우리가 사는 동네는 서로 달라요

활동 목표 : ① 사람들은 지역마다 서로 다른 모습의 동네를 이루고 살아감을 이해한다.
② 이야기 주제에 대한 자신의 생각을 이야기할 수 있다.
③ 일상생활에서 사용하는 물건이 만들어진 곳을 안다.

사전 활동

활 동 명: 우리가 사는 동네는 서로 달라요
활동 자료: 각각의 지역을 나타내는 그림이나 화보
활동 유형: 이야기 나누기

활동 방법

- 유아들이 살고 있는 동네에 대하여 이야기하면서 준비한 그림 자료를 살펴본다.
  - 우리는 어떻게 살고 있을까? 어떤 곳에서 살고 있니?
  - 우리가 살고 있는 동네에는 어떤 것들이 있니? 길에서 무엇을 볼 수 있니?
  - 사람들은 어떤 일을 하면서 살고 있니?

- 우리가 살고 있지 않은 다른 동네에 대해서도 살펴보면서 우리 동네와 다른 점을 이야기한다.
- 우리가 살고 있는 곳이 좋은 점과 불편한 점을 이야기하고, 이를 해결할 수 있는 방안을 생각해 본다.

본시 활동

활 동 명: 시골쥐와 서울쥐
활동 SITE: http://www.bebeline.co.kr
활동 유형: 컴퓨터 활동 / 동화
활동 방법: ① 동화 보기를 통해 '시골쥐와 서울쥐' 동화를 감상한다.
② 동화 학습지를 선택하면 색칠하기 활동지 인쇄가 가능하다.
③ 게임하기를 선택하면 '미로 찾기' 게임을 할 수 있다.
④ 플래시 카드를 선택하면 동화의 단어들을 카드로 제시한다.

활동 방법

- 주소창에 www.bebeline.beaoom.yahoo.co.kr을 입력하고 실행한다.
- 로그인(회원가입/무료가입) 후 사용한다.
- 메인 화면의 학습방을 클릭한다.

- 학습방으로 이동한 후 동요·동화 천국을 클릭한다.

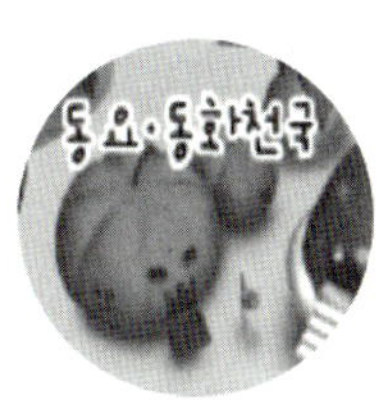

• 베베라인/동화천국/한글동화/시골쥐와 서울쥐 활동을 선택한다.

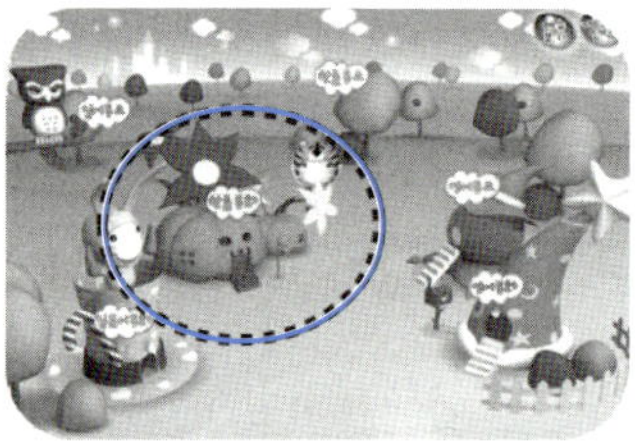

• 시작하기 또는 다시 보기 단추를 눌러 동화를 감상한다.
(하단의 자막 보기를 클릭하면 글자와 함께 볼 수 있다.)

• 학습지를 클릭하면 색칠하기 학습지를 인쇄할 수 있다.

• 게임을 클릭하면 미로 찾기 게임을 할 수 있다.
- 시골쥐 또는 서울쥐를 선택하여 게임을 시작한다.

- 시골쥐가 자주 먹는 음식을 클릭하면 길이 점점 완성된다.

• 플래시 카드를 선택하면 플래시 카드를 선택하여 볼 수 있다.

• 활동을 끝내려면 나가기를 눌러 활동을 마친다.

사후 활동

활 동 명: 어디에서 만들어졌을까?
활동 자료: 기본판, 그림 카드 8장
활동 유형: 조작놀이

활동 방법

• 기본판의 그림을 각각 살펴보고, 무슨 물건인지, 어디에서 얻을 수 있는 것인지 생각해 본다.
• 기본판에서 제시된 그림 옆에 알맞은 그림 카드를 붙인다.

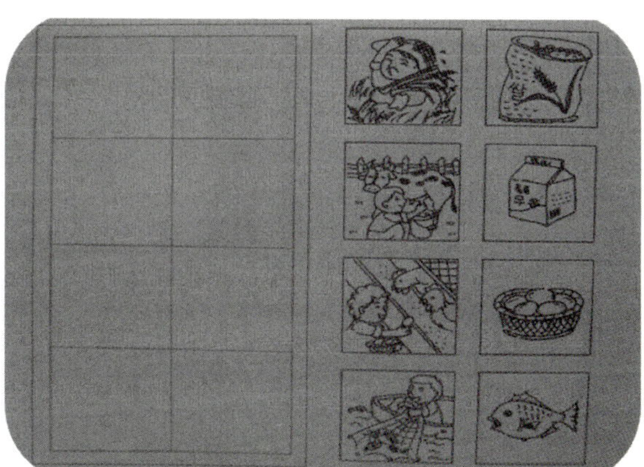

저자소개

유구종
중앙대학교 일반대학원 유아교육과 문학박사
현, 국립강릉원주대학교 교수
최신정보화교육(2012)
최신영유아보육개론(2012)
영유아교육개론(2009) 등 다수

김승옥
덕성여자대학교 일반대학원 유아교육과 교육학박사
현, 노원구보육정보센터장
영유아교과교육론(2010)
유아교사를 위한 컴퓨터 활용교육(2011)
아동발달론(2012)

김민경
국립강릉원주대학교 일반대학원 유아교육과 문학박사
현, 강동대학교 전임강사
예비유아교사를 위한 과제중심 ICT Literacy교육 프로그램 개발 및 효과(2012)
영유아멀티미디어교육자료(2009)

이정순
국립강릉원주대학교 일반대학원 유아교육과 문학박사
현, 국립강릉원주대학교 겸임교수
지능형로봇을 활용한 유아교육기관 선택활동프로그램 구성 및 효과(2011)
유아교육기관 지능형 로봇 활용 자유선택활동 프로그램이 유아의 사회, 정서 발달에 미치는 효과(2012)

유아교육에서의

스마트 기기 · 로봇 활용과 과몰입 예방

초판 1쇄 인쇄 2013년 8월 1일
초판 1쇄 발행 2013년 8월 8일

지은이 | 유구종 · 김승옥 · 김민경 · 이정순
펴낸이 | 김기섭
편집인 | 태선옥
펴낸곳 | 창지사 www.changjisa.com
153-802 서울시 금천구 가산디지털 1로 83 파트너스타워1차 (9F, B1F)
전화 (02) 719-2211~3
팩스 (02) 701-9386
등 록 | 1977년 4월 28일 · 제1-421호

ISBN 978-89-426-0716-7 (93370)

값 17,000원